경희 고대사 · 고고학 연구총서 7

카자흐스탄과 한국, 5천년의 파노라마

강인욱 · 김재윤 · 이후석
양시은 · 이주연 지음

경희 고대사·고고학 연구총서 7

카자흐스탄과 한국, 5천년의 파노라마

저 자 | 강인욱 · 김재윤 · 이후석 · 양시은 · 이주연
펴낸이 | 최병식
펴낸날 | 2024년 6월 20일
펴낸곳 | 주류성출판사 www.juluesung.co.kr
　　　　서울특별시 서초구 강남대로 435 주류성빌딩 15층
　　　　TEL | 02-3481-1024(대표전화) · FAX | 02-3482-0656
　　　　e-mail | juluesung@daum.net

값 24,000원

잘못된 책은 교환해 드립니다.

ISBN 978-89-6246-535-8 94910
ISBN 978-89-6246-283-8 94910(세트)

• 이 논문 또는 저서는 2022년 대한민국 교육부와 한국연구재단의 지원을 받아
  수행된 연구임(NRF-2022S1A5C2A01093269).

경희 고대사 · 고고학 연구총서 7

카자흐스탄과 한국, 5천년의 파노라마

강인욱 · 김재윤 · 이후석
양시은 · 이주연 지음

주류성

Korea and Kazakhstan
: A Historic-Archaeological Panorama Through 5,000 Years

책을 펴내며

올해로 창립 10주년이 되는 경희대 한국고대사고고학연구소는 한국과 북방 유라시아의 여러 지역과의 관계에 대한 연구를 진행하고 있습니다. 다양한 세미나, 콜로키움, 논문 발표뿐 아니라 단행본의 출판으로 개별 주제에 대한 여러 연구를 함께 모으는 작업을 하고 있습니다. 이제까지 모두 6권이 출판되었는데, 가장 최근에는 2022년 12월에 출판된 [고조선의 네트워크와 그 주변사회]가 있습니다. 이 책은 논문집으로 고조선을 영토와 국경논쟁에 매몰되어 있는 기존의 논의를 벗어나서 네트워크와 교류의 관점에서 고조선을 한국사뿐 아니라 동북아시아, 나아가서 유라시아 일대와 교류를 하며 성립되었던 청동기문화라는 관점에서 보았습니다.

이번에 출판하는 [카자흐스탄과 한국, 5천년의 파노라마]는 고조선에서 한단계 더 나아가 중앙아시아의 중심인 카자흐스탄과 한국의 역사적인 교류에 대한 여러 글들을 모았습니다.

우리에게 카자흐스탄이라는 나라는 많이 알려져있지만, 정작 그들의 역사가 유라시아에서 차지하는 비중에 대해서 아는 것은 많지 않습니다. 카자흐스탄은 면적으로 세계에서 9번째인 중앙아시아에서 가장 큰 나라입니다. 동쪽으로는 중국, 러시아, 몽골 등과 접하고 서쪽으로는 카스피해와 접하는데, 동유럽에 속하는 우크라이나와 불과 470㎞가 떨어졌을 정도로 유럽과도 이어집니다. 카자흐스탄이 단순히 영토의 크기가 아니라 유라시아 초원의 한 가운데에 있다는 그들의 역사·지리적 환경에서 큰 가치를 지닙니다.

유라시아 고고학과 역사에서 카자흐스탄이 지닌 가치는 다양한 공동조사로 이어졌습니다. 지난 2014년부터 다양한 전시회, 공동 발굴 및 유물조사가 이루어졌습니다. 하지만 종합적인 연구보다는 전시회의 도록, 개별 발굴 조사 등에 치우친 감이 있습니다. 이에 경희대 한국고대사고고학연구소는 2023년 5월에 국립문화재연구원, 카자흐스탄 고고학연구소 등과 공동으로 알마티에서 [한국 카자흐스탄 5천년의 파노라마]라는 심포지움을 개최했습니다. 우리에게 카자흐스탄은 멀어보이지만 사실 유라시아 중심에서 고대 청동기문화의 도입에서 20세기 고려인의 이주까지 지속적으로 문화적인 관계를 맺어왔습니다(시기별 교류상은 권두에 실린 제 논문에서 자세히 언급하고 있습니다).

고고학 자료를 통하여 두 지역을 연구하기 위해서는 상대 지역의 고고학과 역사에 대한 깊은 이해가 전제되어야 합니다. 상대방의 자료가 가지는 맥락, 나아가서 유라시아 고고학에 대한 전반적인 이해가 없는 상태에서 단편적인 유적 조사와 유물의 분석만으로는 그 가치를 제대로 파악하기 어렵습니다. '멀어서 교류할 리가 없다'든가 '한국 고고학에서 굳이 필요한가'라는 관점은 해당 지역에 대한 무지에서 비롯된 견해일 뿐입니다.

가까운 중국의 경우 활발하게 일대일로를 내세우며 주변지역과의 관계를 구체적으로 파악하고 있습니다. 그 교류관계는 전통적으로 실크로드의 관계에서 중시된 중국과 로마의 관계(물론, 그 실질적인 교류상에는 많은 이견이 있습니다만)는 물론이고 최근에는 아프리카 대륙과의 교류도 밝히려는 노력으로 이어지고 있습니다. 세계 각국은 빠르게 세계화가 진행되면서 원거리 지역 간의 교류와 세계사적 관점에서 해석하는 연구가 대세를 이루고 있습니다. 한국이 지난 25년간 해온 해외조사는 이러한 세계고고학적 흐름에 발맞추어서 매우 시의적절했습니다. 하지만 언어 및 자료 접근의 한계로 그 연구에는 많은 장애가 있었던 것이 사실입니다. 이에 이번 단행본에서는 각 주제에 대한 여러 연구자들의 논고를 모으고 카자흐스탄으로 대표되는 중앙아시아 초원지대가 가진 의의, 그리고 한국과의 관계에 대해서 논해보고자 합니다.

이 책에는 모두 6편의 논문이 수록되었습니다. 각 논고는 시대순으로 배치가 되었습니다. 전체 책의 내용을 종합적으로 정리한 "고고학으로 본 한국-카자흐스탄 5천년의 교류"에서 강인욱은 한국 고고학/역사학계에서 카자흐스탄과의 관계를 좀더 구체적으로 시대별로 살펴보았습니다. 김재윤의 논고는 국내는 물론 해외에서도 매우 생소한 주제인 중앙아시아의 신석기문화를 다루었습니다. 카자흐스탄은 물론 중국 신강성과 몽골도 함께 다루어서 자료적 가치가 높습니다. 청동기시대로 접어들어서 이후석은 "유라시아 초원지대에서 만주·한반도로 청동기의 확산과 변용"에서 기원전 2천년기 세이마-투르비노의 청동기를 비파형동검문화의 기원과 관련하여 중요한 담론을 제기합니다. 그동안 가설적으로 또는 정황적으로만 논의되었던 한국과 만주 일대 비파형동검문화의 청동기 기원을 구체적으로 논의한 바, 한국의 고고학계에도 많은 시사가 될 것입니다. 다음으로 강인욱은 "카자흐스탄 사카 쿠르간의 발달과 동서문명의 교류"에서 기원전 4세기를 전후하여 카자흐스탄을 중심으로 일어난 동서문명의 교류상을 황금과 칠기 등 여러 유물로 구체적으로 제시합니다. 기원전 4세기는 매우 흥미로운 시대입니다. 한반도에는 고조선에서 시작된 세형동검문화가 널리 확산되고 중국 북방에서는 전국시대~진나라로 이어지며 유목세력이 재편되며 흉노가 등장합니다. 이런 문화적 변동이 카자흐스탄의 사카문화로까지 이어짐을 지적했습니다.

역사시대에는 모두 2편의 논문이 준비되었습니다. 먼저 양시은은 "신라 마립간시기 대외 문물교류와 그 의미"에서 신라에 보이는 수많은 북방계 유물을 구체적으로 고구려를 거쳐서 유입되었다는 대담한 가설을 차분하며 설득력있게 제시하고 있습니다. 마립간이라는 새로운 헤게모니의 등장을 막연하게 '북방설'과 '자생설'이 아닌 신라와 그 주변세계의 조응을 구체화해서 보고 있다는 점에서 향후 많은 관련 토론을 불러일으킬 것으로 기대합니다. 마지막으로 이주연은 "19세기 세계지리서 『해국도지』 속의 중앙아시아 인식"에서 21세기 중국 실크로드의 인식이 형성되는 과정을 엿볼 수 있는 중요한 논점을 제시합니다. 지금 우리가 알고 있는 카자흐스탄을 비롯한 중앙아시아 여러 나라는 소련의 성립이후 모스크바를 중심으로 하는 슬라브인들이 주도하여 만든 국경입니다. 19세기의 경우 소위 '그레이트 게임'으로 대표되는 영국과 제정러시아의 분쟁만 알려졌을 뿐, 정작 신강을 개발하고 이 지역과 국경을 이룬 청나라의 인식을 제대로 보여주는 연구는 거의 없었습니다. 위원의 [해국도지]에는 청나라 시기 러시아가 아니라 영국을 경계하던 청나라의 상황을 생생하게 전달하고 있으며, 그들의 인식은 20세기로 이어졌다는 점에서 최근 중국의 일대일로와도 연결되는 중요한 시사점을 줄 것입니다.

이 책의 출판은 한국연구재단의 인문사회연구소 지원사업으로 가능할 수 있었습니다. 또한, 한-카자흐스탄 수교 30주년을 기념하는 작은 뜻도 있습니다. 2023년 심포지움을 도와주신 카자흐스탄 고고학연구소의 아칸 소장과 연구원들에게도 감사함을 전합니다. 아울러 귀한 원고를 내주신 여러 필자분들과 연구 프로젝트에 속하지 않음에도 특별히 논고를 내준 김재윤(영남대) 선생님께도 감사를 드립니다. 그리고 이 책을 단행본으로 모아서 하나의 책으로 내는 데에는 이후석 선생님의 도움이 컸기에 이에 감사드립니다. 마지막으로 언제나 상업성이 적은 유라시아 고고학의 출판에 헌신적으로 도와주신 주류성출판사 최병식 사장님과 이준 이사님께 감사를 드립니다.

2024년 6월, 서울에서
필자를 대표하여 강인욱

01

고고학으로 본
한국-카자흐스탄 5천년의 교류

강인욱

경희대학교 사학과 교수

* 이 글은 2023년 5월 카자흐스탄의 알마티(Almaty)시에서 열린 『한
국-카자흐스탄 5천년의 파노라마』 국제학술회의 발표문을 바탕으로
『인문학연구』 제56집(경희대학교 인문연구원 2023)에 게재한 논문
을 다시 수정·보완하여 작성한 것이다.

I. 서론

지난 100여 년간 한국의 고고학에서 북방 초원지역은 매우 중요한 화두였다. 그리고 1999년부터 국립문화재연구원을 비롯하여 다양한 기관들에서는 북방 유라시아 일대의 조사를 매년 진행하고 있다. 그 시작은 러시아의 극동지역이었지만, 향후 몽골, 그리고 10여 년 전부터 카자흐스탄을 중심으로 하는 중앙아시아 지역으로 공동 조사연구의 범위가 확대되고 있다.

지난 10여 년간 한-카자흐스탄의 공동연구는 그 짧은 시간에도 불구하고 그 결과는 매우 인상적이다. 카타르-토페를 중심으로 하는 사카 쿠르간의 연구, 아스타나박물관 공동으로 진행한 황금유물의 조사 등이 대표적이다. 또한 2018년도에는 국립중앙박물관에서 열린 "황금 인간의 땅, 카자흐스탄" 등을 들 수 있다. 그밖에 개별 연구자들의 고분 조사, 학술교류 및 공동 연구가 이어지고 있다(그림 1), 그리고 조금씩이지만 카자흐스탄 고고학을 대상으로 하는 논문들도 증가하고 있다(최인화 외 2017; 김재윤 2019; 남상원 외 2022; 양시은 2023; 이후석 2023). 최근의 괄목할 성장에도 불구하고 이러한 공동 사업이 실질적으로 카자흐스탄의 고고학이 한국 고고학계에서 그 위치를 제대로 차지한다고 보기에는 여전히 부족한 부분이 있다.

한국과 카자흐스탄의 공동 조사는 유라시아 각국에 대한 조사의 일환이라는 점에서 러시아 및 몽골 등의 공동조사와도 비교가 된다. 몽골의 경우 1996년,

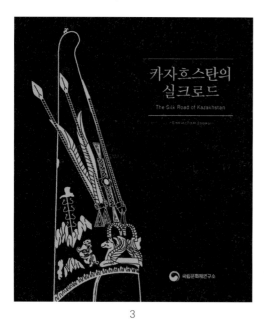
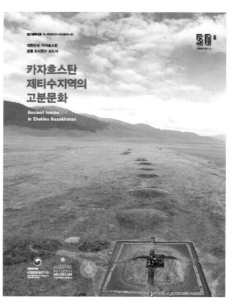

<그림 1> 최근 주요한 한-카 공동연구의 성과

(1: 2018년도 국립중앙박물관 전시회, 2: 2018년출판된 국립문화재연구원의 카자흐스탄 황금문화 도록 "카자흐 초원의 황금문화" 3: 국내에서 번역된 바이파코프 저서 카자흐스탄의 실크로드, 4: 국립문화재연구원과 마르굴란고고학연구소의 제티수지역 카라토베 발굴보고서)

러시아와는 1999년부터 시작되어서 모두 20년이 넘는 조사 및 연구의 성과가 축적되어 있다. 그리고 그에 비례하여 적지 않은 전문가가 배출되고 있다. 반면에 카자흐스탄의 경우 이 지역을 전문으로 하는 연구자 및 전문적인 연구가 부족한 상황이다. 그 1차적인 원인은 10여 년이라는 상대적으로 짧은 두 나라 간의 교류 기간이라고 할 수 있다. 아울러 그와 함께 공동연구를 위한 아젠다의 부재도 또 다른 원인이다. 바로 한국 고고학계에서 카자흐스탄 고고학을 다루어야 하는 기본적인 문제의식 및 유라시아 고고학에서의 의의가 제대로 정립되지 않았다는 것이다. 한국과 접경한 러시아 극동의 경우 발해가 있었고, 또한 몽골의 경우 한국을 포함한 동북아시아 사회 변동의 중심이었던 흉노라는 키워드가 있다. 반면에 카자흐스탄은 유라시아 초원의 중심에서 큰 부분을 차지한다는 지정학적인 위치에서 기인하는 유라시아 고고학에서의 의의가 제대로 논의되지 못한 상황이다.

지리적이나 고고학적 성과로 볼 때 카자흐스탄은 진정한 유라시아 고고학의 중심이라고 할수 있다. 이는 단순히 카자흐스탄이라는 나라가 가진 광활한 영토를 의미하는 것이 아니다. 바로 유라시아 유목문화를 대표하는 동시에 실크로드로 이어지는 오아시아문화를 함께 포괄하는 그 다양성에 있다. 카자흐스탄의 북쪽으로는 시베리아 및 우랄지역과 이어지는 카자흐스탄의 초원지대의 유목문화, 그리고 남쪽으로는 전통적인 실크로드 캐러번 루트가 이어진다. 거대한 영토만큼이나 카자흐스탄이 가진 북방 유라시아 고고학에서 차지하는 비중은 절대적이다. 그 의미는 한국과 북방 유라시아의 관련성을 이해하는 데에 핵심적인 지역이 된다는 뜻이기도 하다.

이러한 중요성에도 불구하고 한국에서 카자흐스탄과 관련된 전시회, 공동조사 및 연구 등은 주로 사카시대(기원전 7~3세기)에만 집중되어 왔다(그림 1). 이에 본 고에서는 세부적인 논의 대신에 거시적인 관점에서 카자흐스탄 고고학의 흐름을 살펴보고 각 시기별로 한국과의 관련성을 논의하고자 한다. 그리고 그를 통해서 향후 한국 고고학에서 카자흐스탄 지역을 연구하는 방향에 대한 제언을 제시하고자 한다. 이를 통하여 유라시아의 중심인 카자흐스탄과 유라시아의 동쪽 끝에서 대륙과 해양을 잇는 한반도의 역사적 맥락을 통시적으로 보고자 한다. 나아가서 한-카의 고고학 조사가 고고학이라는 영역에만 머물지 않고 나아가서 20세기 고려인의 디아스포라와 21세기 외교관계로 이어지는 두 나라의 역사-문화적 맥락을 조금 더 굳건히 하는 계기가 될 수 있음을 보여주고자 한다. 한-카 고대문화의 5천년간 이어지는 역사의 흐름을 통해서 여전히 피상적인 이해가 대부분인 초원지역과 한반도에 대한 이해를 구체화하고, 나아가서 20세기 이후 고려인의 디아스포라를 중심으로 복원된 두 지역의 관계를 굳건히 이해할 수 있을 것으로 기대한다.

II. 유라시아 속 카자흐스탄 고대 문화의 위상

중앙아시아에서 카자흐스탄이 차지하는 위치는 바로 농경과 유목의 접경지대이며 시베리아와 중앙아시아를 잇는 교량의 역할을 한다. 카자흐스탄을 관통하여 중국 신강성 지역으로 이어지는 천산산맥에서 녹아내리는 빙하는 선사시대 이래로 유목민은 물론, 오아시스를 중심으로 정착을 하는 주민들에게도 유리했다. 또한 소비에트 성립 이후에 중앙아시아의 상당한 부분 및 서부 시베리아를 차지한 거대한 카자흐스탄이 성립되었다. 그 결과 카자흐스탄의 고고학적 문화 역시 사카로 대표되는 초원계 문화와 남부 천산산맥 일대의 오아시아를 중심으로 하는 도시들이 발달했다. 〈표 1〉에서 보듯이 중앙아시아의 5개 국가의 1990년대까지의 나라별로 주요한 고고학 연구자와 유적지를 보면 알 수 있듯이, 카자흐스탄은 초원과 농경문화가 공존하는 독특한 위치를 점하고 있다.

카자흐스탄의 역사를 통시적으로 본다면 크게 8단계로 나뉠 수 있다(표 1).

I 기는 이 지역에 구석기시대 이래로 사람이 처음 거주하던 시기이다. 구석기시대는 네안데르탈인의 흔적인 테시크-타시(Teshik-Tash)

〈표 1〉 카자흐스탄의 주요 역사 연표

I 기 : 선사시대 (구석기~신석기시대)

II 기 : 유목사회의 성립(기원전 35세기~사카문화 이전)

III 기 : 사카시기(기원전 7~2세기, 사카, 오손, 견곤 등)

IV 기 : 흉노시기(기원전 2~기원후 5세기, 오손, 북흉노, 강거)

V 기 : 투르크시기(5~8세기)

VI 기 : 이슬람시기(751년 탈라스 전투 이후), 카라한 한국(9~12세기)

VII 기 : 몽골시기(킵차크칸국, 13~15세기)

VIII 기 : 카자흐칸국(15~17세기)

IX 기 : 러시아 팽창(17세기~1917년)과 소련 현대 카자흐스탄(1991년 이후)

가 대표적인 유적이다. 이후 신석기시대는 유적이 많이 발견되지 않았지만 대체로 후기 구석기에서 이어지는 세석인 문화가 이어진다. 세석인으로 대표되는 중앙아시아 신석기문화의 특징에 대해서는 본서 김재윤의 연구(2019)를 참고할 수 있다.

Ⅱ기는 카자흐스탄의 본격적인 복합사회가 형성되는 시기로 기원전 35세기를 중심으로 하여 유라시아 전역에 확산되는 목축경제와 관련되어 있다. 시베리아에서는 이 시기를 아파나시에보(Afanasievo)문화 공동체로 명명하여 목축, 고분, 청동기, 말 사육 등으로 대표된다. 이후 안드로노보(Andronovo)문화 단계를 거친다. 카자흐스탄의 경우 아파나시에보문화 단계에 해당하는 기원전 4000년경의 보타이문화에서는 말을 목축하고 그 젖을 이용한 흔적이 발견되었다. 현재까지 알려진 가장 최초의 말 사육 증거로 간주되는 바, 카자흐스탄 초원이 차지하는 목축문화에서의 비중을 상징적으로 보여준다(그림 2-1)[1]. 다음으로 안드로노보문화는 베가지-단디바이(Begazy-Dandibay)로도 불린다. 이 문화는 기원전 2천년을 기점으로 유라시아 전역에 널리 확산되는 전차의 사용 및 발달된 청동기과 관련되어 있다. 전차에 관해서는 기존에 많은 연구가 있으며(데이비드 W. 앤서니 지음, 공원국 옮김 2015), 청동기의 경우 한반도 정선 아우라지 유적에서 발견된 장식과 비슷한 것도 함께 사용된다(그림 2-2).

Ⅲ기는 유목경제가 더욱 발전하여 사회의 복합화가 진행된 사카(Saka)시기이다. 이들은 이미 페르시아에도 그 존재가 알려질 정도로 근동의 여러 집단과 광범위한 교류를 했다. 사카가 본격적으로 고대 세계에 등장하는 시기는 기원전 6세기로, 아케메니드 왕조 다리우스 1세(기원전 522~486년)이다. 그리고 헤로도투스는 그의 저서 '역사'에서 스키타이(흑해연안) 동쪽에 웅거하는 다양한 사카족에 대한 기록을 남겼다. 사카계통의 주민들은 고깔모자를 쓴 인물상으로 대표된다. 주로 사르마트(카자흐스탄 서부 및 우랄산맥), 마사게티아(Massageti-ae), 이세도네스(Issedones, 카자흐스탄 동부), 아리마스페이(Arimaspei, 카자

---

1) 최근 보타이 출토의 말 이빨에 남겨진 재갈의 흔적에 대하여 의심을 제기한 논문이 제기된 바 있다 (Taylor, W. T. T., & Barrón-Ortiz, C. I. 2021). 다만, 그 외에도 보타이를 비롯하여 보타이 문화의 여러 유적에서 초기 말 사육의 증거가 집중되는 바 카자흐스탄 북부에서 말 사육이 처음 도입되었다는 기존의 설을 바꿀 수는 없다고 본다.

<그림 2> 카자흐스탄 청동기시대의 시기별 대표유물

(1: 보타이 유적의 첨저빗살문토기(기원전 30~25세기), 2: 사리아르카지역 이제프스크 출토 단조로 만든 청동장식(기원전 20~15세기), 3: 세이마–투르비노유형의 청동거푸집(기원전 10세기 전후), 4: 제티수지역에서 발견된 청동투부(기원전 10세기경), 5: 프리우랄지역의 나고르넨스키 고분 출토 석제도마(기원전 6세기), 6: 제티수지역 출토 하가점상층문화 형식의 청동투구(기원전 7~6세기)(아스타나 국립카자흐스탄박물관, 필자 촬영))

흐스탄 동북부), '황금을 지키는 그리핀(Gold-guarding Griffins)' 등으로 나뉜다.

고고학적으로 본다면 사카는 카스피해에서 신강성 동부의 일리강 유역까지 거주했던 유목계 집단으로 흑해연안의 스키타이와는 구분되게 카자흐스탄을 중심으로 널리 거주한 또 다른 거대한 집단을 말한다. 실제로 카자흐스탄 경내의 다양한 유목문화에 기반한 고분들이 발굴되며, 그들은 사카계 문화로 통칭된다. 이들을 스키타이계통과 구분시키는 경계는 초원지역의 남쪽에 분포한 고대 유라시아 문명교류의 이란계통 문화로 정의할 수 있다. 나아가서 중앙아시아일대의 토착적인 인도-유럽인계통의 사람들로 이어진다.

중앙아시아에서 중세시대에 무역을 담당한 소그드인들은 토하르인(tochari-ans)과 사카인의 후손으로 알려져 있다. 이러한 사카와 후대의 주민들과 친연관계는 문자자료로도 뒷받침된다. 예컨대, 기원전 5세기 대에 축조된 이식고분 황금인간의 고분에서 발견된 은제 기명에서는 古투르크의 문자(=예니세이 룬문자)와 놀라운 유사성을 가진 글자들이 발견된 바 있다(강인욱 2020). 이는 투르크계통의 문화가 사카문화에서 기원했을 가능성이 높음을 의미한다.

IV기는 북흉노의 확산과 함께 이 지역에서 엄청난 변혁이 일어난다. 그 와중에 중국 감숙과 하미분지에서 넓게 세력을 형성했던 월지(月氏)세력도 다시 중앙아시아로 이동하는 사건이 일어났다. 북흉노 질지선우(郅支單于)의 서천과 강거(康居)의 멸망 등의 일련의 사건은 흉노열전 및 서역열전 등의 중국 기록에 잘 반영되어 있다(동북아역사재단 편 2009a·2009b). 이 북흉노의 서진은 비록 역사에는 일회성으로 기록되지만, 고고학적으로 볼 때 흉노계의 문화는 꽤 오랜 기간 신강성과 카자흐스탄을 거쳐 유라시아 서편으로 흘러간 흔적이 보인다(강인욱 2008).[2]

V기는 투르크시기로 5~8세기 사이이다. 이 시기 남부 시베리아에서 카자흐스탄 제티수(zhetysu=세미례치예)에 이르는 넓은 지역은 발달한 철제무기, 석

---

[2] 필자가 소개한 북흉노의 서쪽 이동과 관련된 신강성 투르판 지역에 위치한 차우후(察吾呼) 유형의 고분이 국립문화재연구원과 카자흐스탄 국립고고학연구소가 2022년에 공동조사한 제티수지역 옐타이 유적에서도 확인되었다. 추후 상세한 보고가 나오면 북흉노계 문화의 확산에 대한 좀더 확실한 고찰이 나올 수 있을 것으로 기대한다.

<그림 3> 카자흐스탄 사카시기~이슬람 도입기의 주요 유물
(1: 서부 카자흐스탄 레베죠프카 유적 출토 금제귀걸이(기원전 2세기), 2: 베렐 고분 출토 가죽주머니를 모방한 토기(기원전 4~3세기), 3: 중부 카자흐스탄 카나타타스 유적 출토 민족대이동시기 보석상감을 한 황금장식(4-5세기), 4: 극동지역에서 유입된 투르크시대의 철제 등자(7~9세기), 5: 우즈베키스탄 페이켄트 유적의 소그드왕국 문화층(아래의 진흙층)과 이슬람 아바스왕조 문화층(위의 벽돌층)의 퇴적상황, 카자흐스탄 지역 문화의 변동을 상징적으로 보여줌. 1~4는 아스타나 국립카자흐스탄박물관, 5번은 페이켄트 유적, 필자 촬영)

인상, 제사유구 등으로 대표되는 투르크(突厥) 카간으로 포함되었고, 특히 카자흐스탄 일대는 서투르크(西突厥) 카간의 영역에 해당된다. 이 투르크는 흔히 아사나로 대표되는 투르크 카간 성립 이전 유연(柔然)제국 시기에서부터 그 고고학적 문화가 시작되었다. 동북아시아의 선비와 고구려에서 시작된 새로운 철제 기마문화는 유연제국 단계에 몽골과 알타이를 중심으로 확산되었고(강인욱 2018a) 카자흐스탄에서도 그들의 흔적이 잘 남아있다(그림 3-4).

Ⅵ기는 카자흐스탄에서 이슬람을 받아들이는 시기로 바로 고선지 장군의 전투로 유명한 당과 아바스 왕조사이의 751년에 벌어진 탈라스전투가 그 획기가 된다. 이를 기점으로 아랍계와 당나라 세력이 중앙아시아에서 물러났으며, 그 대신에 투르크족을 기반으로 하되 이슬람 종교를 구심점으로 하는 카를루크 왕조가 들었다. 이후 이슬람 기반의 투르크계 민족 구성은 지금도 큰 변화가 없이 이어지며 중앙아시아의 정체성을 형성했다.

Ⅶ기는 몽골의 침략과 킵차크칸국이 건설된 시기로 15세기까지 지속된다. 몽골이 카자흐스탄의 영토를 정복한 후에는 나이만(Naiman), 케레이트(Kerait), 잘라이르(Jalair) 인이 이곳으로 와서 정착하였다. 이들은 원주민과 함께 차가타이칸국(Chagatai), 금장칸국(킵차크칸국, Golden Horde), 백장칸국(아크 오르다, White Horde), 모굴리스탄(Moghulistan) 등 새로운 국가들을 건설하였다.

Ⅷ기는 카자흐칸국이 성립된 시기이다. 이때에는 카자흐스탄의 건국자로 간주되는 자니벡(Janibek)과 케레이(Qarai)가 이 한국의 성립을 주도했다. 그 성립시기는 대체로 킵차크칸국의 붕괴 직후인 1465년으로 보고 있다. 비슷한 시기에 우즈벡(Ozbek)한국도 성립되었다.

Ⅸ기는 제정러시아의 팽창이 본격화되는 18세기 이후이다. 이때 시베리아를 빠른 속도로 러시아의 영토로 만들면서 카자흐스탄 지역에 그 영향을 미쳤다. 이러한 제정러시아의 팽창은 19세기경에는 이미 대부분의 카자흐스탄 지역을 자신의 영향력 하에 두었다. 이후 영국과 중앙아시아를 두고 패권쟁탈을 벌이는 '그레이트 게임'에서 카자흐스탄은 러시아가 중앙아시아의 패권을 유지하는 전진기지의 역할을 했다. 이후 1917년에 소련으로 성립되면서 카자흐스탄은 소련에 편입되었으며, 1990년대에는 다시 독립하여 현재에 이르고 있다.

III. 한국과 카자흐스탄의 시기별 교류상

위에서는 다소 장황하게 카자흐스탄의 역사를 개괄했지만, 본 고에서는 이들 모두를 대상으로 하는 것이 아니라 서기 8세기를 주요 기점으로 II~V기의 교류상을 다루고자 한다. 이러한 시대의 규정은 카자흐스탄을 포함한 중앙아시아가 이슬람화하는 것이 그 기준이다.

한국에서 탈라스 전투를 고구려계의 고선지 장군이 벌인 것으로만 유명하다. 하지만 그 의의는 세계사적으로 지금의 중앙아시아라는 정체성을 만드는 계기가 되었다. 중국의 영향력이 사라지면서 이슬람에 기반을 둔 카라한 왕조가 등장했고, 몽골의 침략 이전까지 지속해서 번성했다. 즉, 몽골 및 러시아과 같은 외부 세력의 영향과 관계없이 이슬람에 기반한 투르크계통 주민의 큰 흐름은 바뀌지 않는다. 이러한 문화적 정체성은 상대적으로 동아시아와의 관련성이 적은 것과도 연관된다. 따라서 탈라스 전투와 그에 이어지는 카라한 왕조의 성립 이후는 한국과 카자흐스탄 관계에서 완전히 다른 맥락에서 검토해야 하는 것이 더욱 합리적이다.

1. 1기 : 초원지역 교류 이전 시기(기원전 3000~2500년)

한국과 카자흐스탄의 교류는 두 지역 간의 시공적인 구분에 따라 다를 수 있다. 한반도 또는 남한으로 규정하지 않고 한반도와 만주를 포함하는 동북아시아를 중심으로 본다면 두 지역 간의 관계는 대체로 5천년 전부터로 볼 수 있다. 물론, 이것은 한반도와 직접적인 관련성을 의미하는 것이 아니다.

금석병용기~초기청동기시대[3](아파나시에보문화 단계; 기원전 3500~2500)의 시작은 유라시아에서 동북아에 이르는 지역의 큰 획기를 의미하기 때문이다. 시베리아와 몽골 일대의 초원지역에 유목문화가 도입되어 청동기시대가 본격적으로 시작되는 시기는 대체로 기원전 35~30세기이다. 이 시기는 초원지역뿐만 아니라 전 세계적인 기후의 변화로 새로운 문화가 발달되는 시기이다. 물론,

---

3) 시대 편년은 유라시아의 편년 기준이다.

이 시기 한반도는 아직 신석기시대에 해당하기 때문에 카자흐스탄과 직접적인 관계를 상정하기 어렵다.

대체로 아파나시에보문화의 직접적인 영향은 카자흐스탄 동북부, 중국 신강 북부지역과 몽골 초원까지 이어지는 체무레첵문화(=컬무치문화)[4]로 이어진다. 이러한 현상을 들어서 두 지역 간의 관계가 아예 없다고 보기는 어렵다. 다만, 내몽골 동남부의 홍산(紅山)문화, 용산(龍山)문화, 굴가령(屈家嶺)문화 등에서 청동제련의 흔적이 보인다는 점을 주목할 필요가 있다. 특히 굴가령문화에서는 청동제련이 제단 위에서 이루어진 것이 밝혀졌다(郭静云·郭立新 2020). 즉 신석기시대 동아시아에서는 청동제련술을 인지했지만 구체적으로 발달시키지는 않았다는 것을 의미한다. 그 배경에는 한국과 중국등 동아시아는 옥을 주요한 귀금속과 도구의 재료로 사용했기 때문이다. 뜨거운 불을 다루는 기술이 필요한 청동제련술은 신석기시대 이래 동아시아에서 군건히 자리잡은 옥가공 기술과는 완전 상이한 기술 전통이다. 이와 같은 상이한 문화 전통이 동아시아에 신석기시대부터 정립되어 있었기 때문에 유라시아의 제련술이 빠르게 도입되는 데에 걸림돌이 되었다.

2. 2기 : 초기 청동기시대~세이마-투르비노 청동기의 확산 (기원전 2000~1500)

본격적으로 카자흐 초원지역의 청동기술이 동아시아로 확산되는 것은 세이마-투르비노로 대표되는 청동장인의 이동과 관련이 있다. 초기 실크로드의 형성에 따라 중앙아시아와 시베리아의 청동기시대가 신강일대에 초원지역의 청동기시대가 확산된다. 특히 신강지역에서는 로프노르 소하(小河)묘지에서 보이듯이 남부지역 일대로 안드로노보문화가 널리 확산되는 양상이다. 이 초기 청동기시대의 확산은 요하 상류로 이어진다. 하가점하층문화에서도 1m가 넘는 청동창이 발견된 바 있다. 이러한 청동 제련기술은 세이마-투르비노와 같은 발달

---

4) 이 문화는 러시아, 카자흐, 몽골, 신강에 걸쳐서 분포하는 탓에 Chemurchek, Чемурчексая культура, 切木尔齐克 등 다양한 명칭으로 불린다.

된 청동 장인의 유입을 증명한다.

3. 3기 : 세이마-투르비노 청동기의 본격적 확산(기원전 1500~1200)

이 시기는 기원전 20~18세기에 시작된 세이마-투르비노 계통의 영향을 받은 청동기의 확산으로 대표된다. 중국 북방 장성지대에서는 세이마-투르비노계통의 실제 청동기가 일부 유입되었다. 세이마-투르비노 형식의 유물로는 청동검과 청동창을 들 수 있다. 청동검은 서부 시베리아와 중앙아시아 일대에서 사용되었던 청동검이 중국 북방의 주개구(朱開溝) 1040호묘 출토품이 그 좋은 예이다. 이는 동아시아에서 가장 이른 청동검이다. 청동창은 만주일대까지 널리 확산되었고, 동쪽으로는 하바로프스크 근처에서도 확인된 바 있다(강인욱 2003).

다만, 이 시기에 한반도에서도 유적은 급감하며 북방 초원지역과의 관계도거의 찾아볼 수 없다. 세이마-투르비노의 전통은 한반도와 만주 일대에도 파급되는데, 그 영향은 소수의 청동기류로 대표되는 자바이칼-연해주-동북한의 루트와 대형 무기 및 장신구 등으로 대표되는 몽골-요서지역 루트로 세분된다.

4. 4기 : 전차문화의 확산과 후기 청동기시대(기원전 12~9세기)

이 시기는 중국 북방과 한반도 일대로 전차로 대표되는 마구와 카라숙 형식 청동기로 대표되는 단계로 중국 동북지역의 경우 하가점상층문화와 자바이칼, 연해주 일대에 널리 확산되었다. 카라숙시기 청동기는 세이마-투르비노 청동기 문화의 전통이 확대된 것이다(그림 2-3·4). 이 시기 하가점상층문화에서 발견되는 것과 유사한 청동제 거푸집이 카자흐스탄 일대에서 널리 발견된다. 아울러 청동투부 역시 카자흐스탄 일대에서 널리 발견된다(이후석 2023). 이러한 청동기의 전반적인 확산은 요동지역으로도 확산되고, 나아가서 한반도를 대표하는 비파형동검이 이 시기에 등장한다. 최근에 비파형동검의 기원을 북방지역에서 찾고자하는 움직임이 본격화되는 바, 세이마-투르비노 전통의 동검 제작 전통이 만주와 한반도에서 토착화되어 나타났을 가능성이 크다(이후석 2019).

이 시기의 주목할 만한 변화는 청동제련기술뿐 아니라 무기와 제사체계를 대표하는 전차(chariot)가 중국과 몽골 일대에 널리 확산된다는 것이다. 하가점상층문화를 거치면서 전차부속은 올자형(兀子形) 고삐걸이와 동경 등의 제기로 변환되어 추후 비파형동검문화와 한반도의 청동기문화에 영향을 미친다(강인욱 2021).

5. 5기 : 사카문화의 초기 단계(기원전 8~5세기)

이 시기에 중국 북방 장성지대에는 여러 오르도스 청동기문화가 확산된다. 한편 이 시기에 만주와 한반도는 고조선의 비파형동검문화와 쌀농사를 하는 송국리문화의 강력한 공동체가 형성되며 북방 초원지역과의 관계는 상대적으로 적어진다. 하지만, 북한에서도 황해도 재령지역에서 오르도스식(=타가르식) 검이 출토된 바 있다(도유호 1960). 그리고 경북 고령 봉평리 암각화에 외견상 명백하게 오르도스식 또는 아키나케스로 보이는 검이 보인다. 여수 오림동의 석검 숭배는 유라시아와 흉노의 검을 숭배하는 풍습 일맥상통한다. 이와 같이 단편적이지만 동검을 중심으로 유라시아 초원 지역과의 관련성이 확인된다.

6. 6기 : 사카문화의 후기 단계(기원전 4~2세기)

이때 중국 북방지역의 초원 청동기문화는 큰 변혁을 맞이하며 카자흐스탄의 세미레치예 지역에서 괴수문과 황금 장식으로 대표되는 사카계 문화(중국에서는 융적(戎狄)계로도 부름)가 중국 북방으로 유입된다(본고 제4장 참조). 이와 함께 전국시대 제후국의 발흥으로 기존 중국 북방지역의 초원계 청동기문화는 와해되고 사카계 문화가 주류를 이룬다. 이러한 새로운 북방 초원계 문화의 확산은 사카계의 확산과 함께 초기 흉노의 발달이라는 큰 변동과 연동된다.

이 시기에 남한에도 본격적으로 북방계 문화가 유입된 시기로 볼 수 있다. 이 시기의 양상은 경주 탑동의 동물장식과 경주 출토로 전하는 안테나식 검병의 오르도스 청동검 등이 있다. 여기에 기존 고고학적 상식을 뛰어넘어 오르도스 동검의 거푸집이 일본 간사이 지역에서 출토되어 북방계 문화의 유입 양상을 구체적으로 이해하는 계기가 되었다.

7. 7기 : 흉노와 중국 문화의 팽창기(기원전 1세기~기원후 2세기대)

흉노 및 낙랑의 발흥으로 다양하며, 중국화되고 지역화된 형태로 표출된다. 중국 북방지역의 초원계 문화는 흉노 세력의 약화와 함께 선비, 부여, 오손, 월지 등의 주변 세력이 발흥하며, 유목계의 문화가 주변 확산된다. 이러한 흉노를 중심으로 하는 거대한 유라시아의 동·서가 하나의 네트워크로 묶이는 것에 대해서는 철제무기와 무구류의 확산을 주심으로 국내 학계에서 논의된 바 있다(문재범 2013). 또한, 다양한 토기와 묘제에서도 중국 신장지역과 카자흐스탄의 지역의 넓은 교류가 간취된다(강인욱 2008).

8. 8기 : 민족의 대이동시기와 신라(3~6세기)

이때는 훈족으로 대표되는 민족대이동 시기로 북방 초원계문화는 크게 마구와 황금예술로 세분할 수 있다. 마구 계통의 경우 모용선비의 삼연문화와 고구려의 중장기병 마구는 한반도는 물론 시베리아 일대에 널리 영향을 준다(강인욱 2017). 카자흐스탄에도 투르크문화의 확산과 함께 고구려계통 마구가 널리 확산된다(그림 3-4). 한편, 훈족의 황금 유물은 민족대이동시기(The Great Migration Period)의 확산과 함께 상감 및 누금기법의 황금제 유물이 서쪽으로는 서유럽에서 동쪽으로는 신라까지 널리 확산된다(그림 3-3)(본고 제5장 참조).

9. 9기 : 소그드의 확산과 발해-통일신라 시기(7~9세기)

발해에서는 중앙아시아 소그드계는 물론 위구르의 유적과 유물이 널리 발견되고, 이후 여진의 문화에도 그러한 관련성은 이어진다. 통일신라의 경우 그 교역권이 널리 확대가 되지만 북방 유라시아보다는 서아시아 지역으로 네트워크의 변화가 온다. 한편 소그드왕국은 이 지역의 이슬람 문화의 침입으로 와해된다(그림 3-5). 이러한 카자흐스탄을 포함한 중앙아시아 일대의 이슬람화는 탈라스 전투(751년)로 시작이 되었고, 10세기에 전성기를 맞이한 투르크계 주민이 이룩한 카라한 왕조로 완성되었다.

이후 카자흐스탄은 이슬람 및 몽골 세력으로의 편입- 러시아 세력권으로의 편입 - 독립이라는 과정을 거쳐서 현대에 이른다. 이슬람과 몽골에 편입된 시기에는 상대적으로 한국과이 관련성이 미약하지만 19세기 러시아 세력으로 편입되면서 그레이드 게임에서 한국과 카자흐스탄은 유라시아의 지정학적인 두 축으로 등장하고 소련 이후 고려인의 디아스포라를 거쳐 현대에 이르고 있다.

IV. 한-카 교류의 전망과 의의

앞 장에서 말한 9단계의 교류는 각각의 유물과 유적에 관한 연구로 구체화할 수 있으므로 향후 한-카 양국이 함께 하나씩 풀어야 할 주제이다. 장래 그 연구를 기대하며 먼저 우리에게 카자흐스탄 고고학이 왜 필요한지를 함께 생각해보자.

첫 번째로 유라시아 고고학의 중심으로서 카자흐스탄의 지리적인 상황을 인식할 필요가 있다. 그동안 한국 고고학은 상대적으로 몽골의 연구에만 집중되어 왔다. 하지만 몽골에서 발달한 유라시아 유목계 문화는 사실상 카자흐스탄을 중심으로 하는 지역에서부터 확산된 것이 대부분이다. 따라서 암각화와 제의, 철기, 무덤, 종마 및 마구 등 초원지역과의 연관성을 좀더 광범위하게 검토되어야 한다. 카자흐스탄과의 공동연구는 한국 고고학계의 외연 확장을 위해서도 필요하다는 인식이 필요하다.

두 번째로 카자흐스탄 지역을 바라보는 한국 고고학계의 관점을 바꾸고 그를 연구하기 위한 적절한 연구방법과 교류에 대한 모델을 고민해야 한다. 한국고고학에서 북방지역과의 교류를 추상적으로 이해하는 가장 큰 원인은 극도의 전파론을 경계하며 한국 내에서 모든 문화의 원인을 찾는 자생론의 대립이 있다. 이것은 일본 제국주의 고고학의 형성과 함께 전개된 북방기원론과 전파론에 대한 반작용이다. 하지만 지금은 20세기 전반에 횡행한 자생론과 전파론이라는 흑백논리를 벗어나서 유라시아와의 광역 교류에 대한 관심으로 바꾸어야 한다.

한반도만의 관점을 벗어나서 유라시아의 지정학적 상황을 보면 한반도를 포함하는 동북아시아와 실크로드 일대는 적어도 5천년의 교류 역사를 가지고 있다. 단순한 유물 비교에서만 벗어나서 구체적인 현상의 설명으로 이어져야 한다. 예컨대 1980년대에 제기된 중국 서남부와 내몽골 및 만주 일대를 있는 반월형문화권론 역시 최근에 중국을 둘러싼 유사한 환경을 사이에 둔 문화교류로 재해석되고 있는 것(Anke Hein, 2014)도 좋은 예가 된다. 즉, 유라시아 대륙과 한반도의 문화의 교류는 물리적인 거리가 아닌 유사한 생계경제와 교역 등에 방점을 두어야 한다. 단순한 유물의 비교를 넘어 아시아의 대부분을 차지하는 중국 대륙을 가운데에 두고 그 주변이 초원과 산맥으로 이어지는 지정학적인 이해가 필요하다.

세 번째로 중국 중심주의의 극복이다. 한국 고고학에서 초원지역의 문화를 논할 때에 가장 혼동하기 쉬운 지역이 중국이다. 중국은 그 자체로도 거대한 지역이며 주요한 문명의 중심지임은 분명하다. 하지만 '현대의 중국'과 '전통적인 고대 중국사회'의 범위는 다르다. 만리장성 일대의 중국 북방은 초원의 유목문화가 성행하다가 점진적으로 춘추-전국시대를 거쳐서 점차 중국에 동화된다. 중국 서북지역의 서주시기 주(周)와 진(秦)의 성립 과정에서 유목세력은 대거 편입되었다. 이후 전국시대를 거치며 장성 일대의 제후국은 그들의 영역 내에 초원계문화의 주민들이 지속적으로 거주해왔다. 기원전 4세기 전후에 이루어진 사카계 문화의 유입이 그 좋은 예이다. 즉, 현대 중국의 지리적 상황을 고대로 치환시킨다면 유라시아의 유목문화를 중국 북방의 지역적 문화로 오해할 것이다. 이런 중국 중심주의를 극복하지 않으면 카자흐스탄과 한국은 서로 단절적인 관계로 인식될 수밖에 없다.

네 번째로 한-카의 지정학적 관계에 대한 통사적인 이해로 이어져야 한다. 흉노가 발흥하던 시기에 서역(=실크로드)고 한-카의 교류는 고대에서 끝나지 않는다. 이는 중세를 거쳐서 19세기 이후 서구 열강의 실크로드의 쟁투 과정에서 저울의 두 추로 등장한다. 근대로 오면 영국과 러시아의 그레이트 게임 과정에서 한국의 거문도를 점령해서 저울의 또 다른 추로 이용하려 했다. 또한 러시아와 중국은 우수리강의 다만스키섬의 분쟁의 일환으로 카자흐스탄과 신강 일리지역의 국경지역인 잘라산골(Жаланашколь)의 충돌로 이어졌다. 아프라시압에 남아있는 고구려의 사신, 그리고 20세기 고려인의 디아스포라는 한-카를 중심으로 하는 유라시아 동부의 지정학적인 맥락에서 살펴보아야 한다.

다섯 번째로 실질적인 전문 인력의 양성과 학제간 연구를 통한 연구 패러다임의 전환이다. 실질적인 연구주제와 방법론의 개발과 방법론이 제대로 한-카 공동연구로 이어지기 위해서는 전문인력의 양성이 반드시 필요하다. 몽골의 예를 본다면 공동연구가 30년 가까이 되지만 신진 인력은 여전히 부족하여 전문적인 연구로 매끄럽게 이어지지 못하고 있다. 독일의 유라시아고고학 연구소가 전문인력과 연구기관이 결합되어서 유의미한 결과를 내고 있는 것과 비교가 된다.

또한, 기존 한국의 연구는 직접 발굴을 하고 자료를 얻는 식으로 이루어져 왔다. 하지만 이는 인력과 비용의 투입에 비해서 나오는 성과는 제한적이다. 대신에 다양한 학제 간의 연구(DNA분석, 보존과학 등)으로 확대해야 한다. 다양한 공동연구를 수행할 수 있는 플랫폼이 안정적으로 가동될 때 국제적인 연구가 가능하며 나아가서 카자흐스탄이 유라시아 고고학의 중심으로 나아가는 데에 반드시 필요하다.

V. 결론 : 한-카 공동연구의 새로운 패러다임을 기대하며

21세기가 되어 글로벌화는 가속되었고, 현대 국경의 의미는 갈수록 그 의의를 잃고 있다. 국경을 초월한 다국가간의 협력은 필수이며, 지난 10여 년간 협력은 매우 긍정적이며 미래지향적이라 평가할 수 있다. 이제 포스트 코로나 시대의 변화하는 세계와 연구환경에 맞추어 새로운 변화가 필요하다. 그것은 학제간을 넘고 이 사회와 적극적으로 연계하여 노력하는 것이다. 그동안 한국 역사와 고고학계에서 실크로드가 낭만과 추상적인 이미지였다면, 한-카의 공동연구로 카자흐스탄과 한국은 서로에게 구체화된 고대로부터 현대에 이어지는 이웃으로 자리매김하는 계기가 될 것이다. 한국의 고고학이 남한 중심의 패러다임을 깨기 위해서는 카자흐스탄과의 적극적인 연대가 필요하다. 또한 카자흐스탄의 고고학도 중앙아시아를 넘고 세계 고고학 속에 그 위치를 재평가하기 위해서 유라시아의 동쪽과 연결이 필요하다. 이 한-카 수교가 30년이 되는 지금 그간의 연구를 정리함과 동시에 학문의 신세대들이 새로운 한-카의 공동연구와 새로운 우호관계를 이어가기 위한 새로운 출발점이 될 것으로 기대한다.

지난 100여 년간 한국의 고고학에서 북방 초원지역은 매우 중요한 화두였다. 그리고 1999년부터 국립문화재연구원을 비롯하여 다양한 기관들에서는 북방 유라시아 일대의 조사를 매년 진행하고 있다. 그 시작은 러시아의 극동지역이었 지만, 향후 몽골, 그리고 10년 전부터 카자흐스탄을 중심으로 하는 중앙아시아 지역으로 그 범위가 확대되고 있다.

한-카의 수교가 30주년이 된 지금, 한-카의 고고학 연구는 10년에 달한다. 지난 10여 년간 한-카자흐스탄의 공동연구는 그 짧은 시간에도 불구하고 그 결 과는 매우 인상적이다. 카타르-토페를 중심으로 하는 사카 쿠르간의 연구, 아스 타나박물관 공동으로 진행한 황금유물의 조사 등이 대표적이다. 또한 2018년도 에는 국립중앙박물관에서 열린 "황금 인간의 땅, 카자흐스탄" 등을 들 수 있다. 그밖에 개별 연구자들의 고분 조사, 학술교류 및 공동 연구, 전공자의 배출이 이 어지고 있다.

한국의 유라시아 조사 역사는 25년 가까이 이어지는 몽골, 20년이 된 러시아 의 극동과 시베리아의 조사가 있다. 그에 비하면 10주년을 맞이하는 한-카 조사 는 비교적 짧다고 할 수 있다. 하지만 그 의의는 적지 않다. 바로 소련으로 통칭 되었던 유라시아 고고학의 진정한 중심에 카자흐스탄이 있음을 밝혀낸 것이다. 중앙아시아에서도 특히 카자흐스탄이 가지는 의미는 매우 특별하다. 바로 북쪽 으로는 시베리아 및 우랄지역과 이어지는 카자흐스탄의 초원지대의 유목문화, 그리고 남쪽으로는 전통적인 실크로드 캐러번 루트가 이어진다는 점이다.

거대한 영토만큼이나 카자흐스탄이 가진 북방 유라시아 고고학에서 차지하 는 비중은 절대적이다. 그 의미는 한국과 북방 유라시아의 관련성을 이해하는 데에 핵심적인 지역이 된다는 뜻이기도 하다. 다만 이제까지 대부분의 연구는 사카시대(기원전 9~3세기)에 집중되어 왔다. 하지만 두 지역의 관련성은 유라 시아 고대 문화의 흐름 속에서 그 의미를 파악할 수 있다. 한-카 고대문화의 5천 년간 이어지는 역사의 흐름을 통해서 여전히 피상적인 이해가 대부분인 초원지 역과 한반도에 대한 이해를 구체화하고, 나아가서 20세기 이후 고려인의 디아 스포라를 중심으로 복원된 두 지역의 관계를 굳건히 이해할 수 있을 것으로 기 대한다.

참고문헌

〈한국어〉

강봉원, 2013, 「신라 적석목곽분 출현과 기마민족 이동의 상관관계에 대한 재검토」, 『신라문화』 41, 동국대학교 신라문화연구소.

강인욱, 2003, 「연해주 청동기의 일고찰」, 『박물관기요』 17, 단국대학교 박물관.

강인욱, 2008, 「北匈奴의 西進과 신강성의 흉노시기 유적」, 『中央아시아硏究』 13, 중앙아시아학회.

강인욱, 2013, 「중국 서남부 고원지역 차마고도 일대와 북방초원지역 유목문화의 교류」, 『중앙아시아연구』 18-2, 중앙아시아학회.

강인욱, 2015, 『유라시아 역사 기행』, 민음사.

강인욱, 2017, 「신라적석목곽분의 기원과 북방문화론의 시작」, 『2017 Asian Archaeology - 최신 발굴자료로 본 유라시아의 고대문화』, 국립문화재연구소.

강인욱, 2018a, 「북방 유라시아 초원지역과 한반도 교류의 고고학 - 기원전 4~2세기 사카계 문화의 유입을 중심으로 -」, 『한국상고사학보』 100, 한국상고사학회.

강인욱, 2018b, 「총설: 북방 고고학의 범위와 개요」, 『북방 고고학 개론』, 중앙문화재연구원 편, 진인진.

강인욱, 2018c, 「사카 황금문화의 확산과 고대 실크로드의 형성」, 『카자흐스탄 초원의 황금문화』, 한국카자흐스탄 공동조사보고서, 국립문화재연구소·카자흐스탄국립박물관.

강인욱, 2020, 「유목국가의 형성과 문자의 역할에 대한 고고학적 고찰 : 흉노를 중심으로」, 『白山學報』 117, 白山學會.

강인욱, 2021, 「청동기시대 고대 북방 유라시아와 동북아시아의 네크워크 - 전차의 확산을 중심으로」, 『先史와 古代』 66, 한국고대학회.

국립문화재연구소·카자흐스탄국립박물관, 2018, 『카자흐스탄 초원의 황금문화』, 한국·카자흐스탄 공동조사보고서, 국립문화재연구소.

김재윤, 2019, 「4,500년 전 중국 신강성 '석기시대'의 문화범위와 교류지역 - 인접한 카자흐스탄, 몽골, 바이칼 지역과의 비교를 통해서」, 『東北亞歷史論叢』 65, 동북아역사재단.

남상원·김영현·서강민·정종원, 2022, 「고대 사카 쿠르간 매장의례의 초보적 검토 -제티수지역 카타르토베 유적 사례를 중심으로」, 『문화재』 55, 국립문화재연구원.

도유호, 1960, 『조선 원시 고고학』, 과학원 출판사.

동북아역사재단 편, 2009a, 『史記 外國傳 譯註』, 동북아역사재단.

동북아역사재단 편, 2009b, 『漢書 外國傳 譯註(上/下)』, 동북아역사재단.

데이비드 W. 앤서니 지음, 공원국 옮김, 2015, 『말, 바퀴, 언어 : 유라시아 초원의 청동기 기마인은 어떻게 근대 세계를 형성했나』, 에코리브르.

문재범, 2013, 「고고학 자료로 본 흉노의 철기문화 : 중국 중원계 철기와의 비교를 중심으로」, 『문화재』 46-4, 국립문화재연구소.

박종소, 2016, 「러시아 문학과 스키타이 문명신화: 블록(А. Блок)의 「스키타이인들」을 중심으로」, 『러시아 연구』 26-2, 서울대학교 러시아연구소.

변영환, 2016, 「몽골 파지릭 고분의 공간적 분포와 의미-파지릭 고분 분포양상에 대한 시험적 고찰」, 『인문학연구』 31, 경희대학교 인문학연구원.

양시은, 2023, 「마립간시기 신라의 대외문물교류와 그 의미 -서아시아계 문물의 도입을 중심으로」, 『인문학연구』 56, 경희대학교 인문학연구원.

이후석, 2019, 「요령지역 비파형동검의 등장과 그 배경」, 『한국고고학보』 111, 한국고고학회.

이후석, 2023, 「유라시아 초원지대에서 만주·한반도로 청동기의 확산과 변용 : 비파형동검문화의 동모·동부 등장 과정 초론」, 『湖南考古學報』 74, 湖南考古學會.

崔炳賢, 1980, 「古新羅 積石木槨墳 硏究(上)」, 『韓國史硏究』 31, 韓國史硏究會.

崔炳賢, 1998, 「新羅 積石木槨墳의 起源 再論」, 『崇實史學』 12, 崇實史學會.

최인화·김영현·조소은, 2017, 「카자흐스탄의 발굴과 보고서」, 『야외고고학』 30, 한국문화유산협회.

카를 바이파코프 지음, 최문정·이지은 옮김(강인욱 감수), 2017, 『카자흐스탄의 실크로드』, 국립문화재연구소 미술문화재연구실.

N. V. 폴로스막 저, 강인욱 역, 2016, 『알타이 초원의 기마인- 2500년의 잠에서 깨어난 얼음공주와 미라전사들』, 주류성.

〈중국어〉

甘肅省文物考古研究所, 2015, 『西戎遺珍 : 馬家塬战国墓地出土文物』, 文物出版社.

甘肅省文物考古研究所·张家川自治县博物馆, 2008, 「2006年度甘肅張家川回族自治縣馬家塬戰國墓地發掘簡報」, 『文物』 9期.

甘肅省文物考古研究所·清水县博物馆, 2014, 『清水劉坪 : 早期秦文化系列考古报告之二』, 文物出版社.

故宮博物院·四川省文物考古研究院, 2008, 『穿越橫斷山脉 : 康巴地区民族考古综合考察』, 四川出版集團.

霍巍·李永宪, 2005, 「揭开古老象雄文明的神祕面纱一象泉河流域的考古调查」, 『中國西藏』 1期.

郭静云·郭立新, 2020, 「邓家湾屈家岭文化祭坛上的冶炼遗迹考辨」, 『南方文物』 6期.

國立故宮博物院, 2016, 『嬴秦溯源 : 秦文化特展』, 臺北.

馬健, 2011, 『匈奴葬儀的考古學探索—兼論歐亞草原東部文化交流』, 蘭州大學出版社.

新疆维吾尔自治区. 2011, 『新疆古墓葬, 新疆维吾尔自治区第三次全国文物普查成果集成』, 科学出版社.

吕红亮, 2010, 「西喜马拉雅岩画欧亚草原因素再檢討」, 『考古』 10期.

乌恩, 1994, 「略论怪异动物纹样及相关问题.」, 『故宮博物院院刊』 3期.

王輝, 2016, 「近年來戰國時期西戎考古學文化的新發現與新認識」, 『嬴秦溯源 : 秦文化特展』, 國立故宮博物院.

王林山, 2008, 『草原, 天马, 游牧人-伊犁哈萨克自治州文物古迹之旅』, 新疆伊犁人民出版社.

張亞莎, 2006, 『西藏的岩畵』, 青海人民.

張增棋, 1987, 「云南青銅器的'動物紋'牌飾及北方草原文化遺物」, 『考古』 9期.

〈러시아어〉

Акишев А.К. Искусство и мифология саков. Алма-Ата, 1984. 176 с.

Акишев К.А. Курган Иссык. Искусство саков Казахстана. М.: «Иску сство». 1978. 132 с.

Бейсенов А. З. , Исмагулова А. О. , Китов Е. П. , Китова А. О. Населе ние Центрального Казахстана в I тысячелетии до н. э. ‑ Алм аты : Институт археологии им. А. Х. Маргулана, 2015. 170 с.

Литвинский,Б.А., Древние кочевники 'Крыши Мира', ‑М,‑269,‑Нау ка, 1972.

Мухтарова Г.П. и др. Тайна золотого человека, Государственный и сторико-культурный заповедник-музей Иссык, 2016, 254 с.

Сакская культура Сарыарки в контексте изучения этносоциокульт урных процессов степной Евразии. ТД Круглого стола, пос вящённого 20-летию независимости Республики Казахстан. Караганды, 2011. 218 с.

Саки и савроматы Казахских степей: контакт культур. Сборник н аучных статей, посвящённых памяти археолога Бекена Нур муханбетова. Алматы, 2016. 252 с.

Чугунов Исследования кургана 1 могильника Бугры в предгорьях Алта Археологический сборник. 41. Материалы и исследов ания по археологии Евразии. СПб: Изд-во Гос. Эрмитажа. 2017.

02

4500년 전
카자흐스탄 신석기문화의 범위

김재윤

영남대학교 문화인류학과 교수

* 이 글은 2019년 『東北亞歷史論叢』 65輯 게재 논문(「4,500년 전 중국 신강성 '석기시대'의 문화범위와 교류지역 - 인접한 카자흐스탄, 몽골, 바이칼 지역과의 비교를 통해서」)을 바탕으로 재정리한 것이다.

I. 머리말

카자흐스탄의 지리적 위치는 매우 지정학적이기 때문에 인접한 국가와 비교 연구될 수 밖에 없다. 특히 카자흐스탄 동부는 천산산맥(天山山脈)을 매개로 몽골, 중국의 신강지역과 접하는데, 뒤에서 살펴보겠지만 신석기문화에서도 석기 양상이 유사한데, 특히 석인과 세석인이 그러하다.

세석인은 동아시아 후기구석기시대의 표지적인 유물이었고, 신석기시대가 되면서 점차 사라진 유물이다. 플라이스토세에서 홀로세로 바뀌면서 생기는 자연환경의 변화로 인해서 각 지역에 생업형태가 달라지기 때문이다. 대신 토기가 나오기 시작하면서 신석기사회를 대변한다. 고토기가 발생하는 각 지역에는 중국 장강지역에서는 농경, 아무르강 하류에서는 정착적인 수렵채집, 시베리아에서는 여전히 이동성이 강한 생업이 자리를 잡았다.

아무르강 하류 오시포프카(Осиповка)문화는 14200~9900년 전, 아무르강 중류의 그로마투하(Громатуха)문화[1]는 15,010-9,550년 전, 송눈평원 허우터무가(后套木嘎) Ⅰ기는 15,010-9,550년 전, 시베리아 자바이칼 지역에 있는 우스티 칼렌가(Усть-Каренга) 12 유적 7층에서는 12000-11000년 전(Yaro-

---

1) 1960년대 말 아무르강 중류의 신석기문화는 노보페트로프카(Новопетровка) 문화로 시작된다고 알려졌으나, 현재는 그로마투하 문화가 가장 이른 시기의 문화이다(Деревянко А.П. 외 2017).

slav V.K. 외 2007), 중국 장강 지역의 유적에서도 10,000년 전 이전(Lixin Wang & Pauline Sebillaud 2019)에 고토기가 발생한다. 이와 함께 비중이 줄어드는 것은 세석인이다[2].

특히 몽골은 시베리아에서 고토기가 발생한 자바이칼지역과 지리적으로 가까운 편이지만 토기가 늦게 확인되며, 카자흐스탄, 중국 신강지역도 마찬가지다. 몽골의 신석기문화 중 1단계에서 바이칼 신석기문화에서 볼 수 있는 첨저토기가 나오기 시작하면서부터 확인할 수 있는데 5500년 전이다. 이 지역과 인접하고 있는 카자흐스탄의 동부, 중국 신강성도 토기 양상은 뚜렷하지 않다. 이는 토기를 제작할 수 없기 때문이 아니라, 동아시아문화와는 다른 문화였을 가능성이 크고, 음식과 관련되어 있었기 때문이다(김재윤 2019).

이러한 배경 때문에 본고에서 살피고 있는 카자흐스탄 및 인접한 지역들도 토기보다는 석기가 신석기문화의 주요한 유물이며, 세석인과 세석인석핵도 늦게 까지 남아 있다.

본 고에서는 카자흐스탄의 신석기문화를 살펴보고 천산산맥을 매개로 인접하고 있는 몽골과 중국 신강성의 자료와 비교하여 4500년 전 카자흐스탄 동부의 문화적 범위에 대해서 알아보고자 한다.

II. 카자흐스탄

1. 카자흐스탄 서부

기원전 4000년 기 후반~2000년 기 전반까지 아랄해의 서부 및 남부와 북부에 켈테미나르(Кельтеминар)문화가 존재했다. 대표적으로 잔바스(Джанбас)-4, 대형주거지가 확인된 톨스토프(Толстов), 카바트(Кават)-7 등의 유적이 발굴되었다.

---

2) 그러나 동아시아에서도 토기 등장 이후에도 아무르강 중류 및 하류, 연해주 등지에는 세석인이 함께 사용된다. 중국 장강지역에서는 세석인의 비중이 거의 줄어들었다(大貫靜夫 1998). 이것은 각 지역의 세석인 용도와 관련되어 있다고 생각된다.

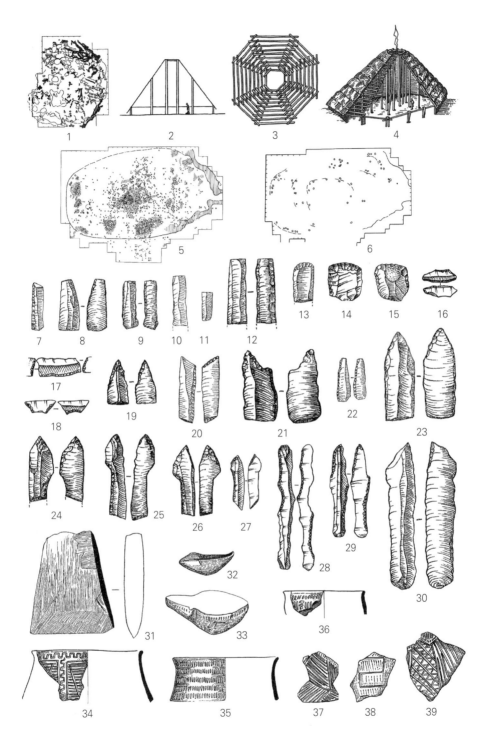

<그림 1> 아랄해 주변의 켈테미나르문화

(Ошибкина С. В. (ред) 1996 재편집, 김재윤 2019 재인용)

카바트-7 유적에서 발굴된 주거지는 타원형주거지(그림 1-5·6)로 크기가 장축 30~31m, 단축 18~19m 정도이다. 유사한 주거지가 확인된 잔바스-4 유적(그림 1-1)을 참고하면 이 집터는 수혈의 흔적이 거의 없는 텐트형주거지인데, 집의 건축재인 사슴의 가죽(360~380㎡)과 목채가 실제로 남아 있었다. 집의 중앙에는 돌을 두른 노지 및 그 주변에서 저장구덩이 내부에서 대량 토기가 확인되었다.

토기는 저부가 약간 둥글며, 한쪽 끝이 주구처럼 형성되어는 소형토기(그림 1-32) 및 구연부가 외반하는 옹형토기(그림 1-33·34)가 기본적이다. 문양은 침선하거나 찍은 방법으로 시문되었고, 대체적으로 횡방향으로 구연부 부근까지만 시문되는 토기가 많다. 토기 문양 중에서 기하학적인 삼각집선문(그림 1-37) 혹은 지그재그(그림 1-34), 방형문양(그림 1-36) 등이 시문되었다.

석기는 규조암제를 이용한 눌러떼기 기법을 이용해서 제작한 세석인석기(그림 1-7~30)가 많은데, 특히 비대칭으로 가장자리를 잔손질 한 경우가 많다. 석촉은 양 가장자리를 비대칭으로 떼어내는데, 한쪽은 짧게 다른 한쪽은 길게 떼어내어 한쪽만 슴베(그림 1-24~27)가 생기게 하였다. 이 문화를 상징하는 것으로 알려졌다(Коробкова Г.Ф. 1969b).

세석인석기를 이용한 유물가운데 여러 형식의 뚜르개(그림 1-18·21~23)가 확인되는데, 한쪽변 만 잔손질한 뚜르개(그림 1-22), 끝이 삼각형으로 뾰족하게 다듬은 뚜르개(그림 1-23) 등이 확인된다. 긁개 가운데는 한쪽 변을 부채꼴 모양으로 들어가게 손질한 것(그림 1-28)도 석촉(그림 1-24~27)과 함께 이 문화의 특징으로 알려졌다. 이외에 평면형태 방형에 가까우며, 끝을 약간 둥글게 잔손질한 긁개(그림 1-13~15)도 있다. 뿐만 아니라 이 문화에서는 평면형태가 사다리꼴인 양인 마제석부(그림 1-31)가 출토되었다.

2. 카자흐스탄 동부

신석기문화는 우스티-나림(Усть-нарым) 유적을 지표로 한 문화에서 석기 및 골각기가 60,000여 점이 출토되는 것으로 알려졌다. 토기가 출토되지만 완형이 확인되지 않아서 토기 전모는 알 수 없다(Коробкова Г.Ф. 1969b). 다만 토기는 기벽이 얇고, 망상문, 어골문, 격자문 등의 문양이 남아 있는데, 시베리아 바이칼 유역 및 켈테미나르문화의 신석기토기와 관련이 있는 것으로 알려졌다 (Ошибкина С.В.(ред). 1996).

우스티-나림 유적에서는 규조암으로 제작된 원통형 석인석핵(그림 2-4), 원추형 석인석핵(그림 2-3), 베개형으로 양쪽에서 떼어낸 석인석핵(그림 2-6), 긁개형 석인석핵(그림 2-1·5·9) 등 다양한 석핵석기와 석인박편으로 제작된 세석인석기(그림 2-7·8)가 가장 많다. 그중 세석인은 양 가장자리를 잔손질한 것이 많은 양을 차지한다.

다양한 긁개류가 많이 확인되었는데, 양 가장자리가 타원형으로 들어가며 잔손질 된 것(그림 2-14)뿐만 아니라 끝부분만 부채꼴 모양으로 잔손질 된 것(그림2-10) 등도 확인되었다. 세석인석기를 이용한 유물 가운데, 끝을 뾰족하게 잔손질하고, 긴 장단의 한쪽면만 잔손질한 석촉[3]과 긴 변의 한쪽만 잔손질한 뚜르개(그림 2-24·25)와 긁개(그림 2-14)가 출토된다(Коробкова Г.Ф. 1969b). 양면을 잔손질해서 떼어낸 타제 석도(그림 2-15~17·21)도 있다. 평면형태는 장방형(그림 2-21)과, 'ㄱ'자형으로 굽어지게 잔손질된 것(그림 6-16·17), 타원형(그림 2-15) 등이다. 그 외 타제석부(그림 2-26·27) 등도 출토되었다. 마연된 석기로는 석제 어망추(그림2-13) 및 장타원형의 도구(그림 2-12)가 있다. 어망추는 평면형태가 육면체에 가깝고 중앙에 홈을 낸 형태이다. 이 유적에서는 대량의 골각기가 출토되었고, 그중 많은 양이 낚시바늘이라고 보고되었다. 장타원형도구는 석기제작시에 사용된 누르는 도구로 알려졌다(Коробкова Г.Ф. 1969b).

이 문화의 연대는 신석기문화 가운데서도 가장 늦은 시기의 것으로 하한은 기원전 2000년 기 전반에 해당된다. 그런데 상한연대는 이 유적에서 켈테미나르문화의 토기가 출토되는 것으로 보아서 켈테미나르문화의 늦은 시기인 기원전 3000년 기 후반에는 시작하는 것으로 알려졌다(Коробкова Г.Ф. 1969a), 카자흐스탄 동부에서 이 보다 이른 신석기시대 유적은 아직 확인된 바가 없다.

카자흐스탄 아랄해 주변의 북부에 위치한 켈테미나르문화에서 화살촉과 뚜

---

3) 도면은 따로 보고되지 않았으나 본고의 〈그림 6-19~22〉를 지칭한다.

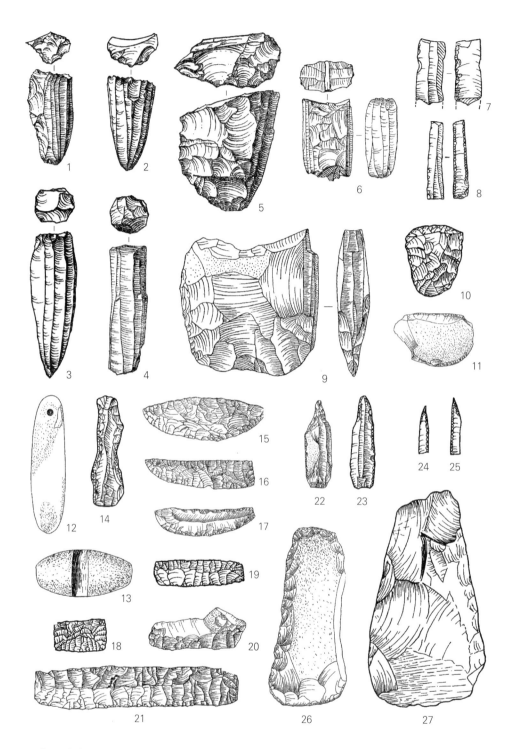

<그림 2> 카자흐스탄 동부의 우스티−나림 유적 출토유물

(Коробкова Г. Ф. 1996b 재편집, 김재윤 2019 재인용)

르개(그림 2-24·25)가 확인되는데, 우스티-나림문화에서도 출토된다. 이는 켈테미나르문화가 카자흐스탄의 동부지역까지 확대되었음을 보여준다. 석인석핵에는 알타이에서 채취된 원료로 제작된 것도 있고, 양쪽면을 떼어낸 석핵석기, 가장자리가 타원형으로 들어간 긁개, 조합식검, 낚시바늘 및 각종 골각기 등도 시베리아의 문화와 관련이 깊은 것으로 보고 있다(Ошибкина С.В.(ред). 1996).

III. 중국 신강성

카자흐스탄 켈테미나르문화와 우스티-나림문화의 세석인과 세석인석핵은 중국 신강성에서도 출토된다. 이곳에서는 '신석기시대'라는 용어 대신에 '석기시대'라고 지칭하고 있고, 1~4유형으로 나눈다. 그중에서 세석인과 석핵석기가 출토되는 유형은 3유형과 4유형이다.

3유형은 지금으로부터 6000~5000년 전에 해당되며, 원추형(그림 3-8~11) 및 원통형(그림 3-12·13)의 석핵석기 뿐만 아니라 세석인(그림 3-1~7)이 다량 확인된다. 격지를 이용한 긁개(그림 3-14~17)는 한쪽 끝이 둥글게 처리되었고, 석도(그림 3-20)도 있다. 그 외 마제석도(그림 3-21)도 확인된다. 세석인(그림 3-8~12) 외에도 토기, 골기, 마제석기와 소형 동기 등이 확인되어서 구석기시대와는 다른 물질문화양상을 띤다. 오파향(烏帕鄕)의 곽가활나륵(霍加閣那勒) 유적과 소륵당파아(苏勒塘巴俄) 유적으로 대표되는데, 두 유적에서 출토되는 유물의 양상이 거의 같아서 오파이 유적으로 통칭된다.

4유형은 지금으로부터 3800년 전에 해당되며, 세석기와 박편석기가 상당히 많이 출토되었다. 일부 석핵석기는 박편을 떼어 낸 후의 석핵 직경이 0.7㎝보다 작은 원추형(그림 4-5)이 확인되었는데, 앞서 설명한 유형의 유적에서는 보이지 않아서 세석기 제작기술이 상당히 발전한 것으로 보았다. 석핵석기(그림 4-6), 양면떼기로 제작된 것은 석도(그림 4-22), 석촉(그림 4-25~27), 석모(그림 4-29·30) 등이 있다. 세석인의 끝을 둥글게 손질해서 제작된 다양한 형태의 긁개(그림 4-16·23)도 출토되었다.

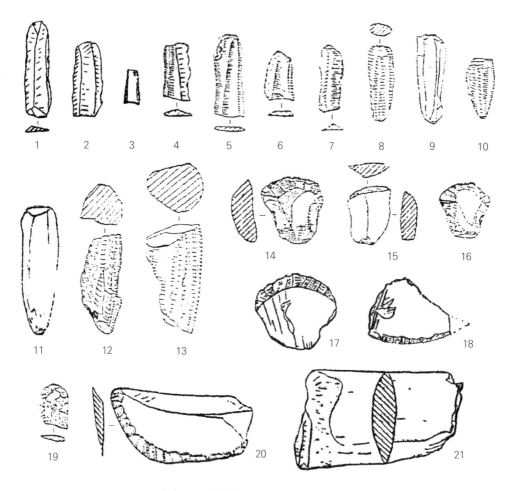

1~3·5~18: 곽가활나륵, 4~14·18~20: 소륵당파아

<그림 3> 신강 3유형 유물

　　그 외 마제석기는 석부(그림 4-31), 갈판(그림 4-28), 갈돌(그림 4-24), 어망
추(그림 4-32), 타원형석기(그림 4-33)가 있다. 아주 양은 적지만 채색토기편 확
인되었다. 유물 가운데서 눌러 떼기 기법의 석기 제작 기술이 안정화 되어 있고,
이러한 석기가 대량 생산된 점 등은 세석기 유적 가운데서 가장 늦은 시기이다.
이 유적의 연대는 발굴된 공작하(孔雀河) 유적의 세석기와 유사해서 이 유적과
비교해 지금으로부터 3800년 전 정도로 파악되었다. 이 유형의 연대는 석기시
대의 하한연대이다(伊伊第利斯·阿不都热苏勒 1993).

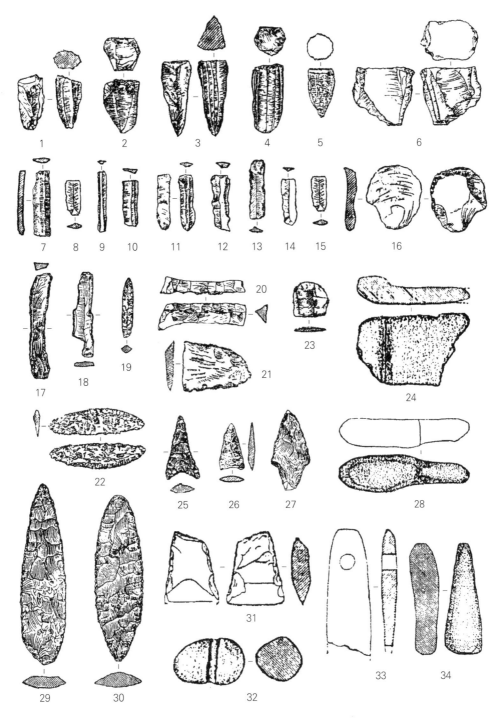

1·3·6·23·24·31~34: 영도고십, 4·17~20·25~27·29·30: 금사, 5: 아사탑나

<그림 4> 신강 4유형 유물

Ⅳ. 몽골

몽골의 신석기시대는 대체로 2단계설(Новгородова Э.А. 1989), 혹은 3단계설(체벤도르지 1978; Новгородова Э.А. 1989 재인용)로 구분된다. 1단계는 기원전 4천년기(6000~5000년 전), 2단계는 기원전 3천년기(5000~4000년 전), 3단계는 기원전 2천년기(4000~3000년 전)이다. 노보고르도바는 2단계가 기원전 3천년기부터 기원전 2천년기까지 지속된다고 보았다.

1단계는 석기제작소와 주거지가 확인된 쏠론케르 쏘몬 유적이 있다. 원추형의 석인석핵(그림 5-2·3), 석핵형 긁개(그림 5-1), 조합식검 등이 출토되었다. 이 유적에서는 첨저의 토기도 확인되었다(Новгородова Э.А. 1989)[4].

2단계는 탐차그-불락 유적은 주거유적(그림 5-5~9)으로 원뿔 형태의 석인석핵(그림 5-15), 뚜르개(그림 5-24·25), 긁개, 한쪽변만 잔손질 된 세석인석기(그림 5-20), 조합식석인검(그림 5-23) 등이 확인되었다. 뿐만 아니라 골각제인 화살촉과 송곳니로 제작된 장신구 등도 주거지 바닥에서 여러 점이 함께 출토되었다. 주거지 바닥에서는 무덤 4기(그림 5-6~7)가 확인되었는데, 피장자가 앉은 자세로 다리를 묶은 채로 매장된 것으로 보인다. 이 유적을 기준으로 탐차그-불락문화가 설정되었다. 듀나-2 유적에서도 유사한 유물양상이 확인되었다. 타제석도(그림 5-31·33), 타제석부(그림 5-34), 마제석부(그림 5-35) 등이 있다(Новгородова Э.А. 1989).

3단계는 사라바크-우스 유적의 상층이 대표적인데, 탐차그-불락문화의 유물과 거의 유사하다. 이 유적은 두 층위로 나누어진다. 아래층은 원추형(그림 5-37~39)과 원통형 석인석핵, 뚜르개, 끝이 둥글게 처리된 긁개(그림 5-40~42), ㄱ자형으로 처리된 타제석도(그림 5-49) 등이 확인되었다. 또한 토기가 출토되었는데, 기하학적인 무늬가 침선된 그물문양(그림 5-56·47), 압인(그림 5-60~62) 등이 확인되었다. 당시 아래층은 바이칼 유역의 이사코보(исаково)문화(5000~4700B.P.)와 비교되어(Окладников А.П. 1964), 2단계에 해당한다.

---

4) 이 시기의 유적에서 첨저토기가 확인되었다고 노브고르도바(1989)가 책에서 언급했지만 도면은 확인할 수 없었다.

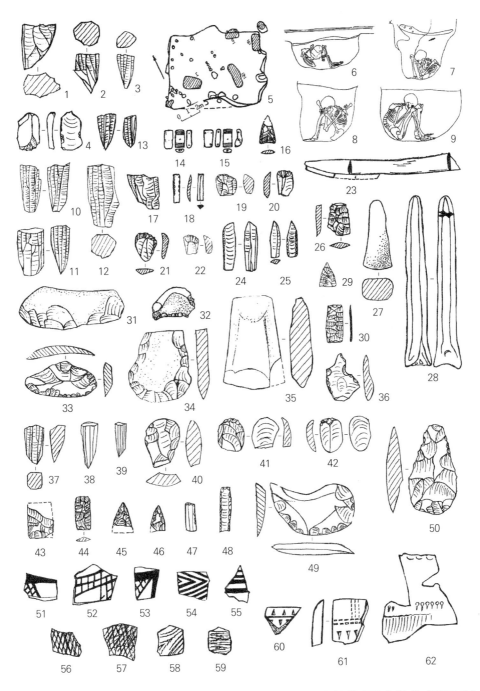

1~4: 쏠론케르 쏘몬, 5~9·13~18·21·23~28: 탐차크−불락, 11·12·19·22·29·31·32·34~36: 듀나−II, 37~49: 사바라크−우수, 50~59: 투그르인−쉬레트, 60~62: 케룰렌강

〈그림 5〉 몽골의 신석기문화 유물

(노보고르도바 1989 재편집)

상층에서는 석기는 하층과 유사한 바이칼 유역의 토기뿐만 아니라 채색토기(그림 5-51~55)가 확인되면서 3단계로 보았다. 뚜그르기인-쉬레트 유적에서도 비슷한 석기 양상(그림 5-50)과 채색토기가 확인되었다.

그런데 2·3 단계 유물은 3단계의 채색토기를 제외하고는 석기 및 토기 양상이 거의 유사하다(그림 5-54~58). 뚜그르기인-쉬레트 유적에서 채색토기가 출토되면서 사바라크-우스 유적의 상층과 같은 3단계로 되었을 가능성이 크다.

V. 4500년 전 우스티−나림문화의 범위

앞서서 살핀 지역에서 신석기시대는 각 지역마다 시간성과 문화적 특징에 차이가 있다. 그러나 카자흐스탄 동부에 우스티-나림문화가 나타나는 시점인 4500년 전부터는 유사한 석기 양상이 보인다.

중국 신강과 몽골 1단계는 5500년경에 원통형 및 원추형 석핵석기가 출토되는 특징은 공통적이지만, 내용은 빈약하다. 각 지역에서 뒤를 잇고 있는 신강 4

〈표 1〉 카자흐스탄 동부와 접한 지역의 신석기문화

	아랄해 주변	카자흐스탄 동부	신강	몽골	바이칼
7000 (기원전5000)					
					키토이
6000 (기원전4000)					
	켈테미나르문화		3유형	1단계	?
5000 (기원전3000)		우스티-나림 문화	? 4유형	2단계	이사코보 / 세로보 / 순동시대 / 글라스코보 문화
4000 (기원전2000)				3단계	
		순동시대	순동기? 청동기?	순동시대	
3000					

50   카자흐스탄과 한국, 5천년의 파노라마

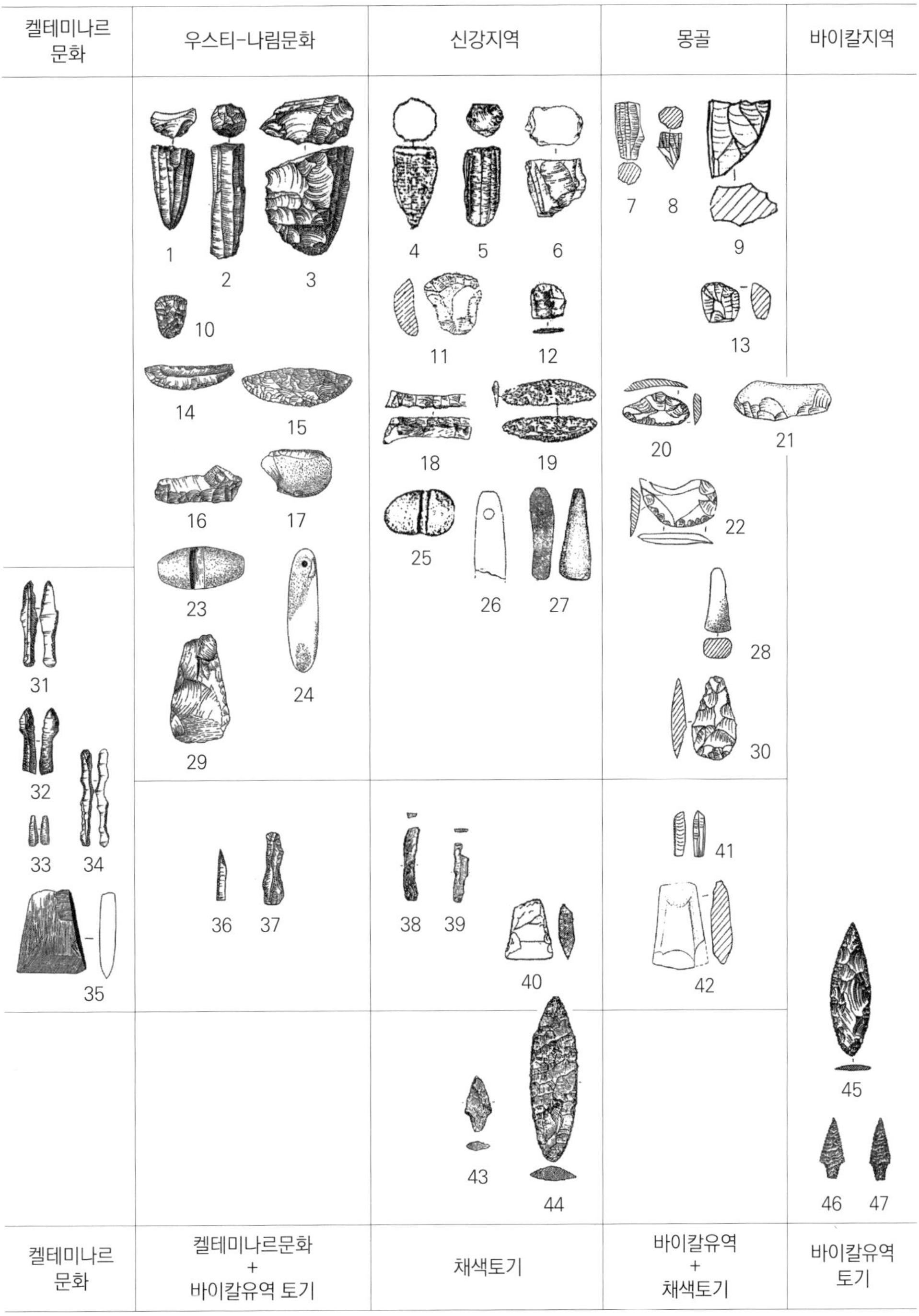
켈테미나르 문화
우스티-나림문화
신강지역
몽골
바이칼지역
1 2 3 4 5 6 7 8 9
10 11 12 13
14 15 18 19 20 21
16 17 25 22
23 24 26 27 28
29 30
31 32 33 34 35
36 37 38 39 40 41 42
43 44 45 46 47
켈테미나르 문화
켈테미나르문화 + 바이칼유역 토기
채색토기
바이칼유역 + 채색토기
바이칼유역 토기

<그림 6> 4500년 전 카자흐스탄 동부~신강~몽골 및 관련 지역 석기 양상

유형, 몽골 2단계의 유물과 크게 다르지 않다. 그래서 5500년 전경은 뚜렷한 특징이 나타나지 않는다.

그러나 4500년 전 카자흐스탄 동부의 우스티-나림문화와 몽골의 신석기시대 2단계, 신강 석기시대 4유형은 아주 유사한 유물조합을 보인다(그림 6). 원통형(그림 6-2·5)과 원뿔형 석인석핵(그림 6-1·4), 석핵형 긁개(그림 6-3·13)는 이들 지역에서 모두 확인된다. 이 외에도 우스티-나림문화에서 나오는 끝이 둥글게 처리된 긁개, ㄱ자형 석도, 반원형에 가까운 석도도 신강 4유형, 몽골 3단

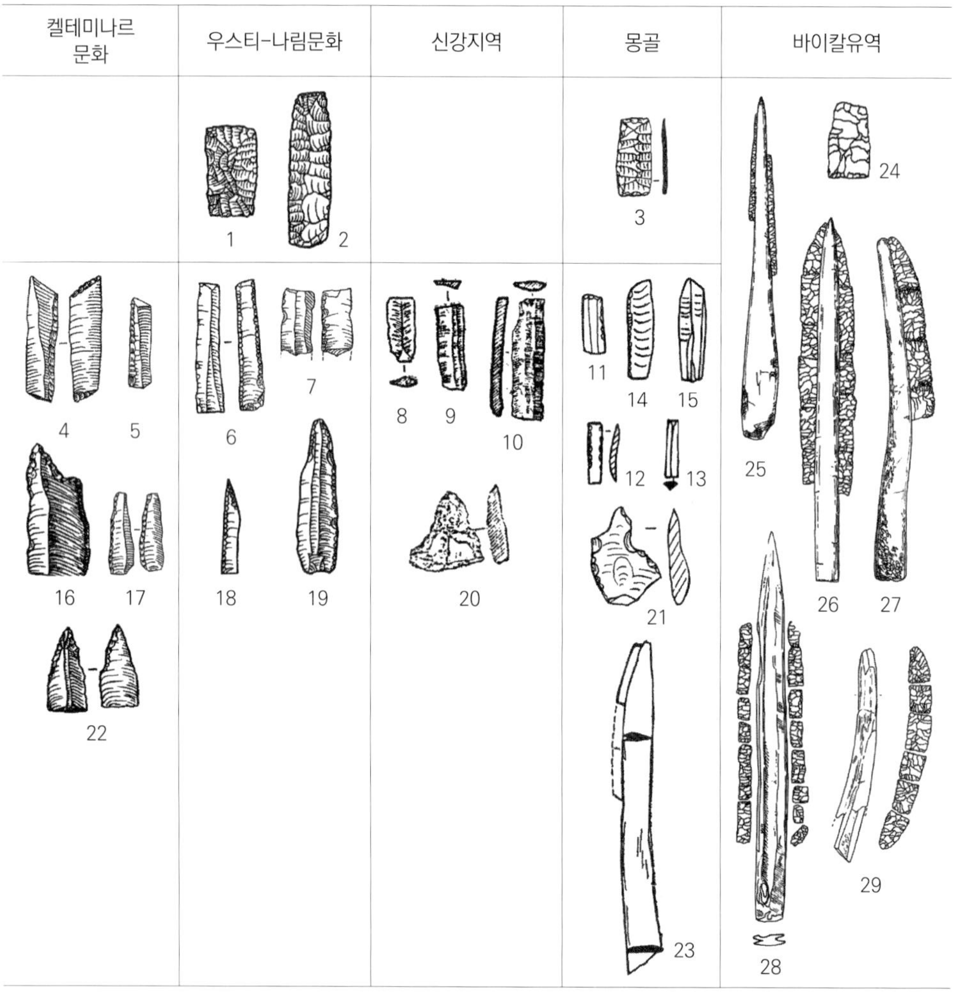

<그림 7> 카자흐스탄~신강~몽골~바이칼의 조합식석인검

계에서 확인된다. 마연 어망추(그림 6-23·24)와 장타원형의 석인 제작도구(그림 6-25·28)는 우스티-나림문화와 신강 4유형에서 같은 형태의 것이 출토되었다. 타제 석부(그림 6-29·30)는 우스티-나림문화와 몽골 3단계에서 볼 수 있다.

　그러나 석기 양상은 유사하지만 소수이기는 하나, 각 지역의 토기가 다르기 때문에 동일문화로 볼 수는 없다. 우스티-나림문화에서는 시베리아 토기가 있고(Ошибкина С.В.(ред). 1996), 몽골 3단계에도 채색토기와 시베리아 토기가 있지만(Новгородова Э.А. 1989), 신강지역에서는 채색토기만이 발견되었다(伊第利斯·阿不都热苏勒 1993).

　몽골 신석기시대 2단계인 탐차크-불락 유적에서 장방형 석인이 골병에 끼워진 조합식석인도가 출토되었다. 이 유물은 시베리아에서는 후기구석기시대부터 나오기 시작해서 바이칼 유역 신석기문화인 키토이(Китой)문화, 이사코보문화, 세로보(Серово)문화 및 순동시대에 주로 출토되는 것으로 검의 형태로도 나온다(김재윤 2019).

　몽골뿐만 아니라 카자흐스탄 동부에서도 동일한 유물이 확인된다. 신강에서는 양 지역과 석기 양상이 유사하고 조합식석인검의 부속품이 출토된다. 주로 시베리아에서는 완제품이 무덤에서 그대로 확인되기도 하지만 뼈 혹은 목재와 석인이 오랜 시간 흙속에서 매장되었던 탓에 분리되어 출토되는 경우가 많기 때문에, 원래 부장될 당시의 모습을 현재 우리가 인식하지 못하는 경우가 많다.

　따라서 4500년 전 카자흐스탄 우스티-나림문화와 인접한 몽골, 중국 신강지역은 세석인과 세석인석핵석기 및 조합식석인검(그림 7)을 공유한 사회임을 알 수 있다.

VI. 맺음말

　4500년 전 카자흐스탄 동부지역의 신석기문화는 이웃한 중국의 신강성, 몽골의 신석기문화와 유사하다는 점을 알 수 있었다.

　신강성의 석기시대 4유형, 카자흐스탄의 우스티-나림문화, 몽골 2~3단계에서는 'ㄱ' 자형 석도, 반타원형에 가까운 석도가 세 지역에서 확인된다. 그 외에,

마연된 어망추와 장타원형의 석인 제작도구는 카자흐스탄 우스티 나림문화와 신강 4유형, 타제석부는 우스티-나림문화와 몽골, 마제공이는 몽골과 신강지역에서 각각 유사한 유물이 추출된다.

또한 바이칼유역의 특징적인 유물이 중국 신강성 및 인접한 지역에서 확인된다. 우선 바이칼유역의 타제석창과 유경식석촉이 신강지역에서 확인되었다. 카자흐스탄의 동부에서는 시베리아에서 가져온 석재로 제작된 석인석핵 외에 납작한 석기, 조합식검, 골각기 가운데 낚시바늘이 바이칼지역과 관련성이 높다. 몽골에서는 이 지역 신석기문화의 토기 및 조합식검이 바로 북쪽에 위치한 바이칼지역과 관련성이 높은 유물로 생각된다.

카자흐스탄 동부는 천산산맥이 위치하는데 문화적 경계가 아니라 이를 매개로 세석인을 공유한 네트워크가 있었다는 것을 알 수 있었다.

동아시아 신석기문화는 주로 토기를 통해서 교류나 네트워크를 알 수 있지만, 카자흐스탄 및 중국 신강성, 몽골은 토기보다는 석기가 오랫동안 사용되었다. 동아시아에서 토기가 발생하며 비중이 줄어드는 세석인은 유라시아 중부지역에서는 신석기시대에도 여전히 사용되었다. 이는 생업 환경의 요인이 클 것인데, 수렵채집사회에서 유목사회로 나아가는 전환기적 양상을 보여준다고 할 수 있다.

참고문헌

〈한국어〉

김재윤, 2018, 「제2장 신석기시대」, 『북방고고학개론』, (재)중앙문화재연구원 편, 진인진.

김재윤, 2019, 「4,500년 전 중국 신강성 '석기시대'의 문화범위와 교류지역 – 인접한 카자흐스탄, 몽골, 바이칼 지역과의 비교를 통해서」, 『東北亞歷史論叢』 65, 동북아역사재단.

〈일본어〉

大貫靜夫, 1998, 『東北アジアの考古學』, 東京; 同成社.

〈중국어〉

伊第利斯·阿不都热苏勒, 1993, 「新疆地区細石器遺存」, 『新疆文物』 4, pp.15~59.

王炳華, 1985, 「新疆細石器遺存初步研究」, 『干旱区新疆第四纪研究論文集』. 鳥魯木齊; 新疆人民出版社, pp.174~182.

羊毅勇, 1982, 「新疆木垒县四道沟遗址」, 『考古』 2, pp.113~120.

宋亦蕭, 2010, 「新疆石器时代考古文化探論」, 『西部考古』 4, pp.4~9.

〈영어〉

Nelson N.C., 1926, "Prehistoric Archaeology of the Gobi", *Desert-American Museum Novitates*, №.222, pp.1~16.

Lixin Wang & Pauline Sebillaud 2019, The Emergence of Early Pottery in East Asia: New Discoveries and Perspectives, *Journal of World Prehistory, Volume 32, Number 1.*

Teilhard de Chardin P., 1939, "On the presumble existence of a world-wide Sub-Arctic cheet of human culture at the dawn of the neolithic 一", 『地質學報』 3, pp.335~341.

Yaroslav V. Kuzmin and Viktor M. Vetro 2007, The earliest Neolithic complex in Siberia, the Ust-Karenga 12 site and its significance for the Neolithisationprocess in Eurasia, *Documenta PraehistoricaXXXIV*, 9-20.

〈러시아어〉

Борисковский П.И.(ред), 1994, *Палеоит СССР*, Москва : НАҮКА.

Деревянко А.П., Деревянко Е.И., Нестеров С.П., Табарев А.В., Кадзу нори Үчида, Даи Куникита, Кацуки Морисаки, Хироюки Мацудзаки, 2017, Новые радиоуглеродные даты громатухинской культуры начального этапа неолита в Западном Приаму рье//Археология, этнография и антропология Евразии Том 45, № 4.

Д. Цэвэндорж 1978, Чандманьская культура.// Археология и этног рафия Монголии. Новосибирск: С. 108-117.

Коробкова Г.Ф., 1969a, "К вопросы о хронологии кетельминарско й культуры", *История материальной культуры Узбекистана*, pp.39~46.

_____, 1969b, *Орудия труда и хозяйство неолитических п лемен Средней Азии*.(МИА, № 158), Москва, Ленинград: Акде мии наук СССР.

Новгородова Э.А., 1989, *Древняя Монголия (Некоторые проблемы хронологии и этнокультурной истории)*, Москва:НАҮКА.

Окладников А.П., 1964, *Первоытная Монглия-К впросы древнейш еи история Монголя*, ҮБ.

Окладников А.П. Деревянко Е.И., 1973, *Далекоеё прошлое Примор ья и Приамурья. Владивоток*: Дальневосточное книжноеё из дательство.

Ошибкина С.В.(ред)., 1996, *Неолит Северной Евразии*, Москва, НА ҮКА.

Хазанов А. М., 2002, *Кочевники и внешний мир*, Изд. 3-е, доп. — Алматы: Дайк-Пресс.

Черников С.С., 1970, *Восточный Казахстан в Эпоху Неолита и бронзы*, Москва: автореф.дис. ... докт.ист.наук.

Черников С.С., 1975, "К вопросу о хронологических периодах в эпоху ранних кочевников (по археологическим материалам Восточного Казахстана)." *Первобытная археология Сибири, Ленинград*, НАУКА. pp.132~137.

유라시아 초원지대에서 만주·한반도로 청동기의 확산과 변용
: 비파형동검문화의 동모·동부 등장 과정 초론

이후석

경희대학교 한국고대사고고학연구소 학술연구교수

* 이 글은 2023년 5월 카자흐스탄의 알마티(Almaty)시에서 열린 『한국-카자흐스탄 5천년의 파노라마』 국제학술회의 발표문을 바탕으로 작성했던 『湖南考古學報』 第74輯(湖南考古學會 2023) 게재논문을 다시 수정·보완하여 작성하였음을 밝혀둔다.

I. 머리말

중국 동북지역과 한반도를 포괄하는 한국 청동기문화권에는 청동단검이 제작·사용되는 단계부터 청동기의 종류와 수량이 급증하며 사회 분화가 심화된다. 이와 같은 청동단검문화는 기원전 10세기경 전후 요하(遼河) 상류와 하류의 양쪽에서 형성되어 각각 '공병식동검문화(銎柄式銅劍文化)'와 '단경식동검문화(短莖式銅劍文化)'로 불리기도 한다. 물론 단경식동검문화는 비파형동검문화(琵琶形銅劍文化)와 세형동검문화(細形銅劍文化)로 구분되며, 요하유역 청동기시대의 단경식동검문화는 비파형동검문화를 가리킨다(이후석 2022).[1]

이와 같은 두 청동단검 문화권은 형성 과정에서 북방초원 문화권과 밀접하게 접촉하는 것이 주목된다. 공병식동검문화가 유라시아 초원지대에서 중국 동북지역으로 확산되는 초원계 청동기와 직접 관련되는 것이라면, 단경식동검문화는 그와 같은 초원계 청동기가 토착문화와 결합하여 채지화된 것이라고 할 수 있다. 특히 단경식동검문화(이하 비파형동검문화)는 고조선의 배경문화라고 할 수 있으므로, 그 형성 과정은 고조선의 등장 배경과도 무관하지 않다.

---

[1] 공병식동검문화는 요하 상류 일대를 중심으로 하가점상층문화(夏家店上層文化)로 대표되는 단일 문화권을 이루지만, 단경식동검문화는 요하 하류 동서 구간에서 각각 십이대영자문화(十二臺營子文化)와 신성자문화(新城子文化)를 형성하는 한편 한반도에서도 지역별로 여러 무문토기문화와 결합하여 광역 문화권을 형성하게 된다.

비파형동검문화의 형성 과정은 여러 측면에서 논의할 수 있겠으나, 비파형동검을 비롯하여 이와 동반되는 청동유물군의 기원과 등장 과정을 검토하는 것이 기본적인 연구 과제라고 할 수 있다. 특히 비파형동검문화권에서 가장 널리 확인되는 단경식의 청동단검, 유공동모(有銎銅鉾), 유공동부(有銎銅斧) 등에 주목해야 할 필요성이 있다.

먼저 비파형동검은 '단경(短莖)-곡인(曲刃)-주척(柱脊)'을 지닌 검몸체와 'T자형'의 검자루를 조립하여 만든 독창적인 구조여서 다른 문화권의 동검들과 명확하게 구별된다. 현재로는 유라시아 초원지대 동검들과 직접적인 관련성을 논하기가 어렵지만, 조립 구조의 청동단검이 시베리아지역에서 확인되고 있으므로 향후 조사성과를 기다리는 것도 필요하다. 본격적인 논의 대상이 아니기에 여기서는 비파형동검에 대한 최근 기원 논의를 간략하게 짚어보는 것에 한정한다.

다음으로 유공동모에는 유엽형동모와 비파형동모가 있다. 특히 비파형동모는 토착 비파형동검의 몸체와 외래 유엽형동모의 투겁을 결합시켜 만든 것이어서 중국 북방지역에서 관련 유공동모의 확산과 형태 변이 양상을 살펴보는 것이 중요하다. 유공동부에는 주로 선형동부가 확인된다. 여러 기하학문이 표현되어 있는 것이 많아 중국 북방지역에서 유공동부의 확산과 문양 변이 양상을 살펴보는 것도 필요하다. 유공동모와 유공동부는 시베리아 초원지대에서 중국 북방지역으로 확산되는 과정에서 다양하게 변이되었지만, 비파형동검문화의 것과 일정하게 연결되는 면도 있어 이에 대한 구체적인 검토가 필요하다.

기원전 1천년기 만주·한반도에서의 청동단검문화 형성과 확산은 한국 청동기문화권에서 가장 획기적인 문화변동으로 인식되고 있다. 여기서는 비파형동검문화의 형성 과정에서 확인되는 청동유물 중에 유라시아 초원지대 물질문화와 관련되는 유공동모와 유공동부를 중심으로 초원계 청동기의 확산과 변용 양상을 검토하려 한다. 미리 간략하게 말하자면, 유라시아 초원지대의 세이마-투르비노계(Seima-Turbino style) 또는 카라숙계(Karasuk style) 일부 청동기와 그 제작기술은 중국 북방지역에서 일정하게 변용되어 비파형동검문화가 형성되는 기술적·양식적 기반으로 작용하였다고 할 수 있다. 이에 대한 구체적인 확산과 변용 양상을 이하에서 살펴본다.

II. 기원전 2천년기 초원계 청동기의 동방 확산

1. 기원전 2천년기 전반 : 시베리아 초원지대에서 중국 북방지역으로

비파형동검문화의 형성 과정에서 확인되는 초원계 청동기는 시베리아 초원지대에서 몽골지역을 거쳐 중국 북방지역까지 널리 분포하는 세이마-투르비노계 청동기와 카라숙계 청동기가 있다. 물론 기원전 2천년기 전반경의 세이마-투르비노계 청동기에 비해 기원전 2천년기 후반경의 카라숙계 청동기가 시공간적으로 한국 청동기문화권에 더욱 근접한다.[2] 다만 세이마-투르비노계에서 카라숙계 청동기로 계승되는 기종들이 적지 않고, 이와 같은 청동기는 지역단위 물질문화를 넘어 유라시아 북부에서 동서 방면으로 광범위한 분포권을 형성한다. 또한 일부 공통 기종들은 비파형동검문화의 형성 과정에서 확인되고 있으므로 이에 대해 더욱 주목해야 한다.

세이마-투르비노계 청동기의 기원지와 중심지에 대해서는 여러 견해들이 제시되었으나, 크게 보아 서부 시베리아지역으로 이해되고 있다(V.I. 몰로딘(Molodin)·강인욱 2018; 劉翔 2021). 특히 이르티쉬(Irtysh)강의 중상류와 알타이(Altai)산맥을 연결하는 지역으로 추정하는 견해들이 많다(V.I. 莫洛金(Molodin) 著, 達吾力江·瑪麗婭 譯, 2019; Chernykh, E.N. 1992(王博·李明華 譯 2010 재인용함); Kuzmina. E.E. 2004).[3] 이는 유적 밀집도와 관련 청동기의 출토 빈도가 높은 점과 광물자원 분포, 생산유적 등이 확인되는 것을 함께 고려했기 때문이다(David W. Anthony 저, 공원국 역 2015; Chernykh, E.N. 2008; Molodin, V.I., et al. 2018)(그림 1).

---

2) 세이마-투르비노계 또는 카라숙계 청동 유적들은 특정 물질문화에만 한정되지 않고, 매우 광범위한 지역에서 발견된다. 청동유물 간의 기술적·양식적 유사성이 매우 높은 것에 비해 일부 속성이나 토기문화가 상이하여 동일 문화 또는 단일 문화권으로는 보지 않는 것이 일반적인 인식이다. 청동 제품 외에 기술 정보 등이 널리 전해졌기 때문으로 이해된다. 이를 장인(집단)의 이주와 연계하여 이해하는 연구들이 있다(강인욱 2009; 강인욱·김경택 2020).

3) 세이마-투르비노계 청동기의 구체적인 기원지에 대해서는 체르니흐(Chernykh. E. H.)는 처음으로 알타이지역에 주목했고, 몰로딘(Molodin. V. I.)은 카자흐스탄의 동부지역에서 중국 신장지역까지 고려한다. 또한 쿠즈미나(Kuzmina. E. E.)는 카자흐스탄의 동부지역에서 크로토보-엘루니노(Krotovo-Elunino)문화를 기반으로 형성되었다고 보고 있다. C14연대 측정치로 보면 이르티쉬강의 중류 일대가 주목되나, 이에 대한 조사연구는 아직 충분하지 않다(劉翔 2021).

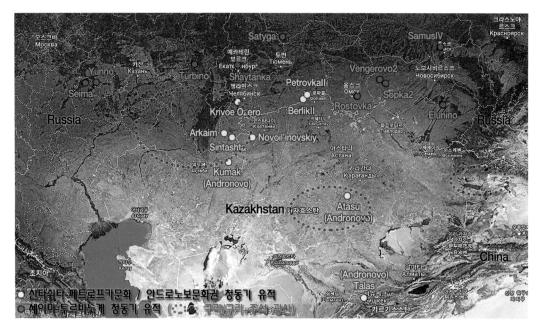

<그림 1> 기원전 2천년기 전중엽경 시베리아지역 초원계 청동기 주요 유적

세이마-투르비노계 청동기는 기원전 2천년기 전반경에 유행하였다고 보는 것이 일반적인 견해이다(V.I. 몰로딘(Molodin)·강인욱 2018; 劉翔 2021; 松本圭太 2013). 이는 유적 내의 C14연대 측정치와 청동기에 대한 교차 편년 연구를 종합하여 나온 결과이다. 다만 원류지인 서부 시베리아지역에는 이른 시기 유적들이 많은 것에 비해 확산지인 중국 북방지역이나 연해주지역은 다소 늦은 시기 유적들이 많다. 한반도의 것은 연해주를 거쳐 재확산된 것이어서 다소 다른 맥락으로 볼 수 있다.

최근에는 시베리아지역 C14연대 측정치가 누적되는 상황에서 상한연대를 기원전 3천년기 말엽으로 보는 견해들이 많아졌고(林梅村 2015; 小林青樹 2014; Е.И. 切爾內赫(Chernykh), С.В. 庫慈明內赫(Kuzminykh) 著, 王博·李明華 譯, 2010; Chernykh, E.N. et al. 2017; Marchenko. Z.V. et al. 2017), 중국 북방지역을 대상으로 초원계 청동기와 중원계 청동기의 공반 관계를 검토하여 하한연대를 기원전 2천년기 중엽으로 보는 견해(邵會秋·楊建華 2011; 楊建華·邵會秋·潘玲 2017) 역시 제시되고 있다.

이와 같은 세이마-투르비노계 청동기를 반출하는 유적이나 물질문화에 대한 연대관이 일부 다른 것은 C14연대 측정치와 청동기에 대한 교차 편년 결과치가 약간 달리 나타나는 탓도 있겠지만, 다른 한편으로 세이마-투르비노계 청동기의 확산 과정에서 그 기술적·양식적 특징들이 다음 단계 문화 공동체나 다른 문화권에 수용되어 오랫동안 잔존했던 탓도 크다. 중앙아시아에서는 천산산맥 주변, 동북아시아에서는 연해주와 한반도의 예가 대표적인 사례이다.

세이마-투르비노계 청동기의 주요 기종에는 청동단검, 동모, 동부, 동도 등이 있다. 이와 같은 청동기와 그 제작기술의 기원과 확산 과정에는 기원전 2000년경 전후 유라시아 야금권(Eurasia Metallurgical Province; EAMP)의 초기 단계에 속한 신타쉬타-페트로프카(Sintashta-Petrovka)문화와 세이마-투르비노계 청동기의 동부 중심권인 크로토보-엘루니노(Krotovo-Elunino)문화의 청동기가 주목되고 있다(Е.И. 切爾內赫(Chernykh), C.B. 庫慈明內赫(Kuzminykh) 著, 王博·李明華 譯 2010). 신타쉬타-페트로프카문화는 우랄 산맥 동남쪽에 집중되며, 제련시설이 확인되는 요새화된 방어취락과 전차 부장 무덤으로 유명하다(그림 1의 중앙). 크로토보-엘루니노문화는 이르티쉬강의 중상류에 밀집되어 있고, 소프카2(Sopka2)나 벤게로보2(Vengerovo2) 유적 같은 석제주형, 제련시설 등의 청동 생산 흔적으로 유명하다(그림 1의 우측).

두 문화권은 확산 과정에서 서로 다양하게 접촉하며, 일부 청동기는 서로에게 수용된다(그림 2·3 참조). 세이마(Seima), 투르비노(Turbino), 로스토프카(Rostovka) 유적에서 확인되는 세이마-투르비노계 무덤에는 신타쉬타-페트로프카문화의 청동단검, 유공동모(단조), 청동투부 등이 일부 확인되며, 크리보에오제로(Krivoe Ozero) 유적 같은 신타쉬타-페트로프카문화의 무덤에도 세이마-투르비노계 유공동모(주조) 등이 묻힌 예가 확인된다. 두 문화권의 엘리트나 상위 집단들이 서로 경쟁·교류하는 과정에서 세이마-투르비노계 청동기가 초원지대 전역으로 확산되었음이 추정되고 있다(David W. Anthony 저, 공원국 역 2015: 633). 이는 세이마-투르비노계 청동 장인들의 이주 및 모방으로 대표되는 지역(집단) 간의 상호작용 때문으로 판단된다(V.I. 몰로딘(Molodin)·강인욱 2018: 123).

신타쉬타-페트로프카문화는 청동단검, 유공동모, 청동투부, 석촉 같은 무기류와 골제 재갈멈치 같은 마구류가 특징적인 유물이다(그림 2). 금속기는 주석

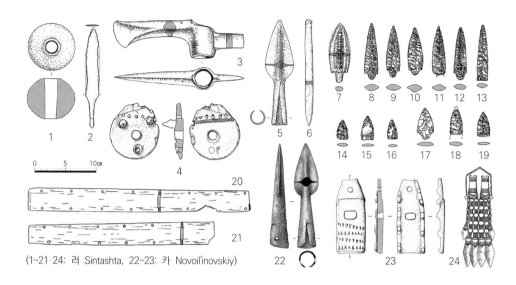

(1~21·24: 러 Sintashta, 22~23: 카 Novoil'inovskiy)

<그림 2> 시베리아 신타쉬타-페트로프카문화의 주요 유물

(Sn) 청동으로 확인되는 것도 보이지만, 주로 비소(As) 청동이며, 순동 제품 역시 적지 않다. 이에 비해 크로토보-엘루니노문화에는 유공동모, 유공동부, 동도 등의 기종들이 주로 확인된다(그림 3의 2·7·11~13·15~16). 금속기는 고품질의 주석합금을 포함하는 주석 청동 제품들이 증가하였으나, 비소 청동 역시 적지 않다. 주로 우랄산맥 주변이나 알타이산맥의 서변으로 집중되어 있는 구리 등의 광물자원을 활용했던 것으로 이해된다(그림 1의 좌측·우측 점선타원). 그러므로 청동 생산 과정에서 원료 유통 및 기술 적용 과정이 서로 달랐음을 알 수 있다.

이후 두 문화권의 세이마-투르비노계 청동유물이나 제작기술은 기원전 2천년기 전반경의 알라쿨-페데로보(Alakul-Federovo)문화와 같은 안드로노보(Andronovo)문화권(또는 안드로노보문화 공동체)으로 계승되었으며, 남쪽으로 중국 신강(新疆)지역까지 확산된다.[4] 다만 알라쿨-페데로보문화는 문양이나 장

---

4) 크로토보문화(엘루니노문화)와 페데로보문화는 분포 범위가 상당부분 중첩된다. 선행하는 크로토보문화가 세이마-투르비노계 청동기의 중심적인 물질문화이고, 이르티쉬(Irtysh)강의 중류부터 예니세이(Yenisei)강 상류 일대까지 동서 방향으로 길게 분포하였다면, 후행하는 페데로보문화는 그 문화 범위 대부분을 포괄하면서도 서쪽으로 우랄산맥, 남쪽으로 천산산맥 일대까지 더욱 넓게 분포한다. 페데로보문화는 안드로노보문화권의 동부지대에서 중국 신강지역으로 확산되어 소위 '신강안드로노보문화'를 형성하게 된다(Е.И. 切爾内赫(Chernykh), C.B. 庫慈明内赫(Kuzminykh) 著, 王博·李明華 譯,

식 등이 퇴화 또는 없는 것이 주로 확인된다. 금속기는 주석 합금 청동 위주이며, 비소 합금 청동 역시 일부 확인된다. 카자흐스탄의 중부 또는 알타이산맥의 서변으로 집중되어 있는 구리-주석 등의 광물자원을 활용하였으며(그림 1의 중앙·우측 점선타원), 이와 함께 카라간다(Karaganda)지역에는 아타수(Atasu)와 같은 조직화된 생산시설까지 운용된다(David W. Anthony 저, 공원국 역 2015: 630·638).

세이마-투르비노계 청동기를 가장 대표하는 것은 투겁부가 있는 유공동모와 유공동부이다(그림 3). 신타쉬타-페트로프카문화의 것이 크로토보-엘루니노문화의 것에 일정하게 영향을 주었다고 생각되나, 전반적인 형태 외에 전자와 후자는 각각 단조제(그림 2-5·22)와 주조제(그림 3-9~13)로 만든 것이어서 기술적인 차이 역시 분명하다. 신타쉬타-페트로프카문화의 것은 청동판을 투겁 형틀에서 구부리고 단타 가공하여 투겁부를 만들었다. 이에 비해 크로토보-엘루니노문화의 것은 내범(內范) 또는 중자(中子)를 주형 가운데에 고정시킨 후에 주조하여 투겁부를 만들었다. 이를 중공(中空) 성형 기법이라 한다(David W. Anthony 저, 공원국 역 2015: 632)

세이마-투르비노계 유공동모와 유공동부의 제작기술은 확산 과정에서 더욱 발전하였는데, 소위 천과(穿過) 주조('through' casting; литья 'на пролив') 방식으로 알려진다(劉翔 2021: 136; В.И, Молодин, И.А. Дураков 2019: 51-53). 즉, 주형에서 주입구(湯口)는 투겁 쪽에 위치하고, 배기구는 창끝이나 날끝 쪽에 위치하며, 주조 성형 후에 연마 또는 단타 가공하여 마감하는 방식이다. 이는 크로토보-엘루니노문화의 생산유적에서 확인되는 석제용범이나 주조 흔적 등을 통해 파악되고 있다.

이와 같은 세이마-투르비노계 유공동모 또는 유공동부에서 확인되는 천과 주조 방식이나 중공 성형 기법 같은 특징적인 주조기술은 유라시아 초원지대 주변부로 널리 확산되어 중국 북방지역에도 주요 청동 제작기술로서 정착된다. 중국 동북지역에서 청동단검문화가 형성되는 기술적인 배경 역시 이와 무관하지 않다.

2010; Koryakova, L.N and Eoimakhov, A.G, 2007(小林靑樹 2014, 215~218 재인용함)).

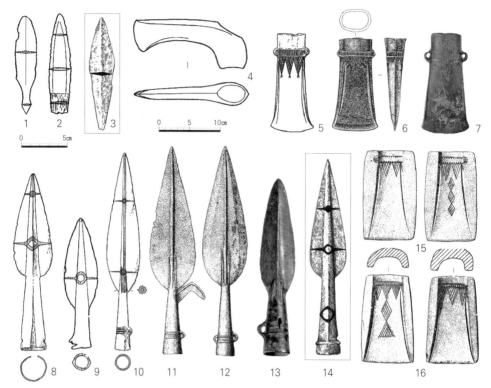

(1·4·9·10: Turbino, 2·11~12·15: Rostovka(Krotovo), 3·14: Kumak(Andronovo), 5·8: Seima, 6: Shitanka or Shaitanskoye Ozero2(Samus-Kizhirovo), 7·13: Steppe Altai(Elunino), 16: Sopka2(Krotovo)

<그림 3> 시베리아 초원지대 세이마-투르비노계 청동무기·동부

먼저 초원지대의 세이마-투르비노계 유공동모부터 살펴본다. 세이마-투르비노계 유공동모는 몸체와 자루가 연결되는 곳에 3가닥의 포크모양장식 또는 삼지척(三枝脊)이 있고, 그 아래 투겁 상단에는 거꾸로된 갈고리(倒鉤)가 1개 달렸으며, 투겁 하단에는 환이(環耳) 1~2개가 달려 있는 것이 특징이다. 물론 갈고리가 없다거나 환이가 형식화된 것도 보이는데, 특히 안드로노보문화기에는 삼지척과 갈고리가 거의 사라진다. 보통 길이 30~40㎝ 내외이며, 신부를 공부에 비해 약간 길게 만든 것도 특징이다. 성분에는 비소 청동과 주석 청동이 모두 확인된다. 우랄산맥 서쪽에서 중국 북방지역까지 널리 분포하며, 형태 변이가 뚜렷하다(그림 3, 그림 6).

유공동모는 갈고리와 환이의 배치(高江濤 2015; 林梅村 2014, 2015) 및 모엽형태(劉翔·劉瑞 2016) 속성에서 시공간적 차이점이 확인된다. 시베리아 출토품

(그림 3-11)은 갈고리와 환이가 같은 방향으로 배치되나, 대부분의 중국 출토품(그림 6-1~2)은 갈고리와 둥근고리가 서로 반대 방향으로 배치되어 뚜렷하게 구분된다. 물론 일부 중국 출토품(그림 6-4)은 시베리아 출토품과 같은 배치 관계를 나타내는 것도 있다. 또한 시베리아 출토품은 폭이 좁고 끝이 뾰족하게 생긴 침엽형과 중간형이 많은 것에 비해 중국 출토품은 폭이 넓고 끝이 둥근 활엽형과 중간형만 확인된다. 특히 알타이산맥의 주변에는 주로 침엽형(그림 3-11~13)이, 중국 북방지역(청해-감숙) 및 중원지역(하남)에는 활엽형(그림 6-1~3)이, 일부 지역(산서북부, 요령)에는 활엽형에 가까워진 중간형(그림 6-4·5)만 각각 확인되어 제작자나 제작지가 다른 것을 알 수 있다.

다시 말해 세이마-투르비노계 유공동모는 시베리아에서 중국으로 확산되는 과정에서 일부 지역(산서북부, 요령)에는 제품으로 유입되었으나, 대부분은 현지에서 모방하여 만든 것들임을 알 수 있다. 이때 창몸 형태는 침엽형에서 활엽형으로 바뀌었고, 갈고리-환이의 배치도 서로 다른 방향으로 바뀌었다. 심지어는 창끝마저 무뎌지고, 연마 흔적 역시 거의 없어져서 실용성을 상실했다(宮本一夫 2008; 松本圭太 2013).[5] 성분 역시 대개 홍동이나 비소 청동으로 고품질의 주석 청동으로 볼 수 있는 것은 없다(劉瑞·高江濤·孫德銘 2015).[6] 그러므로 중국에서 확인되는 세이마-투르비노계 유공동모는 대부분이 현지에서 만든 지역화된 형식이며, 특히 중국 북방지역에는 실용적인 무기로서 수용된다거나 지속되지 않아 청동단검문화 형성과정에서 온전하게 채택되지 못하였다.

다음으로 초원지대의 세이마-투르비노계 유공동부를 살펴본다. 세이마-투르비노계 유공동부는 크로토보-엘루니노(Krotovo-Elunino)문화의 소프카2(Sopka2), 벤게로보2(Vengerovo2) 등의 생산유적이나 로스토프카(Rostov-ka) 등의 매장유적에서 제품 외에 석제용범들이 다수 확인되며, 후속하는 사무스-키지로보(Samus-Kizhirovo)문화의 취락 또는 제사유적에도 적지 않게 분포한다. 평면 장제형에 투겁 측면에는 환이(環耳) 1쌍이 달린 것이 주로 확인된

---

5) 제가문화(齊家文化)에 속한 청해(靑海) 심나(沈那) 유적 유공동모는 현재까지 확인되는 것중에서 가장 큰 초대형에 해당된다(길이 61.5㎝, 너비 19.5㎝). 창날에는 연마 흔적마저 없어 실용적인 것은 아니라고 생각된다. 대개 청해-감숙지역 출토품이 그러하다.

6) 주석 합금이라 하더라도 저석(低錫) 청동으로 볼 수 있는 것(山西博物院藏)만 일부 확인된다.

다. 보통 길이 10㎝ 내외이며, 날이 약간 벌어지는 양날 도끼이다. 또한 고리 주변 상단에는 단순 집선문이, 그 아래에는 삼각형과 능형 테두리를 가진 집선문이 다양하게 표현되는 것이 특징이다. 성분에는 비소 청동과 주석 청동이 모두 확인된다. 우랄산맥 서쪽에서 중국 북방지역까지 널리 분포하며, 문양 변이가 뚜렷하다(그림 3, 그림 7).

시베리아지역의 세이마-투르비노계 유공동부는 크로토보-엘루니노문화의 것과 같이 투겁 측면 환이가 커서 실용적인 것이 전형(그림 2-7·15·16)이며, 사무스-키지로보문화의 것과 같이 투겁 측면 환이가 작게 퇴화되어 있는 것이 변형(그림 2-6)이다(邵會秋·楊建華 2011; 松本圭太 2013). 이외에도 안드로노보문화기의 천산산맥~황하상류 일대에는 세장해지거나 무문화된 것도 확인된다. 세이마-투르비노계 유공동부는 확산 과정에서 다양하게 변화되는 것을 알 수 있다.

중국 내의 세이마-투르비노계 유공동부는 주로 서북지역에서 확인되나, 북방지역에도 분포한다. 중국 서북지역(신강)에는 시베리아 출토품과 비슷하게 생긴 것도 보이지만, 다른 지역에는 문양·장식 등이 간략해져 현지화된 것이 주로 확인된다. 다만 성분으로 보면 대개 비소 청동과 주석 청동으로 유사하다. 거의 같은 형태(그림 7-1·2)에는 천산북로문화(天山北路文化) 관련 신강 창길(昌吉)·합밀(哈密) 출토품이 있고, 세장해진 형태(그림 7-3·4)에는 신강안드로노보문화의 신강 아극소(阿克蘇) 출토품과 제가문화(齊家文化)의 청해 심나(沈那), 감숙 제가평(齊家坪) 출토품이 있다. 장식(환이)마저 없는 것은 사패문화(四壩文化)의 감숙 민락(民樂), 하가점하층문화(夏家店下層文化)의 영성 소당산(小塘山) 출토품(그림 7-5)이 있다.

한편 과도기적 양식으로 판단되는 신강안드로노보문화의 신강 이리(伊犁) 출토품과 주개구문화(朱開溝文化)의 내몽고 주개구(朱開溝) 출토품이 있다(그림 7-6·7). 공부 테두리가 두꺼워지면서 이중돌대 등이 형성된다거나 몸체 중앙부에 종방향의 돌대선이 표현되는 것은 카라숙계 유공동부의 주요 속성이다(그림 7-11~12). 또한 다중삼각문과 연속삼각문도 카라숙계 유공동부 단계부터 확인되는 문양이다. 그러므로 신강 이리 및 내몽고 주개구 출토품은 카라숙계 유공동부로 연결되는 것이라고 할 수 있다. 도끼형의 신강 합밀 출토품과 자귀형(괭이형)의 청해 심나 출토품은 각각 신강 니아(尼雅) 출토품(그림 7-9)과 내몽고 이가영자(李家營子) 출토품(그림 7-10)에 연결된다.

초원지대의 세이마-투르비노계 유공동부가 평면 제형, 공부 단면 횡타원형이고, 날을 약간 벌어지게 만든 것이라면 중국 상대 중원지역 유공동부는 보통 평면 세장방형, 공부 단면 횡장방형이며, 날을 약간 좁아지게 만든 것이어서 서로 구분된다. 이와 같은 형태 차이는 기능 차이를 반영한다. 세이마-투르비노계의 것은 양날형의 '도끼(斧)'이고, 중원지역의 것은 외날형의 '괭이(钁)' 또는 '자귀(錛)'라고 할 수 있는 것이 많다. 또한 세이마-투르비노계는 집선문이 유행하였다면, 상대 중원지역에는 공부 아래 쪽에 '十'자문이 있는 것이 많다. 중원지역 유공동부는 상대 후기부터 북방지역으로 확산되어 카라숙계 유공동부 등과 다양하게 복합된다(邵會秋·楊建華 2011: 86-87).

2. 기원전 2천년기 후반 : 중국 북방지역에서 동북(만주)지역으로

세이마-투르비노계 청동기는 동방 확산 과정에서 카라숙계 청동기로 전환되었는데, 러시아와 몽골 접경지대에서 남쪽으로 중국 내몽고 중남부의 장성지대까지 주된 분포지를 형성하며 널리 확산된다. 카라숙계 청동기의 출현지와 중심지는 현재로는 카라숙(Karasuk)문화의 중심부인 미누신스크(Minusinsk)분지로 보기보다 알타이(Altai)산맥의 이남지역 어딘가로 추정되고 있다(V.I. 몰로딘(Molodin)·강인욱 2018). 이에 대해 중국학계에는 카라숙계 청동기가 중국 북방지역, 특히 내몽고 중남부 오르도스(Ordos) 일대에서 기원하여 주변 지역으로 확산되었다고 보는 견해들이 많다(烏恩岳斯圖 2008; 韓建業 2021).

카라숙계 청동기는 대략 기원전 2천년기 후반경에 유행하였는데, 엄밀하게 말하자면 기원전 2천년기 후엽부터 기원전 1천년기 초엽까지 유행하였다고 보는 것이 통설이다(강인욱 2009; 烏恩岳斯圖 2008; 松本圭太 2013). 남부시베리아부터 중국 북방지역까지, 심지어는 중원지역에도 일찍부터 다수 확인되고 있어 선후 관계를 판단하기 쉽지 않다. 중국 북방지역에는 은허(殷墟) 단계부터 서주 초기 단계까지 확인되고 있어 주로 기원전 13~10세기경에 유행하였음을 알수 있다. 과도기인 15~14세기경에는 이리강문화와 병행하는 내몽고 중남부의 주개구문화가 형성 배경 중의 하나로서 주목되고 있다(烏恩岳斯圖 2007).

카라숙계 청동기의 주요 기종에는 머리장식이 특징적인 동검, 동도, 청동투부(管銎斧, 銎內鍼), 유공동부 등이 있다. 청동단검 양식으로 보면, 이른 시기의 곡병(曲柄) 동검 단계(기원전 13~11세기경)와 늦은 시기의 직병(直柄) 동검 단계(기원전 11~9세기경)로 세분되나(강인욱 2009), 두 동검군의 중심 분포권과 변천 관계가 달라 논란이다. 대개 러시아권 학자들은 알타이산맥~미누신스크분지나 몽골지역에 주목하나, 중국 학자들은 내몽고 중남부의 오르도스 일대에 주목한다.[7] 또한 최근 중국이나 일본 학자들은 대개 두 동검군을 서로 분리하여 인식한다. 카라숙계 동검 기원 문제는 유공동모·동부의 확산 맥락과도 관련되는 것이므로 먼저 간단하게 짚고 넘어간다.

카라숙계 동검군에 앞서 주개구문화의 주개구 5기 단계(早商)에서 동북아시아의 가장 이른 청동단검으로 평가되는 직인검이 출토되어 주목되고 있다(內蒙古自治區文物考古研究所·鄂爾多斯博物館 2000). 주개구 1040호묘에서 환수동검과 환수동도가 출토되었는데, 환수동검은 쌍합범의 직병 직인형이어서 카라숙계 동검과도 비교되며, 환수동도는 단합범의 호배형이어서 세이마-투르비노계나 카라숙계 동도라고 해도 무방하다(그림 4). 이때에는 중원계와 북방계가 함께 확인되며, 중원계는 고연(高鉛) 청동인데 비해 북방계는 대부분이 저연(低鉛) 청동이며, 고품질의 주석 청동으로 만든 대형 도구까지 확인된다(류리·천싱찬 저, 김정열 역 2019: 376~378).

주개구 1040호묘 검이 골제 단검의 모방품이라는 견해(宮本一夫 2008; 小林靑樹 2014)들도 있었으나, 검신-검병-검수 속성에서 각기 '척능(脊稜)-요면(凹面)-환수(環首)'라는 특징들이 확인되며, 환수동도 등이 공반되는 양상으로 보아 그보다는 세이마-투르비노계 동검 전통의 연장선상에서 이해된다. 이는 같은 주개구 1083호묘에서 소프카2 등의 세이마-투르비노계 유적에서 확인되는 머

---

7) 카라숙계 청동기의 기원 문제와 관련하여 남부시베리아에서 성립하여 몽골 방향으로 확산되었다고 보는 입장(보꼬벤꼬 N·레그란드 S 저, 정석배 역 2015; Chernykh, E.N. 2008)과 몽골~중국 북방에서 성립하여 남부시베리아 방면으로 확산되었다고 보는 입장(E.A. 노브고로도바 저, 이재정 역 2005; 田廣金·郭素新 1988) 등이 있다. 이와 관련하여 곡병검은 몽골에서, 직병검은 미누신스크에서 각각 발달하였다고 본다거나(楊建華 2008; 松本圭太 2013), 주개구의 검을 중시하여 카라숙계 동검, 특히 직병검의 조형으로 이해한다(烏恩岳斯圖 2007; 林澐 2011).

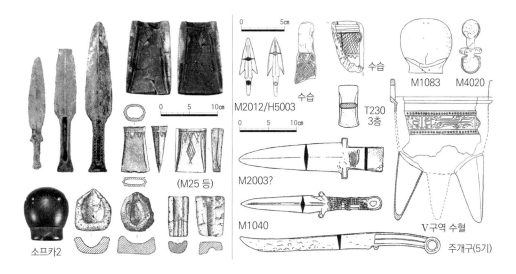

<그림 4> 시베리아(크로토보문화)와 중국 북방지역(주개구문화) 초원계 청동기 비교

리모양 장식품이 출토되었으며, 유적에서 세이마-투르비노계 및 카라숙계 유공 동부로 연결되는 석제동부용범 편도 수습됐기 때문이다(그림 4). 그러므로 주개 구의 동검 등은 세이마-투르비노계 청동 제작기술을 바탕으로 현지에서 직접 제작됐을 가능성이 높다(그림 5).[8]

세이마-투르비노계 청동기가 취락이나 무덤에서 출토되는 예가 많은 것에 비해 카라숙계 청동기는 문화층과 지표 수습품이 많다. 서로 광범위한 분포권을 나타내면서도 세이마-투르비노계 청동기에 비해 카라숙계 청동기는 몽골이나 중국 북방 쪽에 더욱 집중되는 양상이다. 이에 동아시아 초원 야금권(Steppe East Asian Metallurgical province; SEAMP)의 확산 개념으로 접근하는 연구 (Е.И. 切爾内赫(Chernykh), C.B. 庫慈明内赫(Kuzminykh) 著, 王博·李明華 譯 2010; Chernykh, E.N. 2008)들도 있다.

카라숙계 청동기는 중국 서북지역에서 확인되는 이가애문화(李家崖文化)와 같이 토착문화와도 융합되나, 중국 동북지역에는 발해만권처럼 토착문화와의 융합 현상으로 볼 수 있는 것이 별로 없다. 이는 황하 상류보다 요하 유역에서

---

8) 남부 시베리아~중국 북방지역 내에서도 곡병검은 남쪽에서, 직병검은 북쪽에서 주로 확인된다. 주개 구의 검은 자루 평면 형태만을 고려하면 직병검에 연결되는 것이지만, 자루 제작 방식이나 검신 척능 등을 중시하면 곡병검에 연결되는 것일 수도 있다.

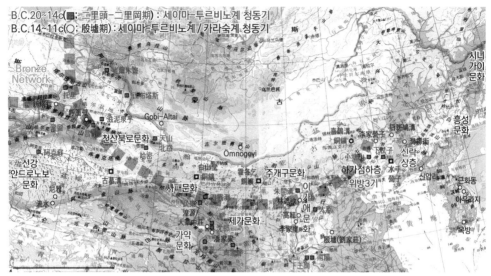

B.C.20~14c(■: 二里頭-二里岡期) : 세이마-투르비노계 청동기
B.C.14~11c(○: 殷墟期) : 세이마-투르비노계 / 카라숙계 청동기

(방점: 기원전 2천년기 전엽~중엽, 원점: 기원전 2천년기 후엽)

<그림 5> 기원전 2천년기 중국 북방지역 초원계 청동기 주요 유적

청동단검문화가 늦게 개시되는 양상으로 귀결된다. 요하유역에는 독자성이 강한 청동단검(공병식/단경식)이 사용되었는데, 이에 비해 유공동모와 유공동부는 카라숙계 청동기의 변형 과정에서 현지화된 것이 수용된다(그림 5).

먼저 카라수크 단계 세이마-투르비노계 유공동모부터 살펴본다. 세이마-투르비노계 유공동모는 초원지대에서 안드로노보문화의 확산 이후 뚜렷하게 변화한다. 알라쿨-페데로보(Alakul-Federovo)문화의 유공동모는 환이가 탈락하고 등대(脊)가 강화되는 등의 실용성이 증대되는 것이 특징이다. 이와 같은 유공동모는 중국 서북(신강)지역에서 동모석범(郭物 2016; 劉學堂·李溯源, 2008)까지 확인되고 있어 중국 북방지역으로 확산되었음도 알 수 있다(그림 6-6).

카라숙계 청동기의 확산 무렵 중국 유공동모는 중원과 북방의 양식권이 분화된다. 중원지역에는 세이마-투르비노계 갈고리가 남은 것(그림 6-7)도 보이지만, 결국 환이만이 1쌍 남아 있는 현지화한 것(그림 6~8~9)이 은허(殷墟) 유적에서 확인된다. 그러므로 세이마-투르비노계 유공동모는 중원지역 동모의 출현 배경으로 볼 수 있다. 중원지역의 경우 상대 후기에는 시베리아 세이마-투르비노계 또는 안드로노보문화의 유공동모와 비슷하게 창몸 형태가 심엽형(心葉形)

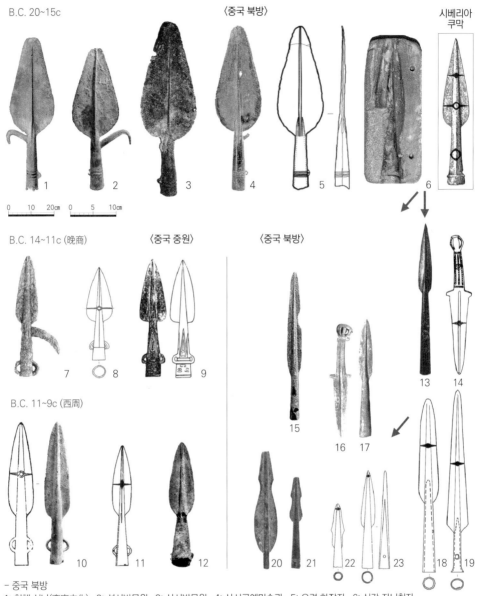

B.C. 20~15c   〈중국 북방〉   시베리아 쿠막

B.C. 14~11c (晩商)   〈중국 중원〉   〈중국 북방〉

B.C. 11~9c (西周)

- 중국 북방
1: 청해 심나(齊家文化), 2: 섬서박물원, 3: 산서박물관, 4: 산서공예미술관, 5: 요령 하장자, 6: 신강 자니천자,
13·14: 내몽고 후반구구·수천촌, 15: 청해 황원(卡約文化), 16~17: 산서 고홍촌(李家崖文化)
18~19: 내몽고 소흑석구 85AM2(夏家店上層文化), 20~21·22~23: 요령 하협심·이가보(新城子文化)

- 중국 중원
7: 하남 유가장 M33, 8: 하남 곽가장 2006M26, 9: 하남 소둔(1931),   〈요하유역 청동단검문화〉
10: 산서 주원구 M18, 11: 산서 천마곡촌 M6210, 2·12: 섬서역사박물관   : 공병식(18~19)/단경식(20~23)

〈그림 6〉 중국 북방지역 초원계 유공동모의 확산과 변용

을 띠는 것(그림 5-7~9)에 비해 서주 시기에는 중국 북방지역의 카라숙계 유공동모와 비슷하게 창몸 형태가 유엽형(柳葉形)을 띠는 것(그림 6-10~12)이 특징이다.

중국 북방지역에는 안드로노보문화의 유공동모를 변형시킨 것이 주로 확인된다. 황하 상류의 가약문화(卞約文化) 출토품(그림 6-15)과 황하 중류의 이가애문화(李家崖文化) 출토품(그림 6-17)은 물론 요하 상류의 위영자문화기 또는 하가점상층문화의 초기 단계에 속한 것(그림 6-13·18)이 각각 확인된다.

이와 같은 유엽형동모는 카라숙계 유공동모의 범주 내에 포함된다. 왜냐하면 카라숙계 곡병 동검과 공반·공존한다거나(그림 6-13·16), 초기 공병식동검과 공반되기 때문이다(그림 6-19). 유엽형동모는 기원전 13~11세기경 중국 서북지역(황하 상류)에서 등장하여 기원전 11~10세기경에는 동북지역(요하 상류)까지 확산된다. 이후 유엽형동모가 비파형동검과 복합되는 예(그림 6-22~23)가 동북지역(요동)에서 확인되고 있어 비파형동모의 등장 과정을 짐작하게 한다.

다음으로 카라수크 단계의 세이마-투르비노계 유공동부를 살펴본다. 세이마-투르비노계 유공동부는 초원지대에서 안드로노보문화가 유행하는 단계부터 점차 변형되나, 일부 지역에는 사무스-키지로보(Samus-Kizhirovo)문화의 것과 같이 오랫동안 잔존하는 것도 확인된다. 이에 비해 몽골이나 중국 북방지역에는 카라숙계 청동기의 형성 과정에서 초원계와 중원계가 복합되어 이전에는 없던 신출 형식 역시 확인된다. 앞서 언급하였지만 기원전 15~14세기경에는 중국 북방지역에서 주개구문화의 것과 같은 과도기적 형식군도 확인된다. 그러므로 카라숙계 유공동부는 과거 전통의 세이마-투르비노계 유공동부와 몽골~중국 북방지역에서 재지화된 유공동부의 두 그룹으로 구분하여 볼 수 있다.

카라숙계 청동기의 확산 무렵에는 중국 서북(신강)지역 및 북방지역(특히 내몽고 오르도스)에서 러시아~몽골의 접경지역까지 유공동부가 널리 보이는데, 세이마-투르비노계 전통 동부에는 공부 상단 및 환이(環耳) 연결 구간이 강조되어 있고, 삼각형계 집선문이 간략해져 다중삼각문과 연속삼각문이 표현되는 예가 많고, 몽골~중국 북방지역에서 재지화된 신출 기종에는 돌대문·돌선문이나 이마저도 없는 무문양도 많다.

1그룹의 세이마-투르비노계 전통 동부들은 공부 단면 타원형의 양인동부라는 점이 공통적인 특징이다. 세부적으로는 이전 단계 시베리아지역에서 기원하는 날이 벌어지는 평면 장제형(그림 7-8·9)의 도끼라고 생각되는 것과 중국 북방지역에서 변형됐던 평면 장방형·역제형(그림 7-10)의 자귀(괭이)라고 추정되는 것이 있다. 중국 북방지역의 내몽고와 이에 인접하는 신강 및 몽골 일부 지역에서 주로 확인된다. 이후 중국 동북지역(요하유역)으로 전이되는 과정에서 환이마저 탈락하고 공부 형태 역시 타원형과 장방형의 중간형이거나 장방형에 가깝도록 변화된다.

2그룹의 몽골~중국 북방지역에서 재지화된 신출 기종들은 공부 단면 장방형의 편인동부이다. 기본적으로는 평면 장방형의 자귀인데, 세부적으로는 공부 단면 편장방형이며, 종방향의 돌릉선이 있는 것(그림 7-11·12)과 공부 단면 타원형에 가까우며, 횡방향의 돌릉대가 있는 것(그림 7-13)이 있다.[9] 모두 공부 단면 장방형의 중원식과 단면 타원형의 북방식이 복합되어 등장했을 가능성이 높다(邵會秋·楊建華 2011: 88-89). 과도기(주개구 5기)를 거친 이후 출현하는 것이어서 기원전 14~13세기경에 등장하였음을 알 수 있다. 카라수크문화가 번성했던 미누신스크분지를 포함하여 남부 시베리아에서 중국 북방지역까지 널리 분포한다. 다만 앞의 것이 몽골이나 중국 서북지역에서 주로 보인다면, 뒤의 것은 중국 동북지역(요하유역)에서 주로 확인된다.

카라숙계 유공동부는 중국 동북지역에서 청동단검문화(공병식/단경식)가 형성되는 과정에서 일정하게 수용된다. 기본적으로는 환이가 없는 공부 단면 장방형의 양인 동부인데, 편인 동부 역시 확인된다. 즉, 1그룹(양날도끼)의 요소들을 중심으로 하나, 2그룹(외날자귀)의 요소들도 수용된다. 기원전 11~10세기경 요하 상류의 하가점상층문화(그림 7-17~18)와 요하 하류의 신락상층문화(그림 7-19)에서 확인되며, 기원전 10~9세기경에는 요동 산간지역의 신성자문화(그림 7-15~16)와 요서 발해만권의 십이대영자문화(그림 7-14)의 초기 유적에서 각각 재변형된 것이 확인된다.

---

9) 이외에도 요서지역의 수중(綏中) 풍가촌(馮家村)과 동왕강대(東王崗臺) 같은 매납유적에는 공부 단면 타원형과 장방형의 중간 형태이며, 평면 세장방형의 외날 자귀 외에 양날 도끼라고 생각되는 것도 일부 있다. 세이마-투르비노계 유공동부와는 직접적인 관련성이 없고, 남부 시베리아~몽골지역에는 출토빈도가 현저하게 낮아 중국 북방지역에서 더욱 재지화된 카라숙계 유공동부라고 할 수 있다. 이와 같은 유공동부류는 하가점상층문화나 신락상층문화의 동부류(그림 7-19)로 이어진다.

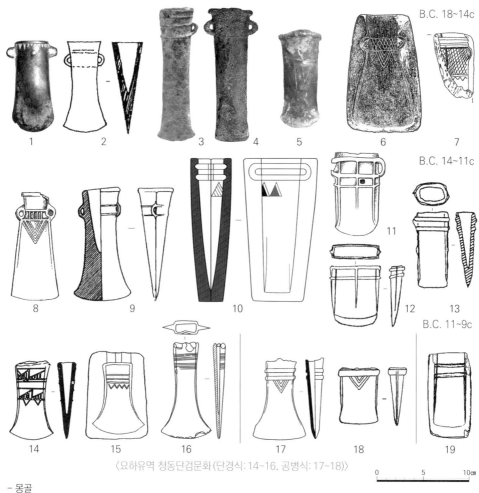

B.C. 18~14c

B.C. 14~11c

B.C. 11~9c

〈요하유역 청동단검문화 (단경식: 14~16, 공병식: 17~18)〉

0 5 10cm

- 몽골
(8: 고비 알타이(Govi-Altai), 11: 으므느 고비(Ömnögovi))

- 중국 북방지역
(1~2: 신강 창길·합밀, 3: 신강 아극소, 4: 청해 심나(齊家文化), 5: 요령 소당산(夏家店下層文化), 6: 신강 이리, 7: 내몽구 주개구(朱開溝文化), 9: 신강 니아, 10: 내몽고 이가영자, 12·13: 요령 만류가·풍가촌, 14: 요령 오금당(十二臺營子文化), 15·16: 요령 성신촌(M1)·대산취자(新城子文化), 17·18: 내몽고 소흑석구85AM2·용두산M1(夏家店上層文化), 19: 요령 북외 F2(新樂上層文化))

〈그림 7〉 중국 북방지역 초원계 유공동부의 확산과 변용

카라숙계 유공동부 문양으로 보면 다중삼각문이 표현되어 있는 고식이고, 연속삼각문과 집선삼각문이 표현되어 있는 신식이다. 앞의 것은 하가점상층문화의 유공동부 문양, 뒤의 것은 신성자문화와 십이대영자문화의 유공동부 문양으로 각각 연결되는 속성이다. 중국 동북지역 청동단검문화의 초기 유공동부는 카

라숙계 유공동부가 기원전 10세기경 전후 요령지역에서 더욱 분화되어 현지화한 것이라고 할 수 있다.

III. 비파형동검문화의 형성과 초원계 청동기의 변용

1. 비파형동검문화의 형성 전야 초원계 청동기의 전이

기원전 2천년기 유라시아 초원지대에서 중국 북방지역으로 청동기와 청동 야금술이 널리 확산되어 만주·한반도를 중심으로 하는 고대 한국 청동기문화권에도 점차 청동기가 제작·사용되기 시작한다. 만주·한반도의 초기 청동기는 중원 문화권보다는 초원 문화권과 일정하게 연결되어 있었는데, 세이마-투르비노계 및 카라숙계 청동기가 그 구체적인 실체라고 할 수 있다. 기원전 2천년기 중엽경을 과도기로 하여 세이마-투르비노계 청동기는 그 이전 단계, 카라숙계 청동기는 그 이후 단계 유행한다.

기원전 2천년기 중엽경의 유라시아 청동 제작 기술에서 주목되는 것은 비소(As) 청동 위주에서 주석(Sn) 청동 위주로의 합금 기술 전환 양상이다. 이는 청동 합금 기술에서 고품질의 청동기가 생산되었음을 보여주는 한편, 합금 원료 유통망이 바뀌면서 생산 거점이나 관련 공동체가 재편됐을 가능성을 보여준다. 중앙 유라시아 야금권(EAMP)과 동아시아 초원 야금권(SEAMP)의 변화 및 세이마-투르비노계와 카라숙계 청동기의 확산 방향 전환 등이 논의(Chernykh, E.N. 2008: 48-51)되는 것이 이때 전후이며, 유럽에는 동검, 동모, 청동방패 등이 보급되고 규모있는 전쟁까지 출현(Barry Molloy, Christian Horn 2020: 117·120-122)하는 것도 이때 이후이다.

초원계 청동기의 동방 확산 과정은 크게 두 방면으로 전개되었는데, 시베리아지역에서 중국 북방지역을 거쳐 한반도의 서부지역으로 유입되는 제1루트와 바이칼호 일대에서 연해주로 전해지고 다시 한반도의 동부지역으로 이어지는 제2루트가 상정된다(강인욱·김경택 2020; 이후석 2020).

먼저 중국 북방지역에서 초원계 청동기의 전이 양상을 살펴보자. 기원전 2천년기 중엽 이전에는 신강지구 및 감숙-청해지구로 이어지는 구간에서 처음 등장하며, 이후 황하 중상류의 내몽고중남부-산서북부와 황하 중하류의 중원지역(섬서-하남)까지 일부 확산된다. 세이마-투르비노계 유공동모와 유공동부가 대표적인 사례이다. 다만 유공동모는 대부분이 시베리아 현지 출토품을 모방하여 만든 것인데다 실용성이 떨어지는 것이어서 본격적인 무기라고 보기 어렵지만, 유공동부는 다양하게 만들어져 어느 정도 실용성을 지닌 것이라고 생각된다. 청동 야금술은 아직 초보적인 단계이며, 홍동이나 비소 청동 위주이다.

기원전 2천년기 중엽 이후에는 중원문화가 발달하여 북방지역으로 본격 확산되기 시작한다. 중원지역에는 세이마-투르비노계 유공동모를 변형시킨 상주식의 유공동모와 재지적인 유공동부가 등장하며, 중국 북방지역에는 초원계 요소와 중원계 요소가 복합되기 시작한다. 대표적인 것이 주개구문화의 5기(早商)에서 확인되는 문화복합 현상이다. 이후 카라숙계 청동기가 중국 북방지역에서 널리 확산되었는데, 중원지역까지 적지 않게 전이된다. 이와 함께 중원계 청동기도 중국 북방지역으로 널리 확산된다. 황하 중류의 이가애문화는 청동단검, 유공동모, 유공동부 등의 초원계 청동기와 유내동과, 청동용기 등의 중원계 청동기가 다양하게 복합되어 청동단검문화가 형성되었음을 보여준다. 청동 야금술은 초보적인 단계를 벗어나서 고품질의 주석 청동 역시 증가한다(류리·천싱찬 저, 김정열 역 2019; 烏恩岳斯圖 2007; 韓建業 2021).

다음으로 중국 동북지역에서 초원계 청동기의 전이 양상을 살펴본다. 기원전 2천년기 전엽~중엽에는 소형 장식류와 공구류가 주로 보이는데, 점차 종류와 수량이 증가한다. 장식류는 안드로노보문화의 청동이식, 공구류는 세이마-투르비노계 동부 등이 확인되며, 투겁류는 대부분이 재지적인 것들이다. 청동 제련 기술 진전 양상은 요서지역에서 일부 보이는데, 각종 투겁류가 다수 확인되는 오한기 대전자(大甸子) 유적(中國社會科學院考古硏究所 編著 1998)과 여러 기종들이 동슬래그와 함께 확인되는 영성 소당산(小塘山) 유적(李明華 외 2022)이 주목된다.

한편 외부에서 무기류가 일부 전입되었는데, 유공동모(조양 하장자)와 연병동과(능해 수수영자 M1)가 대표적인 사례이다. 유공동모가 세이마-투르비노계 유공동모이며, 연병동과는 중원문화와도 관련되는 것이지만, 황하 상류~요하

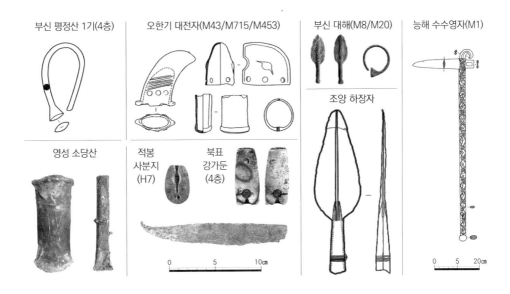

부신 평정산 1기(4층)　　오한기 대전자(M43/M715/M453)　　부신 대해(M8/M20)　　능해 수수영자(M1)

조양 하장자

영성 소당산　　적봉 사분지 (H7)　　북표 강가둔 (4층)

0　5　10cm

0　5　20cm

<그림 8> 기원전 2천년기 전엽~중엽 요하유역 초원계 청동기

상류 간의 교통로를 따라 전해졌던 것일 가능성도 있다. 이와 같은 무기류는 단발적인 사례여서 청동 야금술이 얼마만큼 제고되었는지 알 수 없다. 청동 야금술은 아직 초보적인 단계여서 청동단검문화의 기술적·양식적 기반들은 아직 형성되지 않았다고 할 수 있다. 다만 황하 상류에서 요하 상류 방면으로 이어지는 세이마-투르비노계 청동제련기술의 확산 양상은 주목되는 부분이다(그림 8).

　기원전 2천년기 후엽에는 요하유역에서 청동단검, 청동투부 등의 무기류와 동도, 동부 등의 공구류를 중심으로 하는 초원계 이기류(利器類)가 널리 확산된다. 대부분은 카라숙계 청동기에 해당되나, 중국 북방지역에서 중원문화와 복합되어 재지화된 동부류도 확인된다. 이때에는 중국 북방지역의 전반적인 한랭화로 인해 유목경제가 남하하고 농업경제가 후퇴한다(강인욱 2009). 또한 하가점하층문화(夏家店下層文化)와 같은 대단위의 물질문화는 소단위의 지역유형으로 재편된다(이후석 2019). 이때 시베리아지역에서 중국 북방지역으로 확산되는 청동 야금술은 '신장-내몽고벨트'(그림 6 참조)의 청동 네트워크를 따라 전이되었는데, 청동 장인들이 일부 전입되고 모방 제작 역시 있었다고 생각되나, 토착문화와의 결합 관계는 분명하지 않다. 청동 야금술은 더욱 발전하였다고 생각되나, 구체적인 정착 양상은 거의 확인되지 않고 있다.

그렇지만 요하 상류(오한기 수천·이가영자, 건평 대황지)와 요하 하류(강평 흑압둔, 법고 만류가·엽무대, 무순 망화·시가구, 신민 대홍기, 부신 평정산, 창무 평안보)의 두 권역에서 초원계 청동기를 반출하는 유적들이 밀집되며, 청동기의 수량이나 기종 조합 측면에서 다양성과 복합성이 증대되고 있어 주목된다. 특히 요하 상류에서 카라숙계 동검·동부 부장묘가 확인되고, 요하 하류에서 주변지역에는 거의 없는 동월·동경 등의 신출 유물들이 수습되는 취락(법고 만류가)이 확인되는 것은 이전보다 청동 야금술이 한층 제고되고 재지화된 양상들을 보여준다(이후석 2020, 2022). 이는 두 권역에서 청동단검문화가 형성되는 기술적·양식적 기반으로 볼 수 있다(그림 9).

마지막은 한반도의 초원계 청동기 유입 양상을 확인하려 한다. 한반도에서는 기원전 2천년기 후엽부터 청동기가 확인되기 시작하며, 초기 청동기는 초원계 청동기를 대표하는 세이마-투르비노계 및 카라숙계 청동기로 밝혀지고 있다. 다만 앞서 언급하였듯이 세이마-투르비노계 청동기는 연해주지역을 거치면서 다소 늦게 한반도의 동부지역으로 반입되며, 카라숙계 청동기는 요하 평원 일대를 거쳐 바로 한반도의 서부지역으로 유입되는 것이 특징이다(강인욱·김경택

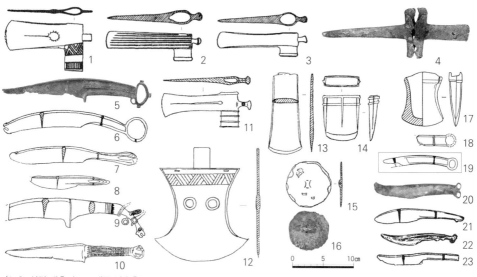

(1~3: 신민 대홍기, 4: 개주 남요촌, 5: 무순 망화, 6~15: 법고 만류가, 16: 강평 흑압둔, 17~18: 심양 신락, 19: 영성 소흑석구(85A Ⅰ M2), 20: 법고 엽무대, 21: 부신 평정산 3기(H113), 22: 창무 평안보 3기(H3028), 23: 무순 시가구)

<그림 9> 기원전 2천년기 후엽 요하 평원 일대의 초원계 청동기

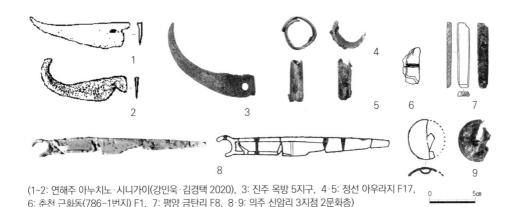

(1~2: 연해주 아누치노·시니가이(강인욱·김경택 2020), 3: 진주 옥방 5지구, 4·5: 정선 아우라지 F17,
6: 춘천 근화동(786-1번지) F1, 7: 평양 금탄리 F8, 8·9: 의주 신암리 3지점 2문화층)

〈그림 10〉 기원전 2천년기 후엽 한반도의 초기 초원계 청동기와 비교자료

2020; 이후석 2020). 이와 같은 초원계 청동기의 전파루트가 서로 달라 한반도
로 전해지는 연대 차이가 크지 않다. 초원계 청동기는 기원전 13~12세기경에
지역성을 띠며 등장한다.

세이마-투르비노계 청동기는 모두 청동이식, 도자형청동기 등의 소형 장식·
도구이다. 강원지역(정선 아우라지, 춘천 근화동)이나 경남지역(진주 대평리 옥
방) 출토품이 대표적인 사례이다. 특히 도자형청동기는 구리 혹은 홍동으로 단
타 가공하여 제작하였는데, 이는 연해주지역의 시니가이(Siny-gai)-흥성(興城)
문화를 경유하여 들어왔던 것이라고 할 수 있다(강인욱·김경택 2020). 또한 카
라숙계 청동기도 역시 동도, 동포 등의 소형 장식·도구이다. 평북지역(의주 신
암리)과 황북지역(봉산 신흥동) 출토품이 대표적인 사례이다. 특히 청동도자는
'단합법'의 주조품에 해당된다. 중원지역의 부호묘(婦好墓) 출토품과 관련시켜
보기도 하지만(古澤義久 2013), 환수 및 자루 테두리의 형태 측면에서 보면 요하
유역 출토품과 더욱 비교된다(그림 10). 그러므로 청동도자는 요하유역에서 전
입됐던 것일 가능성이 높다(이후석 2022).

2. 비파형동검문화의 형성 과정에서 동모·동부의 등장 배경

요하유역에는 소위 상말-주초 단계부터 청동 제작기술이 한층 제고되어 청동단검문화가 형성되기 시작한다. 거시적인 중국 북방지역 '신장-내몽고 벨트'와 미시적인 요하유역 '요하평원 벨트'의 청동 네트워크를 배경으로 늦더라도 기원전 10세기경 공병식동검문화와 단경식동검문화가 개시된다(이후석 2020, 2022). 이는 앞서 언급했던 요하 상류와 하류의 두 권역에서 확인되는 카라숙계 청동 제작기술이 토착집단에게 수용된다거나 청동 야금술의 제고 양상으로 추론된다. 다만 비파형동검문화는 공병식동검문화에 비해 더욱 오랫동안 광역에서 지속되었다는 측면에서 더욱 대표성을 띠는 물질문화라고 할 수 있다.

비파형동검문화권은 주변 문화권에 비해 청동기의 수량이나 조합 관계가 단순하다. 동검, 동모, 동촉, 동부 등이 가장 널리 확인되는 기종인데, 구체적인 분포 관계는 다양하다. 이와 같은 기종들은 기원전 2천년기 중국 북방지역을 중심으로 전개됐던 초원계 청동기의 확산 및 변용 과정과 밀접하게 관련하여 등장한다. 다만 비파형동검문화의 기원론은 비파형동검을 대상으로 요서 또는 요동 기원론의 두 측면에서 지나치게 이분법적으로 인식하여 왔던 감이 있다. 여기서는 비파형동검은 최근 기원 논의를 정리함으로써 가름하고, 비파형동모와 선형동부는 앞서 검토했던 논의들을 바탕으로 그 등장 배경을 짚어보려 한다.

먼저 비파형동검의 기원 문제이다. 기존 '내부 기원론'과 관련시켜 보면, 요하 상류보다 하류 방면에서 등장하여 주변으로 확산되었다고 생각된다. 왜냐하면 요동 지역의 것(조립식-별주식)에 비해 요서 일부 지역 및 내몽고 지역의 것(일체식-합주식)은 검파두식이 필요없는 구조이며, 검병의 접합 부위에서 탈락 흔적 등이 명확하게 확인되기 때문이다. 또한 요동-요서-내몽고에서 확인되는 초기 비파형동검은 길이 30㎝ 이하이며, 돌기부가 봉부 쪽에 치우쳐져 있는 것도 공통되는 특징이다. 조합되는 검파두식 역시 청동제가 석제보다 일찍 등장하였음이 점차 밝혀지고 있다(그림 11). 그러므로 비파형동검은 일단 요동방면에서 내몽고-요서 방면 및 한반도로 확산되었다고 할 수 있다(이후석 2022).

그렇다면 비파형동검은 어떤 기술적·양식적 배경 하에 등장하였을까? 기본적으로는 현지에서 야금술의 발전 과정에 대한 설명 틀이 필요한데, 이미 앞서 언급했던 바와 같다. 이와 함께 '검' 양식이나 이념 정보에 대한 수용 여부 역시 중요하다. 동검에 대한 정보는 요하 하류 일대와 요하 상류 일대의 교통로를 통한 상호작용을 통해 수용하였다고 생각되나(이후석 2019, 2022), 요동지역 골

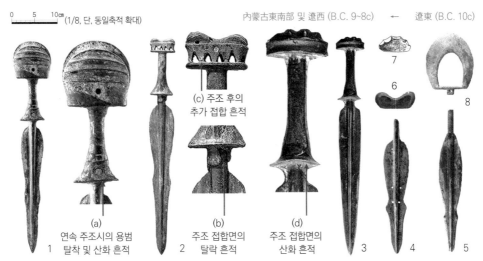

0　5　10cm (1/8, 단, 동일축적 확대)

(c) 주조 후의
추가 접합 흔적

7

6

8

(a)
연속 주조시의 용범
탈착 및 산화 흔적
1

(b)
주조 접합면의
탈락 흔적
2

(d)
주조 접합면의
산화 흔적

3

4

5

1: 寧城 小黑石溝, 2: 赤峰, 3: 敖漢 黃花甸子, 4: 喀左, 5: 鐵嶺 大山嘴子, 6: 朝陽 十二臺營子, 7: 喀左 和尙溝, 8: 鞍山

〈그림 11〉 중국 동북지역 비파형동검의 검신-검병-검파두식 결합관계

검이나 석검 전통에서 비롯됐을 가능성도 제기되고 있다(小林靑樹 2014).

　이외에도 비파형동검의 '외부 기원론'이 있다. 유라시아 초원지대에서 확인되는 소위 유엽형동검과 비파형동검의 유사성에 주목하는 연구이다(강인욱 2023; 김정배 2007; 오강원 2007). 이를테면 안드로노보문화권에서 확인되는 유엽형동검에 주목하여 그 제작 전통의 연장선상에 비파형동검의 등장 배경을 이해한다(오강원 2007: 131). 또한 세이마-투르비노계 유엽형동검이 초원지대의 청동 네트워크를 따라 중국 북방지역으로 전해졌을 가능성도 인식한다(이후석 2019). 다만 단경식의 유엽형동검은 카라수크 단계 이래 중국 동북지역에서 확인되지 않는 것이 한계이다. 향후 중국 북방지역에서 자료의 증가를 기대한다.

　다음으로 비파형동모와 선형동부의 등장 배경 문제이다. 비파형동검과 달리 비파형동모와 선형동부는 초원계 유공동모나 유공동부와 밀접하게 관련되어 있고, 중국 북방지역에서 관련 자료들이 확인되고 있는 만큼 요하유역과 외부 초원세계와의 관계에서 그 기원과 등장 과정을 검토했다. 무엇보다 세이마-투르비노계에서 기원하는 카라숙계 유공동모(유엽형동모)와 유공동부(다중삼각문·삼각거치문)가 중국 동북지역으로 확산되어 변형되는 것이 주목된다(그림 12).

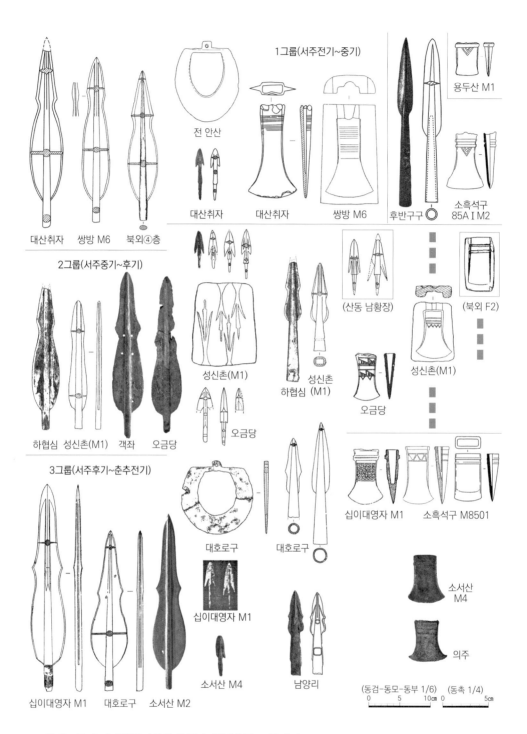

<그림 12> 초기 비파형동검문화의 주요 청동유물 조합관계

일단 비파형동모는 비파형동검의 검신 제작 전통에 유엽형동모의 공부 제작 기술이 결합되어 등장했던 것이 틀림없다(이후석 2020). 유엽형동모는 공병식 동검의 등장 과정과도 밀접하게 관련되는 기종으로 늦더라도 기원전 11~10세기경에는 요하 상류 일대(오한기 후반구구, 영성 소흑석구 85A I M2)에서 확인된다. 이후 기원전 9~8세기경에는 요동지역에서 이도하자식의 비파형동검과 공반되는 것(청원 이가보 대호로구)이 보이는데, 이미 쌍방식의 비파형동검과 공반되는 비파형동모가 확인되고 있어 유엽형동모는 더욱 일찍 등장했을 가능성이 높다. 더군다나 비파형동모의 초기형은 단신형(그림 6-22)이 아닌 장신형(그림 6-21)일 가능성이 높기 때문이다(이후석 2022). 그러므로 비파형동모는 요동지역에서 기원전 9세기경에 등장하였다고 판단된다.

비파형동모의 등장 과정은 요하 상류 일대와 하류 일대 물질문화 간의 직접적인 상호작용을 보여준다. 요하 상류 방면으로 요동지역(신성자문화)의 청동검 파두식 정보(또는 제품)가 전해지고, 요하 하류 방면으로 내몽고지역(하가점상층문화)의 동모 정보(또는 제품)가 전해졌던 결과이다. 초기 비파형동모가 다른 청동유물들과 함께 요북지역 수장급의 무덤(서풍 성신촌, 청원 대호로구, 무순 하협심)에서 주로 출토되는 점을 고려하면, 대외적인 상호작용을 통한 지역 수장층의 정치군사적인 권력 기반 강화 과정에서 수용되어 현지화된 것이라고 생각된다.

선형동부는 초기부터 비파형동검과 공반되는 대표적인 유물이다. 요동지역에는 비파형동검문화의 전단계에 걸쳐 시종일관 보이는데, 요서지역에는 비파형동검문화의 전기 단계에만 분포한다. 또한 돌릉대문을 제외하면 요서지역의 것은 삼각집선문과 사격자문 등의 유문동부 위주인데 비해 요동지역의 것은 초기에는 삼각집선문과 평행집선문도 보이지만, 주로 무문동부 위주이며, 나중에는 사격자문 등의 요서계통 유문동부와 복합된다.

선형동부는 초원계 동부류가 재지화되면서 등장하였다고 생각된다. 크기 및 종횡비로 보면, 요령지역의 이른 시기 선형동부는 종횡비가 큰 대형 동부이며, 늦은 시기 선형동부는 종횡비가 작은 소형 동부임이 틀림없다(이후석 2022). 카라숙계 유공동부에서 확인되는 다중삼각문은 하가점상층문화의 초기 동부(그림 7-17~18)에만 표현되며, 이후 삼각집선문(삼각거치문)이 하가점상층문화의 후기 동부 및 신성자문화와 십이대영자문화의 초기 선형동부에도 채택된다. 다만 쌍방식(그림 7-16)은 독자적인 다조 횡집선문이 표현되어 있어 단선적인 모방보다 능동적인 재지화가 등장 계기라고 생각된다. 이어 등장하는 성신촌식(그림 7-15)과 오금당식(그림 7-14)은 같은 단계라고 생각된다. 쌍방식이 초기 형식임은 동검, 동촉 등의 공반유물 조합 관계로도 검증된다(이후석 2019).

위와 같이 요령지역 비파형동모와 선형동부 등장 배경으로 판단되는 초원계 동모류(유엽형동모)와 동부류(삼각문동부)가 요하 상류권과 하류권의 두 권역에서 모두 확인된다. 공병식동검문화권(하가점상층문화)에는 형성 단계부터 카라숙계 유공동모와 유공동부의 모티브를 계승하는 유엽형동모와 유사 선형동부가 확인되며, 비파형동검문화권(신성자문화/십이대영자문화)에도 유엽형동모와 선형동부가 일찍부터 확인된다. 다만 선형동부가 비파형동검과 거의 함께 등장하는 것에 비해 비파형동모는 유엽형동모로 보아 약간 늦게 등장하였다고 생각된다. 비파형동모와 선형동부는 모두 기원전 8~7세기경 북한지역(덕천 남양리, 평양 표대, 의주)으로 확산되었는데, 역시 비파형동검에 비해 늦게 등장하고 있어 시공간적 확산 맥락을 짐작하게 한다(그림 12).

결국 비파형동검문화의 형성 과정에서 확인되는 동모와 동부는 초원계 유공동모와 유공동부가 중국 서북지역 또는 북방지역에서 재지화되면서 중국 동북지역으로 재확산된 결과 등장하였다고 할 수 있다. 초원계 동모와 동부는 다양하게 변형되었는데, 이는 재지적인 전통과 외래적인 전통이 서로 복합되는 과정에서 생긴 결과이다. 중공 성형 기법이나 천과식의 주조 방식 등의 제작기술 측면에서 보면 초원계 야금술의 전통으로 연결된다.

그렇지만 비파형동검문화권 동모와 동부의 형태와 사용 방식을 추정하면 토착적인 전통이나 개성 역시 무시하기 힘들다고 생각된다. 비파형동검문화권 동모와 동부의 등장 배경에는 청동장인들의 이주 역시 주된 계기 중의 하나라고 생각되나, 집단 간의 상호작용 과정에서 경쟁적인 모방 행위 역시 주목해야 한다. 청동단검문화 형성 과정에서 교통로를 따라 전개되는 청동 네트워크의 흐름 속에 비파형동모와 선형동부의 등장 배경이 설명된다.

IV. 맺음말

만주·한반도지역은 단경식동검문화가 형성·확산되는 단계부터 지역 간의 상호작용이 활성화되면서 동질적인 청동 문화권을 형성한다. 단경식동검문화는 주변 지역과도 구분되는 독자적인 문화권을 이루면서 특징적인 유물 조합 관계를 나타내며, 이는 비파형동검문화가 세형동검문화로 바뀐 이후에도 지속된다. 그렇지만 물질문화 형성 과정에서 초원계 청동기로 연결되는 기술적·양식적 특징들이 적지 않게 확인되고 있어 이로부터 청동 야금술과 특정 양식의 기종들을 수용하였음을 짐작하여 볼 수 있다.

청동단검문화 형성 과정에서 확인되는 초원계 청동기의 대표적인 기종에는 유공동모와 유공동부가 있다. 이와 같은 기종들은 가까이는 중국 북방지역에서 유행했던 카라숙계 청동기와 관련되나 멀리 보면 시베리아 초원지대의 세이마-투르비노계 청동기로 연결되는 면도 확인된다.

기원전 2천년기 전반경에 세이마-투르비노계 청동기는 시베리아지역에서 중국 북방지역으로 확산되었으나, 중국 동북지역에는 청동 야금술과 같은 실질적인 영향력이 미치지를 못하였다. 이후 기원전 2천년기 후반경에 카라숙계 청동기가 확산되는 과정에서 일부 계승되었는데, 황하 상류와 요하 상류 일대의 청동 네트워크가 긴밀해지면서 청동 제련술도 확산된다. 곧이어서 상말주초 단계 이래 요하 상류권과 하류권에 각각 청동단검문화가 형성되는 과정에서 지역화된 유공동모와 유공동부가 등장한다.

요령지역의 비파형동모와 선형동부는 세이마-투르비노계 청동기로 연결되는 카라숙계 유공동모와 유공동부에서 비롯되었다고 할 수 있다. 이를 각각 유엽형동모와 유사 선형동부로 칭할 수도 있겠는데, 엄밀하게 말하자면 중국 북방지역에서 현지화된 이후 요하 상류권과 하류권의 청동단검문화 형성 과정에서 지역 간의 상호작용이 활발해지면서 재확산된 결과라고 할 수 있다. 요하유역의 교통로를 따라 기술적·양식적 속성들과 관련되는 정보들이 전해지고, 모방 제작이 활발해지면서 비파형동검문화권에서도 유공동모와 유공동부가 등장하였다고 볼 수 있다.

유라시아 초원지대에서 만주·한반도로 이어지는 초원계 청동기는 청동 장인들의 이주 및 지역(집단) 간의 선택적인 모방 등이 복합되는 상호작용 결과 확산·변용되었다고 생각된다. 중공 성형 기법이나 천과식의 주조 방식 등의 제작 기술 측면에서 보면 초원계 야금술의 전통으로 연결되는 것이지만, 동모와 동부의 형태와 사용 방식을 추정하여 보면 현지 전통 역시 복합되었다고 할 수 있다. 비파형동검문화의 형성 과정에서 교통로를 따라 전개되는 청동 네트워크의 흐름 속에 비파형동모와 선형동부의 등장 배경이 설명된다. 향후 만주·한반도의 청동단검문화와 관련되는 초원계 청동기 자료들이 증가하여 관련 논의들이 더욱 다양해지기를 기대한다.

〈한국어〉

姜仁旭, 2009, 「기원전 13~9세기 카라숙 청동기의 東進과 요동·한반도의 초기 청동기문화」, 『湖西考古學』 21.

강인욱, 2023, 「고대 한국-카자흐스탄 교류 연구의 현황과 과제 – 유목문화의 성립기에서 이슬람 도입 이전까지를 중심으로」, 『인문학연구』 56, 경희대학교 인문학연구원.

강인욱·김경택, 2020, 「유라시아 연해주 금속 루트와 한반도 청동기의 기원과 계통」, 『인문학연구』 44, 경희대학교 인문학연구원.

김정배, 2007, 「北方 靑銅器文化와 韓國 古代文化의 關係」, 『오르도스 청동기문화와 한국의 청동기문화』, 한국고대학회.

김종일, 2019, 「금속을 녹이다: 금속문명의 도입과 청동기」, 『한국 금속문명사 : 주먹도끼에서 금관까지』, 들녘.

류리·천싱찬 저, 김정열 역, 2019, 『중국고고학 : 구석기시대 후기부터 청동기시대 전기까지』, 사회평론아카데미.

보꼬벤꼬 N·레그란드 S 저, 정석배 역, 2015, 「카라수크문화」, 『동부 유라시아 미누신스크 분지의 고대 문화들』, 단국대학교출판부.

오강원, 2007, 「요령 지역의 청동기문화와 북방 청동기문화 간의 상호 작용과 교류」, 『오르도스 청동기문화와 한국의 청동기문화』, 한국고대학회.

이청규, 2009, 「요하유역 북방계 청동기의 출현」, 『요하유역의 초기 청동기문화』, 동북아역사재단.

이후석, 2019, 「요령지역 비파형동검의 등장과 그 배경」, 『한국고고학보』 111.

이후석, 2020, 「한국 청동기문화권의 청동무기, 그 기원과 전개」, 『한국의 청동기문화 2020』, 국립청주박물관.

이후석, 2022, 「요령지역 비파형동검문화의 네트워크와 교류」, 『고조선의 네트워크와 그 주변 사회』, 주류성.

林澐, 1997, 「중국 동북지역과 북아시아 초원지대의 초기 문화교류에 관한 시론」, 『박물관기요』 12.

David W. Anthony 저, 공원국 역, 2015, 『말, 바퀴, 언어(The Horse, the wheel, and language)』, 에코리브르.

E.A. 노브고로도바 저, 이재정 역, 2005, 『동북아시아와 카라수크 문화』, 고구려 연구재단.

V.I. 몰로딘(Molodin)·강인욱, 2018, 「안드로노보문화와 세이마-투르비노 청동기의 확산」, 『북방고고학개론』, 진인진.

〈중국어〉

高江濤, 2015, 「試論中國境內出土的塞伊瑪-圖爾賓諾式倒鉤銅鉾」, 『南方文物』 4.

郭物, 2016, 「新疆青河縣查幹郭勒鄉考古新收穫」, 『西域研究』 1.

內蒙古自治區文物考古研究所·鄂爾多斯博物館, 2000, 『朱開溝-靑銅時代早期遺址發掘報告』, 文物出版社.

田廣金·郭素新, 1988, 「鄂爾多斯式青銅器的淵源」, 『考古學報』 3.

邵會秋, 2009, 「新疆地區安德羅諾沃文化相關遺存探析」, 『邊疆考古研究』 8.

邵會秋·楊建華, 2011, 「塞伊瑪-圖爾賓諾遺存與空首斧的傳布」, 『邊疆考古研究』 10.

楊建華, 2008, 「商周時期中國北方冶金區的形成-商周時期北方靑銅器的比較研究」, 『公元前2千年紀的晋陝高原與燕山南北』, 科學出版社.

楊建華·邵會秋·潘玲, 2017, 『歐亞草原東部的金屬之路-絲綢之路與匈奴聯盟的孕育過程』, 上海古籍出版社.

烏恩岳斯圖, 2007, 『北方草原考古學文化研究-青銅時代至早期鉄器時代』, 科學出版社.

烏恩岳斯圖, 2008, 『北方草原考古學文化比較研究-青銅時代至早期匈奴時期』, 科學出版社.

劉翔, 2021, 「塞伊瑪-圖爾賓諾遺存發現與相關研究」, 『西域研究』 1.

劉翔·劉瑞, 2016, 「遼寧朝陽縣文管所藏塞伊瑪-圖爾賓諾銅鉾調查及相關研究」, 『考古與文物』 2.

劉瑞·高江濤·孫德銘, 2015, 「中國所見塞伊瑪-圖爾賓諾式倒鉤銅鉾的合金成分」, 『文物』 10.

劉學堂·李溯源, 2008, 「新疆發現的鑄銅石范及其意義」, 『西域研究』 4.

李明華, 連吉林, 格日樂圖, 王瑞梅, 2022, 「赤峰市寧城縣小塘山遺址出土金屬器研究」, 『草原文物』 2.

林梅村, 2014, 「歐亞草原文化與史前絲綢之路」, 『絲綢之路天山廊道-新疆昌吉古代遺址與館藏文物精品』, 文物出版社.

林梅村, 2015, 「塞伊瑪-圖爾賓諾文化與史前絲綢之路」, 『文物』 10.

林梅村 主編, 2019, 『塞伊瑪-圖爾賓諾文化與史前絲綢之路』, 上海古蹟出版社.

林澐, 2011, 「絲路開通以前新疆的交通路綫」, 『草原文物』 1.

田廣金·郭素新, 1988, 「鄂爾多斯式青銅器的淵源」, 『考古學報』 3.

中國社會科學院考古研究所 編著, 1998, 『大甸子 - 夏家店下層文化遺址與墓地發掘報告』, 科學出版社.

韓建業, 2021, 「早期東西文化交流的三介階段」, 『考古學報』 3.

胡保華, 2015, 「試論中國境內散見夾葉闊葉銅鏃的年代,性質與相關問題」, 『江漢考古』 6.

Е.И. 切爾内赫(Chernykh), C.B. 庫慈明内赫(Kuzminykh) 著, 王博·李明華 譯, 2010, 『歐亞大陸北部的古代冶金: 塞伊瑪-圖爾賓諾現象』, 中華書局.

V.I. 莫洛金(Molodin) 著, 達吾力江·瑪麗婭 譯, 2019, 「塞伊瑪-圖爾賓諾現象及其在中亞的表現」, 『塞伊瑪-圖爾賓諾文化與史前絲綢之路』, 上海古蹟出版社.

〈일본어〉

古澤義久, 2013, 「新岩里出土靑銅刀の年代について」, 『中國考古學』 13.

宮本一夫, 2008, 「中國初期靑銅器文化における北方系靑銅器文化」, 『長城地帶靑銅器文化の研究』, シルクロード學研究センター.

小林靑樹, 2014, 「ユーラシア東部における-弥生靑銅器の起源をめぐって」, 『國立歷史民俗博物館研究報告』 185.

松本圭太, 2013, 「ユーラシア草原地帶東部における靑銅器文化の研究」, 九州大學 博士學位論文.

〈영어〉

Barry Molloy, Christian Horn, 2020, Weapons, Warriors and Warfare in Bronze Age Europe, *The Cambridge World History of Violence Volume I* , Cambridge University Press, 117-142.

Chernykh, E.N., 1992, Ancient Metallurgy in the USSR: The Early Metal Age, Cambridge: Cambridge University Press.

Chernykh, E.N., 2008, Formation of the Eurasian "steppe belt" of stock-breeding cultures: Viewed through the prism of archaeometallurgy and radiocarbon dating, *Archaeology Ethnology & Anthropology of Eurasia*, 35(3), 36-53.

Chernykh, E.N., Korochkova, O.N., Orlovskaya, L.B., 2017, Issues in the Calendar Chronology of the Seima-Turbino Transcultural Phenomenon, Archaeology, *Ethnology & Anthropology of Eurasia*, 45(2), 45-55.

Igor V. Chechushkov, Emma R. Usmanova, Pavel A. Kosintsev, 2020, Early evidence for horse utilization in the Eurasian steppes and the case of the Novoil'inovskiy 2 Cemetery in Kazakhstan, *Journal of Archaeological Science: Reports*, 32, 1-10.

Koryakova, L.N. and Epimakhov, A.V, 2007, *The Urals And Western Siberia In The Bronze and Iron Ages*, Cambridge World Archaeology, Cambridge University Press.

Kuzmina. E.E., 2004, Historical Perspectives on the Andronovo and Early Metal Use in Eastern Asia. Metallurgy in the Ancient Eastern Eurasia from Ural to the Yellow River, New York: Edwin Mellen Press, 37-84.

Marchenko. Z.V., Svyatko. S.V., Molodin. V.I., Grushin. A.E., Rykun, M.P., 2017, Radiocarbon Chronology of Complexes with Seima-Turbino Type Objects (Bronze Age) in Southwestern Siberia, *Radiocarbon*, 59(05), 1-17.

Molodin, V.I., Durakov, I.A., Mylnikova, L.N., Nesterova, M.S., 2018, The Adaptation of the Seima-Turbino Tradition to the Bronze Age Cultures in the South of the west Siberian Plain, Archaeology, *Ethnology & Anthropology of Eurasia*, 46(3), 49-58.

〈러시아어〉

В.И, Молодин, И.А. Дураков, 2019, Методлитья《напролив》всеймин ско-турбинской металло обрабатывающей тра-диыии (по м атериалам кротовской культуры), Уральский исторический вестник №. 2019-1(62), С. 48-56.

카자흐스탄 사카 쿠르간의 발달과 동서문명의 교류

강인욱

경희대학교 사학과 교수

* 이 글은 국립문화재연구소 간행 [카자흐스탄 초원의 황금문화](2018 년 출판)과 국립중앙박물관 전시회 도록 [황금인간의 땅, 카자흐스 탄](2018년 출판)에 수록된 필자의 기념논고를 바탕으로 대폭 수정한 것이다.

I. 들어가며 : 유라시아 유목문화 속의 카자흐스탄

지난 100여 년간 한국에서는 방대한 유라시아 대륙을 막연하게 '북방'으로 치부하며 유라시아의 광범하고 구체적인 역사에 등한했다. 하지만 우리의 막연한 관념과 달리 '북방'은 하나의 문화가 아니라 다양한 지역과 문화로 나뉜다. 한국 고고학계에서 '북방'은 대체로 한반도 이북의 초원을 중심으로 하는 지역을 지칭했다. 학자들 사이에서도 '북방'이라 하면, 동아시아의 북부 초원 지대에 거주하며 목축 또는 반목축으로 경제생활을 영위했던 유목민의 문화권역을 말한다(강인욱 2018a: 17-25).

이제까지 북방 지역에서 남부 시베리아, 몽골 그리고 중국 북방지역의 초원에 대한 연구는 많이 있었다. 반면에 상대적으로 거리가 먼 카자흐스탄 초원 지역에 대한 이해는 거의 없다시피 했다. 유라시아에서 카자흐스탄이 가지는 의미는 매우 특별하다. 그 지리적 위상으로 알 수 있듯이 동서 문명의 교차로 역할을 하면서 유라시아 역사의 중심에 있었기 때문이다. 이 책의 첫번째 장에서 살펴본 바와 같이 기원전 4,000년경에 등장한 카자흐스탄의 고대 유목문화는 기원전 8세기를 전후하여 사카문화로 꽃피웠다.

이제까지 한국에서 고대 유라시아 세계를 이해할 때 남부 시베리아 및 몽골 중심의 유목문화 관념이 강하였기 때문에 주로 스키토-시베리아문화권(Scytho-Siberian world)으로 인식하여 왔다. 하지만 흑해 연안에서 중국 신강

지역에 이르는 광대한 중앙아시아의 초원 지역에서는 고깔모자를 쓴 사람들로 대표되는 사카인들이 살아오며 북방 초원문화의 또 다른 한 축을 이루어 왔다.

기원전 6세기 말 사카인들은 근동 지역의 메디아(Media), 우라르투(Urartu), 아시리아(Assyria)와 접촉하였고 아케메네스왕조(Achaemenid Empire)와 전쟁을 벌였다. 당시 기록에는 사카인들이 아케메네스 출신의 페르시아 황제인 키루스 대제를 죽였고, 사카의 토미리스(Tomyris) 여왕이 키루스의 시신을 양가죽 부대에 넣어 던지라고 명령했다고 한다.[1] 이후 사카인은 페르시아와 동맹을 맺고 고대 그리스에 맞서 싸웠고 테르모필레 전투에 참여했다. 마케도니아의 알렉산드로스대왕이 동방 원정에 나섰을 때 맞서 싸운 기록도 남아 있다(카를 바이파코프 지음, 최문정·이지은 옮김(강인욱 감수) 2017: 33-34). 이와 같이 고대 근동세계에서 동쪽 변방의 강력한 군사집단으로 등장했던 사카인들은 동서남북 일대로 그 영향을 미쳤다.

본고에서는 앞에서 상술한 바와 같이, 우리가 막연하게 북방계 또는 스키토-시베리아문화 계통으로 추정하던 유라시아의 초원계 문화가 사실은 초기 스키토-시베리아문화 단계와 후기 사카계 문화로 대별됨을 밝히고, 사카문화의 의의를 크게 네 가지 문제를 중심으로 유라시아 고대와 현대의 맥락에서 살펴보겠다.

II. 카자흐스탄 역사 속의 사카문화

1. 중앙아시아 고대사에서 사카문화의 의의

중앙아시아에서 카자흐스탄은 농경과 유목의 접경 지대에 위치하며 시베리아와 중앙아시아를 잇는 교량 역할을 한다. 카자흐스탄을 관통하여 중국 신장 지역으로 이어지는 톈산산맥에서 녹아내리는 빙하는 선사시대 이래로 유목민

---

[1] 과연 사카가 여왕이나 왕이 존재했던 왕국(kingdom)이었는지는 정확하지 않다. 그들의 궁전 또는 수도로 볼 수 있는 고고학적 유적이 제대로 조사된 적이 없으며, 왕족급 고분이 대부분 도굴되었기 때문이다. 하지만 고대 근동 및 그리스의 기록에 보이는 사카는 고대 세계(Classical Aniquity period; 주로 서양 고고학에서 쓰는 편년단계로 그리스-로마시기를 의미함)와 대등한 세력이었음을 감안하면, 이미 국가급의 사회단계였음을 추정할 수 있다.

<그림 1> 만년설의 천산산맥과 초원, 그리고 농경지
농경과 유목에 모두 적합한 이 지역의 특징을 상징적으로 보여준다(필자촬영).

〈표 1〉 중앙아시아 지역별 주요 고고학적 연구 현황 및 연구자

국가	연구 개척자	연구 지역	주요 연구 주제	비교
카자흐스탄 북부	Z. 사마셰프 K. 아키셰프 E. 쿠즈미나	서북부 알타이 지역 유목문화의 쿠르간 동부 사카문화 쿠르간	안드로노보문화 파지리크문화 사카문화	중앙아시아의 유목경제를 대표하는 사카문화권
카자흐스탄 남부	K. 바이파코프	남부 톈산산맥 일대	오아시아 도시화, 농경 도입	
키르기스스탄	A. 베른시탐 Yu. 자드네프로스키 마손 부랴코프	톈산산맥 일대 이리강 유역 탈라스계곡	오아시스 도시 오손문화 토동묘(강거국)	오손문화 등은 신장위구르 자치구 서부와 같은 문화
우즈베키스탄	P. 샤키르	사마르칸트 호레즘 부하라	소그드왕국 초기 불교 박트리아문명	
타지키스탄	리트빈스키 세도프	판지켄트를 중심으로 하는 서부에 집중	박트리아 쿠산 토차리스탄	사라즘으로 대표되는 박트리아문명에 집중
투르크메니스탄/ 아프가니스탄	V. 사리아니디	아프가니스탄 북부 투르크메니스탄 동부	박트리아	최근 연구활동은 거의 알려진 바가 없음

은 물론, 오아시스를 중심으로 정착생활을 한 주민들에게도 유용했다(그림 1).

또한 소비에트 성립 이후 중앙아시아를 효과적으로 통치하려는 소련의 정책으로 서부 시베리아의 상당 부분까지 확장된 거대한 카자흐스탄이 성립되었다. 그 결과 카자흐스탄의 고고학 연구 또한 사카로 대표되는 초원계 문화와 남부 톈산산맥 일대의 오아시아를 중심으로 하는 도시들에 집중되어 발전했다. 위의 〈표 1〉에서 보이듯이 1990년대까지 중앙아시아 5개 국가의 주요한 고고학 연구자와 유적지를 보면, 중앙아시아의 나라들 대부분은 박트리아, 쿠샨 등 헬레니즘과 중국의 영향을 함께 받은 동서 문명의 교차로 역할을 하였다는 것에 중요한 의의가 있다. 이러한 관점에서 본다면 카자흐스탄의 사카문화는 초원문화와 농경문화가 공존하는 독특한 위상을 점하고 있음을 알 수 있다.

2. 고대 역사 속의 사카문화

사카는 고대 사서에서 다양한 모습으로 기록된다. 먼저 헤로도투스는 그의

저서 '역사'에 스키타이(흑해연안) 동쪽의 다양한 집단들을 기록했고, 그들은 다양한 사카족으로 비정된다. 그들의 위치를 서에서 동쪽으로 보면 스키타이 동쪽에 있는 집단은 사르마트(카자흐스탄 서부 및 우랄산맥), 마사게티아(Massage-tiae), 이세도니아(카자흐스탄 동부), 아리마스페이(카자흐스탄 동북부) 등에 비정되며 가장 끝에는 유명한 '황금을 지키는 그리핀' 등으로 묘사했다.

또한 아케메니드 왕조 및 다양한 근동의 문헌에 기록된 사카는 다음의 4집단으로 나뉜다. ① 사카 티그라하우다(Sakā tigraxaudā, 고깔모자를 쓴 사카)(도면 1) ② 사카 하우마바르가(Sakā haumavargā, 하오마를 마시는 사카)로 크게 대별된다. 그 외에도 ③ 사카 파라드라야(Sakā paradraya, 바다건너편의 사카), ④ 사카 파라수구담(Sakā para Sugdam, 소그드인 건너편의 사카) 등이다. 이들 이외에도 이세도네스(Issedones), 아리마스피(Arimaspi), 황금을 지키는 그리핀(Gold guarding Griffin), 히페르보레아(Hyperborea) 등이 있다.

사카 티그라하우다의 북쪽인 이세도네스는 대체로 카자흐스탄 중부의 타스몰라 문화 분포지역과 부합한다. 또한, 황금을 지키는 그리핀은 1990년대 알타이 남부 우코크 고원지대의 발굴로 파지릭문화에 비정하는 것이 정설로 되었다. 이에 따라 황금을 지키는 그리핀보다 서쪽에 있는 아리마스페이는 카자흐 동북지역의 파지릭 문화계통인 베렐 고분군 일대를 지칭하는 것으로 볼 수 있다. 히페르보레아는 워낙 변방에 있는 얼음의 나라로 보기 때문에 현재로서는 정확한 위치로 비정하기 어려우며 사카계통이라는 증거도 뚜렷하지 않다. 한편, 카자흐스탄의 서부 카스피해 일대는 사브로마트로 비정된다. 따라서 탁사이와 레베죠프카 등은 사브로마트 문화의 한 갈래로 볼 수 잇다. 물론, 이러한 사카계 집단들의 고고학적 인들의 비정은 잠정적이며 학자 간의 이견 또한 적지 않다.

종합하면 사카는 이란어족으로 스키타이[2] 동쪽으로 카스피해에서 신강성 동부의 일리강 유역까지 거주했던 유목계 집단이며, 카자흐스탄을 중심으로 널리 거주했다. 기록에 따라 다소 다르지만, 고고학적으로 말하는 사카인의 문화는 이러한 여러 지역에 넓게 분포하는 유목민의 범위에서 존재하는 쿠르간 및 그와 관련된 유목문화를 통칭하는 개념으로 정립되었다. 스키타이와 비교했을 때에

---

2) 고고학이 아니라 문헌사상의 스키타인. 즉 그리스와 인접했던 스키타이를 말한다.

<그림 2> 아케메니드 왕조에 조공을 하는 사카 티그라하우다(페르세폴리스 궁전 부조)

사카 점유한 땅을 농경에도 적합한 지역이 많기 때문에 비교적 정착민의 흔적도 많이 보인다(그림 2).

　사카 계통의 집단을 사카문화의 멸망 이후로도 이 지역을 대표하는 페르시아-이란계의 주민으로 존속했다. 그리스의 지리학자 스트라본(기원전 63~서기

Bolshoi

24년)의 저서 [지리학]에 따르면 박트리아 일대에는 아시오이(Asioi), 파시아노이(Pasianoi), 토하로이(Tokharoi), 사카라울라이(Sakaraulai) 등이 거주한다고 되어있다. 사카 문화 이후 이 지역에서 존속했던 이란어 계통의 유럽인계통 집단이다. 또한, 흉노의 서진과 함께 사카의 기본적인 세력은 소멸되었지만, 그 집단은 계속 잔존하여 소그드로 대표되는 중앙아시아일대의 노착적인 인도-유럽인계통 문화의 기원이 되었다.

3. 주요 쿠르간 유적

카자흐스탄 동북부 러시아 알타이에서 발굴된 것으로 유명한 파지릭계문화가 존재한다. 대표적인 유적으로 베렐 고분이 있다(Самашев 2011). 카자흐스탄 중부는 초기 스키타이계문화인 타스몰라 문화가 분포하고 이후 사카문화계가 그 뒤를 이어서 이어진다. 카자흐스탄 서부는 사브로마트문화계 문화로 탁사이 유적이 있다.[3] 대표적으로는 황금인간으로 유명한 이식고분, 신라의 적석목곽분과 구조상 가장 유사한 베스샤티르 고분, 실릭티르 등이 있다.

<그림 3> 베스샤티르 3호분에서 바라 본 고분들

1) 베스샤티르 고분(그림 3·4)

사카문화의 가장 대형인 적석계 목곽분은 베스샤티르 무덤군은 알마티시 동북쪽에 위치한 캅사가이 호수의 북안, 일리강 유역에 위치한다. 1957년과 1959~1961년에 키말 아키셰프에 의해 조사되었는데, 31개의 거대한 고분들이 확인되었다(Акишев К.А., Кушаев Г.А. 1963). 모두 18개의 고분이 발굴되었고, 그 주변에 다양한 부가시설들이 확인되어서 지속적으로 제례를 했음이 확인되었다.

베스샤티르 대형 쿠르간은 무덤군의 동북부에 위치하는데, 직경은 104m, 평균 높이는 15m에 달한다. 봉분의 꼭대기는 잘린 듯 한 원추형을 하여 직경이 32m이다. 전반적으로 적석과 점토층을 교대로 쌓았는데, 외형은 적석으로 덮었고 기저부분에 적석층을 마치 피라미드처럼 층층이 쌓아서 붕괴를 방지했다. 또한, 봉분 주변에는 입석(발발)이 수십개로 늘어서있다. 또한 대형 고분인 1호분은 다른 것들보다 북쪽에 위치해 있다. 직경은 52m, 높이는 7.6m이며, 남쪽의

〈그림 4〉 복원된 베스샤티르 고분의 목곽 구조(베스샤티르 고분기념관)

---

3) 1990년대 이후 카자흐스탄의 시대별 연구성과는 다음의 책에 잘 정리되어 있다(Археология Казахстана в эпоху независимости: итоги, перспективы. Алматы: 2011. Т. 1-3).

봉분 높이는 8.93m이다.

고분의 내부에는 천산산맥 일대에 흔히 자라는 가문비나무로 통나무를 만들어서 지상으로 연도를 만들었고, 그 안에 거대한 목실을 만들어 목관을 안치했다. 목실은 크게 연도, 전실과 현실로 구성된다. 연도는 길고 높으며 덮개가 없는 시설로서 규모는 5.75×1.50m, 높이는 5m이다. 무덤방은 정방형에 가깝고 (3.60×3.30m) 높이는 4m이다.

베스샤티르를 발굴한 아키셰프의 추정에 따르면 베스샤티르 대형 고분의 경우 약 5만㎡의 진흙과 돌이 필요하며, 관재로 들어간 낙엽송의 경우 여기에서 200~250㎞정도 떨어진 알라타우 지역에서 온 것도 있다고 한다. 즉 소요된 목곽은 이 정도의 거대한 고분을 축조하기 위한 사회가 존재하려면 엄청난 인력과 시간이 필요했을 것이다. 유감스럽게도 대부분은 도굴이 되어서 남아있는 유물은 그리 많지 않아서, 전체 황금문화의 양상은 거의 알려져 있지 않다.

2) 이식 고분(도면 5~7)

이식[4] 고분군의 황금인간 고분은 카자흐스탄을 대표하는 유적이다. 신라에 천마총이 있다면 카자흐스탄에는 황금인간 고분이 있다고 해도 과언이 아니다. 이 황금인간 고분이 굳이 천마총에 비유되는 이유는 황남대총을 조사하기 위해서 먼저 발굴을 한 작은 무덤에서 엄청난 발견이 이루어졌듯이, 이식 고분도 우연한 기회로 조사되었고 도굴이 되지 않아 사카문화의 요체를 알려 주는 유일무이한 무덤이기 때문이다.

이식 고분군은 알마티에서 동북쪽으로 50㎞인 지점에 분포하였으며 전체 고분군의 면적은 약 3㎢에 달한다. 지금은 주변에 마을이 들어서면서 일부 고분이 마을 안쪽에 포함되기도 하고, 파괴된 무덤도 적지 않으나, 원래 규모는 좀 더 컸던 것으로 보인다. 황금인간의 무덤이 발굴된 직후에 이식고분 박물관이 건립되고 전체 고분군을 보존하면서 약 80여 기의 고분을 국보로 관리하고 있다. 전체 이식 고분군에서도 직경이 30~90m이고 높이는 15m에 이르는 대형 고분은 약 45기 정도가 남아 있다. 사실, 이식 고분군 규모의 무덤 유적은 그리 드물지

---

4) '뜨거운'이라는 튀르크어에서 기원한 이름인 이식은 그 근처를 흐르는 이식강에서 이름이 유래했다.

〈그림 5〉 이식 고분군 전경(경희대 이진형 촬영)

않다. 예컨대 알마티 시내에 있는 보롤다이(Borolday) 고분군도 규모가 비슷하
다. 이식 고분군은 여러 고분군들과 비슷하기 때문에 카자흐스탄 고고학자들의
큰 관심을 끌지는 못했다.

　이식 고분이 세계적인 명성을 얻게 된 계기는 1969~1970년에 이루어진 황
금인간 고분의 발굴이었다. 이식 고분의 조사는 1969년 4월 이식 지역에 자동
차공장을 만들기 위해서 공장 대표가 공장 부지에 포함된 고분의 구제 발굴을
알마티에 소재한 고고학연구소에 요청하면서 시작되었다. 누루무한베토프는 이
요청을 접수하고 사진가 메드베데프(Medvedev)와 실측을 담당한 손(П. Сон)[5]
과 현장 작업을 시작했다. 황금인간 유물은 카자흐스탄을 대표하는 고고학 유물
이 되었고, 당시 연구의 책임자인 아키셰프는 대부분의 출판물에 기록되었듯이
황금인간의 발굴자로 남았다. 실제 그는 발굴을 지휘했고, 카자흐스탄 고고학의
중심에 있었다. 하지만 세부적인 상황을 보면 결정적인 역할을 한 사람은 누루
무한베토프였다. 일반인들로서는 상상할 수 없는 꼼꼼함과 치밀함으로 유적을
살폈고, 마지막까지 발굴의 뒷정리를 담당했기 때문이다. 누루무한베토프는 예
상치 않은 엄청난 발견에도 결코 당황하거나 서두르지 않고 치밀하게 대응했다.

---

5) 이름으로 볼 때 손 또는 송씨 성을 가진 고려인으로 추정된다. 황금인간의 고분에 고려인이 참여했다
　는 것만으로도 큰 의의가 있다고 할 수 있다. 다만, 손은 초기에 조사를 담당했다가 오트라르(Otrar)
　발굴단으로 파견되었고 이후 다른 화가가 도면을 담당했다.

<그림 6> 이식 고분 발굴 정황(좌) 및 봉분 단면(우)

그 결과 황금인간 고분은 도면도 자세히 그려지고, 4,000점에 이르는 황금 유물도 상세히 기록되고 복원되었다. 지금 황금인간의 복식 및 각 유물에 대한 구체적인 연구가 가능한 이유가 바로 여기에 있다.

한편, 황금인간 고분의 발굴이 성공적으로 이뤄졌지만, 정작 황금인간의 두개골은 유실되었다. 이 인골은 발굴 당시의 연구를 통해 16~17세 정도의 청소년이며 골반뼈에 화살에 맞은 흔적이 있어서 전쟁에서 살해된 것으로 추정되었다. 발굴 직후 전체 인골 자체의 행방을 찾지 못하다가 최근에야 인골을 발견했는데, 두개골은 사라진 상태였다(Мухтарова Г.П. и др. 2016). 아마 당시 형

<그림 7> 이식 고분 출토 황금유물과 그것을 형상화한 카자흐스탄의 국가상징

질인류학적 연구를 위해서 모스크바나 레닌그라드의 연구소로 보내는 와중에 분실했을 가능성이 크다.

이식 고분의 의의는 바로 21세기 카자흐스탄의 정체성을 강화하는 데에 이용된다는 데에 있다. 실제 왕족급 또는 베스샤티르 고분과 같은 대형고분의 경우는 실제 황금이 부장되었겠지만, 실제로 발견된 황금은 거의 없다. 반면에 이식에서는 완벽한 황금 유물이 출토되었기 때문에 이식의 황금인간 고분에서 출토된 황금 장식은 카자흐스탄 국장(國章)으로 사용될 정도로 카자흐스탄의 상징이 되었다.

3) 신강 일리~투르판지역 고분(도면 8~11)

사카문화의 적석계 목곽묘는 인접한 신강 일리지역을 일대로 널리 분포한다. 실제로 1950년대 이후부터 신강 이리자치주 일대에서는 사카인 특유의 모자를 쓴 청동상(그림 8)을 비롯하여 다양한 같은 일리강 유역에서도 중국 쪽에 속하는 신강성 이리 카자흐자치주의 고분은 중국 고고학계에서는 토돈묘라고도 한다. 사실상 카자흐스탄 지역의 사카고분과 같은 연장선상에서 파악할 수 있다.

중국 고고학계에서 적석계 고분을 '토돈묘'로 부르는 이유는 외형상 원형이며 정상부가 마치 잘려나간 듯 납작한 형태를 하기 때문이다. 물론, 양자강 유역의 토돈묘와는 관련이 없다.

사실상 카자흐스탄 동부에서부터 신강성 일대까지 일리강 유역의 거대한 적석계 목곽분은 같은 입지조건이다. 즉, 산자락의 강가 하안지대에서 강의 흐름과 직교하는 방향으로 일렬로 분포하여 카자흐스탄 동부의 사카무덤의 분포와 일치한다. 카자흐스탄 지역에서는 베스샤티르 고분이 가장 대형이며, 중국 신장 경내에서도 직경이 수백 미터에 이르는 고분들이 다수 조사되었다. 대형고분은 직경 250m 이상, 중형은 100~150m 내외이며, 소형은 50m 내외이다(中國科學院新疆分院民族研究所考古組 1962). 적석을 쌓는 방법은 지역적으로 서로 상이한데 대체로 표면에 적석을 깔고 층층이

〈그림 8〉 중국 신강성 일리지역에서 발견된 사카인의 청동상(王林山 2008)

점토와 적석을 쌓는 경우가 많은 편이다. 적석계 목곽분의 분포는 카자흐스탄 서부의 일리강 유역일대에서만 한정적으로 분포한다. 적석계 목곽분의 동쪽으로의 확산은 제한적이지만, 대신에 사카 특유의 황금 장식은 동쪽으로 널리 확산된다.

이리 지역의 대형고분은 1961년 소소(昭蘇; Mongghul Kürä)와 종마장(種馬場)과 살륵와보촌(薩勒臥堡村)에서 소형과 중형의 고분이 발굴되어 밝혀지게 되었다(中國科學院新疆分院民族研究所考古組 1962).

봉토는 20㎝ 정도의 표토 밑으로는 80~100㎝의 회갈토로 봉토를 쌓았다. 그 밑에는 다시 70~100㎝ 정도의 적석을 쌓았고 그 밑에 묘광이 나오기 직전에 15~40㎝의 흙을 다시 깔았다. 파지릭문화의 경우 별다른 봉토없이 돌을 1m 내외로 깐 것과 비교했을 때에 적석(또는 즙석[6])의 아래 위로 흙으로 만든 봉토를 더 보강했다는 차이가 있다. 또 다른 고총고분으로는 이리(伊犁) 카자크자치주의 공내사(巩乃斯) 유적이 있다. 공내사(巩乃斯) 고분군은 동남쪽으로 천산산맥에서 내려오는 여러 강줄기 중에서 가장 큰 공내사하(巩乃斯河, 위구르어로 Künes)의 대지에 분포하는 데, 그중 17기가 발굴되었다(新疆社會科學院考古研究所 1985). 한편, 유물상을 보면 양골만 부장되었고 마구가 전혀 발견되지 않았으며, 유물이 매우 빈약하며 유목문화계통의 유물은 전혀 없다는 점에서 다소

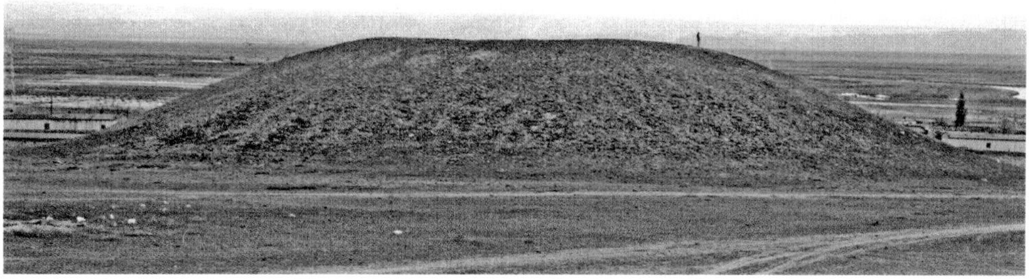

<그림 9> 신장 일리지역 공내사 고분 전경

6) 적석(積石)은 돌을 몇 층에 걸쳐서 두껍게 쌓아올린 것이라면 즙석(葺石)은 대체로 1m 이내로 얇게 쌓아올린 경우를 말한다.

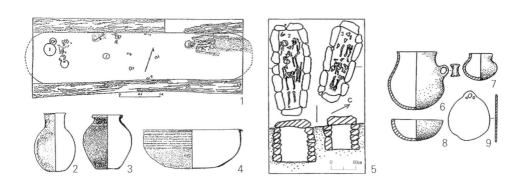

<그림 10> 신강 일리지역 공내사 고분과 그 출토유물

이질적이다.

위의 두 무덤과 달리 아랍구(阿拉溝, 위구르어 Alghu) 고분은 제티수 지역의 사카고분과 유사한 매장풍습과 유물이 발견되었다(中國社會科學院考古研究所新疆隊 1981). 아랍구(阿拉溝) 유적은 우르무치-투르판-화정(和靜)사이의 천산산맥 중간의 산맥자락에 위치하는 있다. 동북-서남 방향으로 약 10여 미터 간격으로 일렬로 배치된 무덤군으로, 1976년과 1977년에 4기를 선별해서 발굴했다. 그중에서 18호와 30호에 대한 자세한 보고가 되어 있다. 18호 무덤은 폭 3.2m, 넓이 1.6m, 깊이 6.1m의 묘실을 만들었고, 무덤의 주위에는 장방형의 석열을 돌렸다. 묘광의 내부는 ①모래, ②모래,자갈 ③자갈,돌무지 ④목곽묘 순으로 메

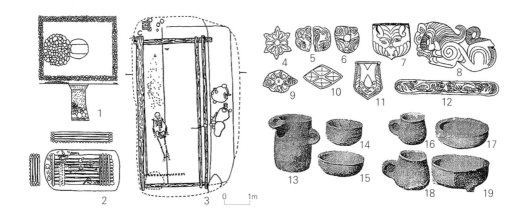

<그림 11> 신강 아랍구 고분과 그 출토유물

웠다. 매장주체부는 직경 10-24㎝의 나무를 이용해서 만든 관으로 이루어졌다. 또 다른 발굴된 30호 무덤은 대형으로 묘실의 크기는 6.56m×4.22m× 7.1m(깊이)로 대형 목곽 또는 목실(귀틀)묘에 가깝다. 시신은 목관의 남편 벽에 거의 붙어서 발견되었는데, 이러한 매장행위는 한-러 공동발굴된 카타르-토베를 비롯하여 카자흐스탄의 사카문화에서 주로 발견되는 것이다.

III. 카자흐스탄 사카문화의 주요 특징

1. 사카 적석계 목곽분[7]의 출현 배경

사카문화를 가장 특징적으로 규정짓는 문화적 요체는 거대한 적석계 목곽분의 축조에 있다. 카자흐스탄의 동부 제티수(Zhetysu)[8] 지역에는 적석계 고분으로 대표되는 사카 유적이 분포한다. 그 외에 카자흐스탄 중부는 초기 스키타이계 문화인 타스몰라(Tasmola) 문화와 카자흐스탄 서부 및 우랄산맥 일대에는 사우로마트(Sauromat)와 사르마트(Sarmat)문화가 분포한다. 카자흐스탄 서부의 탁사이(Taksay) 유적과 우랄산맥의 포크롭카(Pokrovka) 유적이 대표적이다 (국립문화재연구소·카자흐스탄국립박물관 2018; 96-115).

사카문화의 적석계 목곽분은 제티수 지역을 중심으로 북쪽의 파지리크문화, 동쪽의 중국 이리카자흐자치주 지역에도 분포한다.[9] 사카문화 적석계 목곽분의 분포 범위는 매우 넓으며 형식상의 변이도 매우 심하다. 봉분의 형태가 원형, 방형, 위가 잘린 피라미드형(截臺形) 등으로 여러 형태이고, 매장주체부의 위치는 수혈식, 연도를 설치한 수혈식, 동실묘 등이 주를 이룬다. 또 표토층을 정지(整地)한 후에 그 위로 무덤을 쌓는 신라의 적석목곽분 같은 지상식 고분도 있다.

---

7) 적석계 목곽분이라 함은 사카 지역 일대의 고분을 통칭하는 것으로 신라의 적석목곽분과 구분되는 의미로 사용한다.

8) 제티수(Zhetysu)는 일곱 개의 강이라는 뜻으로, 이 지역을 흐르는 일곱 개의 강 유역을 일컫는 지명이다. 최근까지는 러시아어 세미레치예(Semirechye)로 잘 알려진 지역이다.

9) 중국에서는 토돈묘(土墩墓)라고 부르는데, 강남 지역의 토돈묘와는 외형만 다소 유사할 뿐 완전히 다른 형식이다.

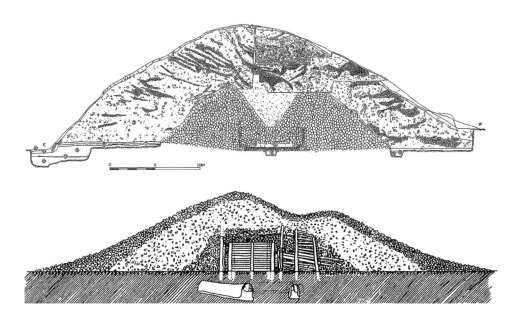

<그림 12> 신라 천마총(상)과 카자흐스탄 베스샤티르 고분(하) 단면 비교

이렇게 무덤 형식이 다양한 연유는 사카문화의 적석계 목곽분이 특정 집단의 전유물이 아니라, 광범위한 지역의 유목 집단에서 사카의 문화적 요체를 공유하며 다양한 방법으로 활용했기 때문이다. 즉 흙과 적석을 이용해 봉분을 높게 쌓고 석열을 둘러서 제사를 지내는 용도로 사용했음은 공통적이지만, 각 지역에 따라 고분의 축조 양식은 달라졌다(그림 12).[10]

같은 고분군에서도 목곽의 위치, 봉분의 형태 등이 워낙 다양하기 때문에 한마디로 규정하기 어렵다. 다만, 봉분을 외형적으로 높이 올리기 위해서 각 지역의 돌과 흙을 이용해 적절히 쌓았다는 표현이 알맞을 것이다. 실제로 2017년에 국립문화재연구소가 카자흐스탄 국립박물관과 공동 발굴한 제티수 지역의 카타르토베(Qatar-Tobe) 고분의 경우 봉분에 적석이 전혀 없었다. 바로 주변의 고분에서 거대한 적석을 했던 것과 좋은 대조를 이룬다. 예컨대 전라남도 남부

10) 강인욱, 「신라적석목곽분의 기원과 북방문화론의 시작」, 『2017 Asian Archaeology 국제학술심포지엄—최신 발굴자료로 본 유라시아의 고대문화』(국립문화재연구소, 2017), pp.205-216; 변영환, 「몽골 파지릭 고분의 공간적 분포와 의미—파지릭 고분 분포양상에 대한 시험적 고찰」, 『인문학연구』 31(2016), pp.153-185.

의 전방후원분(또는 장고분)의 경우 형식 및 축조 방법이 상당히 정형화되었기 때문에 일본 고분시대의 유적 및 유물과 비교 가능하다. 하지만 사카 고분은 워낙 지역도 넓고 형식적으로도 통일되지 않았다. 단편적인 비교를 통한 기원설 또는 자생설 이전에, 우리가 주목해야 할 부분은 바로 사카가 마치 산언덕과 같은 외형으로 거대한 고분을 만들었다는 상징성이다.

세부적인 봉분의 축조방법에서는 변이가 심하지만 모든 무덤은 공통적으로 죽은 자를 위한 통나무집을 의미하는 목곽을 축조했고[11], 외형에는 돌과 흙으로 거대한 지상 기념물을 산과 같은 형태로 쌓았다. 이렇게 사카인들이 집도

〈그림 13〉 카타르 토베 고분 목곽내 발굴 상황

없으면서 거대한 고분을 짓는 이유는 유목민들의 생활을 파악하면 쉽게 이해가 된다. 언제나 유목하며 자신의 거주지를 옮기는 유목민들에게는 수도도 왕궁도 없기 때문에 무덤이 각 집단을 대표하는 기념물로 역할을 한다.

신격화된 부족장의 무덤을 파괴하면 그 부족은 사실상 종말을 고한다는 믿음의 실체는 헤로도토스의 『역사』에서 근거를 확인할 수 있다. 페르시아의 다리우스왕이 선봉에 서서 스키타이를 벌하기 위해서 원정을 떠났다. 보급을 생각하면 40일 정도가 한도였는데, 정작 스키타이의 군사는 원정대를 보기만 하면 도망가기 바빴다. 이에 마음이 급해진 다리우스왕은 스키타이왕에게 그만 도망치고 정정당당히 싸우자는 전언을 했고, 스키타이왕은 "우리는 집이 없이 유목을 하

11) 중앙아시아의 사카계 문화에서 고분이 죽은 자의 유르트를 의미함은 파지리크 고분의 발굴을 통해서 재차 증명되었다. 목곽의 재료로 실제 죽은 자가 평소에 살았던 유르트의 문짝이 사용되기도 했으며, 무덤 벽은 일반 유르트와 마찬가지로 카페트로 장식했기 때문이다(N. V. 플로스막 지음, 강인욱 옮김 2016: 304-305)

는 사람들이다. 당신들이 정벌해야 할 도시도 궁궐도 없다. 정말 우리를 무찌르고 싶으면 우리 조상들의 무덤을 파괴하라"고 답했다(강인욱 2015).

물론, 스키타이왕은 원정대를 조롱하려는 의미도 있었지만, 무덤을 중심으로 부족의 정체성을 강화하는 행위가 이루어졌음은 사실이다. 유목민들은 겨울 목초지와 여름 목초지 사이를 이동하는 가운데 특정한 날을 정해서 자기 조상 또는 부족장의 무덤에 모여서 다양한 의식을 거행했다. 샤먼의 의식 및 우유 음료를 마시는 의식이 이어지고, 무덤 근처에는 회합을 기념하는 다양한 암각화를 새겼다. 남부 시베리아의 보야르 암각화를 보면, 무덤 회합 풍습의 한 장면이 기록되어 있다. 또 카자흐스탄에서도 세계 문화유산으로 지정된 탐갈리(Tamgaly) 암각화에 샤먼을 중심으로 잔치를 벌이는 모습이 잘 표현되어 있다(그림

〈그림 14〉 카자흐스탄 탐갈리 암각화에 새겨진 청동기시대 샤먼 축제 광경

14). 그리고 여름 목초지에서 겨울 목초지로 옮기기 직전인 초가을에 무덤을 축조했다. 여름 목초지에 모여서 지난 1년 사이에 죽은 사람들을 위한 무덤을 만들고 장례 및 제사를 지낸 다음 겨울 목초지로 이동했다. 유목민들의 무덤 축조 시기는 파지리크 고분에서 발견된 말 미라 위 속에 남겨진 건초의 종류와 상태로 밝혀졌다. 조상의 무덤은 따로 모일 곳이 없는 유목민들에게 유일한 회합장소였다. 이러한 이유로 유목사회가 성장할수록 각 부족장들은 자신의 권위와 부족의 번영을 위하여 경쟁적으로 대형 고분을 축조했다(그림 15).

한편, 대형 고분의 축조는 역설적으로 도굴의 표적이 되기 쉬웠고 지금도 대부분의 무덤들은 도굴된 상태이다. 중앙아시아 카자흐스탄 초원 일대에 가는 곳

<그림 15> 사카계 적석묘 쿠르간 분포도
(1: 알타이의 파지릭 고분, 2: 미누신스크 타가르문화 살브익 고분, 3: 카자흐스탄 동북부 베렐 고분, 4: 신강 알타이지역 삼도해자(三道海子), 5: 카자흐스탄 베스샤티르 고분, 6: 신강 일리지역 공내사 고분, 7·8: 중국 북방의 적석계고분인 중산국 고군(古郡) 고분)

마다 보이는 커다란 언덕 같은 사카인들의 고분은 대부분 도굴당했다. 거의 예외가 없고, 가끔 도굴되지 않는 무덤이 발견되는 일은 극히 우연한 사건이다. 유라시아 초원 지대에서 도굴이 안 된 고분이 발견되는 경우는 고대 도굴꾼들이 무덤이 있었음을 몰랐거나 얼음으로 갇혀 있거나 했기 때문이다. 고대 도굴꾼들이 고분의 존재를 놓친 경우는 이식 유적의 황금인간 고분이 대표적이다. 이 황금인간의 고분은 이미 가운데의 주요 무덤이 도굴되었지만 그 옆에 황금인간이 묻힌 부곽의 존재가 노출되지 않았다. 또 땅속이 항상 얼어 있는 영구동결대(永久凍結帶) 안에 목곽을 설치하여 얼음 속에서 무덤 내부가 고스란히 보존된 알타이 고분 같은 경우가 있다. 신라 고분의 경우 경주 읍내 한가운데에 위치하고, 크기도 대형이니 아무리 간 큰 도굴꾼도 도굴이 쉽지 않았지만, 사카 고분은 대형 고분으로 초원에서 눈에 잘 띄며 사람이 모여 살지 않는 곳에 위치해 대부분 도굴을 피할 수 없었다.

2. 사카 쿠르간의 동진
: 만리장성으로 확산되는 사카문화 − 월지·임호·누번

카자흐스탄의 적석계 목곽분이 점점이 중국 북방으로 이어지지는 않지만, 기원전 4세기를 중심으로 중국 북방 지역에서 사카계 황금문화가 널리 확산된다. 기원전 4세기를 중심으로 감숙회랑 지역의 서융(西戎), 오르도스 일대의 누번(樓煩), 산서성 북부의 임호(林胡), 그리고 요령성 서부의 동호(東胡)라는 세력들이 등장했다. 이들은 이후 흉노에 편입되어 거대한 흉노로 통합되었지만, 기록에 따라서는 각자의 원래 이름으로 등장하기도 한다(강인욱 2018a).

기원전 4세기대 이후에 호, 흉노, 임호, 누번 등의 이름으로 등장하는 중국 북방의 유목민들은 그 이전부터 중국 북방에서 존재했던 유목민들(즉, 융적계통)과는 다른 계통이라는 점은 이미 임운(林澐)의 논저 『융적비호론(戎狄非胡論)』에서도 지적된 바 있다. 유목민이라고 다 같지 않았다. 또 기원전 4세기를 기점으로 유입되는 새로운 유목민 세력들은 중국 서북방에서 월지라고 하는 세력으로도 등장했다. 쿠샨-박트리아 왕조의 기반이 되는 대월지는 중국 서북방에서 처음 등장했다가 나중에 아프가니스탄 북부의 대월지로 이어지기 때문에 많은 논란이 있었다. 그런데 최근에 감숙회랑 지역에서 카자흐스탄부터 중국 북부로 이어지는 서융(西戎)의 세력이 고고학적 유적으로 확인되면서 이 문제의 실마리가 보였다.

마가원 유적을 중심으로 감숙 회랑 일대에서 전국시대 중기~말기(대략 기원전 4세기 전후)에 해당하는 유적에서 강한 사카계 문화의 요소가 확인되어다. 즉, 카자흐스탄 동부에서 신장지역과 감숙회랑 일대에 거주했던 사람들이 기원전 4세기를 전후해서 중국 북방에 퍼져 분포하였고, 급격히 토착화되면서 일부는 중국에 동화되고, 일부는 흉노에 편입되었다고 볼 수 있다. 새롭게 밝혀진 고고학적 현상은 그간 중국 북방과 중앙아시아에서 그 실체가 애매했던 월지(月氏)의 발흥과도 연계시켜서 생각해볼 수 있다. 문헌상의 연구에 따르면 월지는 중국 서북방에서 아프가니스탄 북부로 이동했다고 본다(오다니 나가오 저, 민혜홍 역 2008). 이를 사카계 문화의 동진과 연결시켜 본다면 월지는 서융과 함께 감숙회랑 일대에서 번성했다가 중국 서북방 지역에 진나라가 강력하게 발흥하면서, 원래 고향 쪽으로 이동했을 가능성이 있다.

이러한 기원전 4세기를 전후하여 중앙아시아의 사카계 문화와 동아시아 문명의 교류는 다양한 유물로도 확인된다. 사카와 중국 북방지역과의 교류는 '견마무역(絹馬貿易)'으로 대표되는 비단과 말이 중심이었다. 그 외에도 중국에서 필요로 했던 중앙아시아의 물건으로는 모피, 옥 등이 있다. 반면에, 중앙아시아 각 지역에서는 중국의 칠기, 비단, 동경 등 장신구와 위신재를 중심으로 그 수요가 많았다. 사카 황금유물의 동쪽으로 확산되는 과정은 이러한 중앙아시아와 전국시대 중국 제후국 사이의 고대 실크로드 형성과 관련되어 있다.

먼저 모피를 보자. 『삼국지(三國志)』 위지(魏志)에서는 『위략(魏略)』의 「서융전(西戎傳)」을 인용하여 정령(丁令)[12]에서 흰여우(白昆子), 푸른 여우(靑昆子) 등이 유명하다고 기록했다. 즉 전국시대에는 고조선 일대에서 유명하던 모피가 한대(漢代)에 이르러서는 알타이 산악 지역에서도 유명함이 알려진 것이다. 실제로 알타이 지역의 파지릭문화에서는 다양한 모피가 실제 발굴되었다.[13]

옥의 경우 전통적으로 신장 호탄지역의 옥은 동서교류의 근거가 되어서 옥의 길이 제안될 정도이다. 나아가서 사키 이후 이 지역에서 번성했던 월지(月氏)가 호탄지역에서 생산되는 옥을 부르는 우씨지옥(禹氏之玉)의 '우씨'에서 유래되었다 하는 견해가 있다.

또 다른 중앙아시아의 특산품으로는 명마가 들 수 있다. 조(趙)나라 무령왕(武寧王)의 호복기사(胡服騎射)로 대표되듯이 중국 북방지역은 급격하게 군마를 갖추어야 했다. 그러한 과정에서 중국 제후국들에게 양질의 말을 수입하는 것은 매우 중요한 현안으로 대두되었다.

한편, 중앙아시아의 사카계 문화권에서 필요했던 사서에는 기록되지 않았지만 고

〈그림 16〉 알타이 부그리 고분 출토 중국 칠기 (Чугунов 2017)

---

12) 알타이와 남부 시베리아에 존재했던 중앙아시아 토착의 인도유럽인계통의 민족으로 비정된다.

13) 알타이 우코크 고원의 아크-알라하 고분 출토품이 대표적인 사례이다(N. V. 폴로스막 저, 강인욱 역 2016).

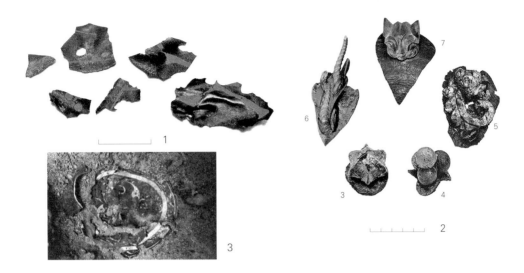

<그림 17> 파지릭과 신강성 출토 칠기 및 칠을 한 마구

고학적 유물로 출토된 파지릭문화에서 출토된 중국계 칠기가 있다. 또한, 신강 알라고우에서도 칠기와 중국제 비단편이 출토되었다. 1930년대 쉬베 파지릭 고분의 발굴에서 칠기편이 발견된 바 있다(그림 16). 당시에는 흉노의 노인-울라 고분과 비교하여 사천지역의 칠기가 유입된 것으로 보았다(Степная Полоса Азиаской части СССР в скифо-сарматское время -Археология ССCP 1992). 그런데 최근의 쉬베, 바샤디르 등 기존에 알려진 칠기의 분석결과 노인울라 출토와는 다르다는 것이 밝혀졌다. 또한, 파지릭 고분 출토의 안장과 마구 등에 칠을 한 흔적도 확인되었다(그림 17).

이들 전통은 기원전 6~5세기 중국 북방의 진국(晉國)에서 수입하거나 또는 그 영향으로 파지릭문화에서 자체 제작했다는 연구가 제출되었다(Новикова О.Г., Степанова Е.В., Хаврин С.В. 2013). 진국은 기원전 403년에 한·조·위 삼국의 소위 '삼가분진(三家分晋)' 사건 이전에 진나라와 제나라 사이에 존재했던 중국 북방의 강한 제후국이었다. 진국의 칠기가 파지릭문화 일대에 유입되었다는 점은 당시 이 지역과의 무역이 있었음을 의미한다. 나아가서 파지릭 문화의 가장 왕족에 해당하는 파지릭 고분의 마구와 의복에 칠이 도입되었다는 것은 단순한 이러한 칠기의 수입에 그치지 않고 칠기 사용의 문화가 파지릭의 귀족과 왕족들에도 도입되었음을 의미한다.

한편, 사카문화와 교류했었던 중국 북방의 제후국들은 위에서 살펴본 진국(晉國) 이외에도 중국 서북지방에서 서융 및 중앙아시아 일대의 유목민들과 접경하며 교류했던 진(秦)나라, 제나라는 일찍이 연운항 및 고조선과의 모피교역 등 무역을 통하여 국가의 이득을 극대화했던 산동반도에 위치한 제(齊)나라, 그리고 전국시대 제후국의 동북쪽에 위치하여 흉노 및 고조선과 접했던 연(燕)나라 등이 꼽힌다.

진나라의 경우 마가원으로 대표되는 서융세력을 자신의 판도 안에 끌어들였으며, 춘추전국시대 진나라의 여러 유물에서 초원지역 풍격의 유물이 많이 출토된다. 진나라가 본격적으로 등장한 때는 기원전 9세기 진비자(秦非子)이고, 31대 손인 영정이 기원전 221년에 진시황으로 등극하기까지 600여 년간 중국 서북방의 제후국으로 존재했었다. 진의 왕과 귀족의 고분에서 출토된 특유의 장식성이 강한 진식검(秦式劍) 또는 화격검(花格劍)은 동물장식과 함께 초원지역과 중원의 중간에 있는 진의 성격을 잘 보여준다(裴建隴 2017). 기원전 7세기경 진목공(秦穆公; 기원전 659~621년) 때에 서융을 제압하고 이 지역의 패권을 잡은 이래 지속적으로 서쪽의 유목민족들을 받아들여 자국의 일원으로 만들었다.[14]

연나라의 경우 신장두 30호묘의 무덤에서 발견된 사카계 황금과 인물상으로 그 흔적을 알 수 있다. 연나라와 같은 동북쪽 변방에 위치한 제후국에 사카계 문화가 유입될 수 있었던 배경으로는 연장 진개의 활동이 주목된다. 사서에 따르면 진개가 조선을 침략하기 전에 호(胡)에 볼모로 잡혀서 다년간 그 장수로 활동했다. 대체로 호(胡)는 흉노와 동일시하는 것이 정설인데, 진개가 활동했던 당시에 흉노는 강력한 제국이 아니라 임호, 누번, 정령 등 다양한 세력이 흉노의 세력으로 재편되는 시점이었다. 상기한 바와 같이 진개가 활동한 시기는 흉노의 성립시기로 사카문화의 유입이 본격적으로 이루어진 시기이다. 즉, 신장두 30호묘로 대표되는 연국의 사카계 황금 유입은 연국의 북방 초원민족과의 전쟁과 교류상의 반영으로 볼 수 있다.

마지막으로, 중국 제후국과 중앙아시아 지역의 또 다른 교류 거점으로 산동반도가 주목된다. 산동반도에서도 중앙아시아 지역과 교류한 흔적들이 확인된

---

14) 1974년 거연(居延)에서 발견된 죽간에 쓰여진 '진호(秦胡)'는 진나라에 포섭된 오랑캐들을 통칭한다.

다. 먼저 페르시아계통의 은합이 제의 청주 서신묘에서 출토된 바 있다(李零 2014). 서신묘에서는 제법도의 주범까지도 발견되었으며 이 열판문기명은 중국 내에서도 자체적으로 출토된 바가 있다. 운남 석채산 유적에서도 열판문 동두 4 건이 출토되었으며, 임치시, 서한 남월왕묘, 안휘성 북두산, 강소성 등 4군데에 서 발굴되었다. 이 중에서 서신무덤만 전국시기이고 나머지는 서한초기로 편년 되는 것이 주목된다. 주조가 아니라 타출기법으로 만들었고 중국 경내에서 주조 한 것으로 밝혀졌다. 또한, 비슷한 은제 연판문기명은 원산지인 서아시아 일대 는 물론 러시아 중부 자우랄 산맥 근처에서도 다수 출토된 바 있다(赵德云 2007).

또한 2015년에는 전국시대 중앙아시아와 산동반도의 관련성을 증명하는 또 다른 증거가 키르기스탄에서 보고되었다. 키르기스탄의 고전(古錢) 연구가 카므 이셰프가 보고한 자료인데, 비시케크 근처 셀렉찌온 역 근처에서 인근의 아이가 옛무덤 근처에서 발견했다는 화폐를 소개했다.[15] 같이 제시된 동전은 제나라의 박산도로 제법화(齊法化)에 속하는 것이다. 키르기스탄 출토 제법화는 하부가 결실되어서 전체 12㎝이다(원래 길이는 18㎝내외임). 제법화는 제나라를 대표 하는 화폐로 제나라 일대에서 전국시대 말기에 통용되었다. 제나라 위왕(威王) 과 선왕(宣王) 대(기원전 378~324년)에 본격적으로 제작하여 유통하기 시작한 바, 키르기스탄의 제법화도 기원전 4세기대가 중심연대로 확인된다. 제나라가 고조선을 비롯한 주변지역과의 바다를 거점으로 한 교역은 최근 고대의 해상실 크로드와 연결시키려는 연구가 있다(刘凤鸣 2009). 나아가서 제나라가 내륙으 로는 중앙아시아 일대가 교류했음을 증명하는 점은 향후 초원 실크로드와 해상 실크로드의 접점을 찾아나가는 데에 근거가 될 것으로 판단된다.

3. 사카 적석계 목곽분과 동아시아

사카의 영향력은 비단 중국 북방 장성 지대에 그치지 않고 한반도 남부로도

---

15) 2015년 2월 15일 키르기스탄 가제타의 인터넷 기사
 (https://www.gazeta.kg/social/35748-v-kyrgyzstane-deti-sluchayno-nashli-samuyu-drevnyuyu-monetu.html)

널리 확산되었다. 최근 필자의 논고에서 사카 계통의 황금 및 청동 동물장식이 중국 북방 장성 지대를 통하여 한반도 남부로, 적어도 기원전 2세기 이전에 유입되었음을 논의한 바 있다. 즉 사카문화의 확산기인 기원전 4~2세기에 이미 한반도 남부와 초원 지역 간의 네트워크가 형성되었으며, 신라의 초원문화에 대한 수용은 적석목곽분의 축조 훨씬 이전에 시작되었다고 보았다(강인욱 2018a: 51-76).

그런데, 문제는 신라의 적석목곽분은 서기 4~5세기에 주로 축조되었으니 처음 경주 지역에 사카 계통의 문화가 유입된 이후 500~600년이 지났다는 것이다. 따라서 단순하게 사카문화의 도입과 병행해서 볼 수는 없다. 사실 적석계 목곽분이 신라의 적석목곽분의 기원이 되는지는 흥미로운 주제이지만, 다른 한편으로 기존의 연구는 유라시아 지역에 대한 정보가 결여된 채 일제강점기의 선입견이 이어진 결과였다(강인욱 2017: 205-216). 신라의 적석목곽분을 북방 초원계 문화와 직접 연결시키려는 노력은 일제강점기에도 있었고, 해방 후에는 최병현의 연구가 있다. 그런데 제대로 된 연구라기보다는 가설적인 수준의 비교였다. 이 연구에서는 파지리크보다는 베스샤티르와 같은 사카의 고분을 더 주목하기도 했다. 실제로 신라 적석목곽분의 기원을 알타이 지역의 파지리크문화보다 카자흐스탄 제티수(세미레치예) 지역의 적석계 목곽분과 비교하면 알 수 있을지 모른다고 생각할 수 있다.

신라의 적석목곽분은 지상에 나무로 만든 방을 만들고 시신을 안치했지만, 알타이 파지리크 고분은 지하에 만들었다. 반면에 지상에 무덤을 만드는 적석계 목곽분은 베스샤티르에 있다. 하지만 신라의 적석목곽분과 사카의 적석계 목곽분의 관계는 그렇게 간단하지 않다. 적석계 목곽분은 알타이, 신장, 카자흐스탄 동부 지역 등에서 엄청나게 넓은 지역에 다양하게 분포해 있다. 심지어 2017년에 국립문화재연구소에서 발굴한 카타르토베 고분군에서는 아예 적석이 없는 고분이 나오기도 했다.[16] 그런데, 실제로 많은 조사가 이루어지지 않는데, 그 이유는 대부분 도굴되었고 유물이 많지 않기 때문이다.

---

16) 2016년에 조사된 2군 8호 고분은 직경 27m에 높이 2,1m에 달하는 크기지만 적석은 전혀 없이 약간의 자갈이 섞인 흙으로 만든 봉토로 이루어졌다.

이렇게 거대한 고분은 사카인들이 조상을 숭배하고 권위를 과시하기 위해서 세웠고, 실크로드를 따라서 중국 신장 지역까지 확산되었다. 뒤에서도 보겠지만, 당시 거대한 고분을 세우는 전통은 초원 지역에 널리 퍼져 있었다. 그중에서 사카인들이 돌무더기와 흙을 교대로 쌓아서 거대한 고분을 만드는 풍습이 당시 초원을 따라 활발히 교류하던 실크로드의 사람들에 의해서 전파되었을 것이다. 사카 계통의 황금 유물이 이미 기원전 4세기에 북경 일대로 확산되었으며, 적어도 기원전 2세기에 경주 일대까지 확산된 것도 이러한 인적 교류를 포함한 정보의 네트워크 형성과 관계가 있다(강인욱 2018a: 16-21).

우리는 흔히 문화의 전래라면 일정한 간격을 두고 점점이 비슷한 유적이 나올 것으로 기대한다. 하지만 거대 고분의 축조는 단순히 외부와의 문화 교류 이상으로, 하나의 사회에 거대한 고분을 축조해야 하는 필요성과 노동력 및 건축 기술이 확보되어야 한다는 내적인 요건이 충족되어야 한다. 또 족장이나 왕족의 권위를 다른 기념물이 아닌 고분으로 표현하는 풍습은 각 지역의 토착 집단이 제한된 인력과 재화를 무덤에 투여할 수 있게 하는 이데올로기와 조상에 대한 의례 풍습과도 관련된다. 따라서 사카문화와 같은 거대한 고분은 각 지역에 따라서 선별적으로 만들어진다. 예컨대, 사카의 거대한 적석목곽분은 신장 일대 투르판 지역을 중심으로 더 이상 동진하지 않는다. 대신에 감숙회랑에서 발견된 서융의 마가원(馬家塬) 유적은 중국 진나라식의 묘제를 차용하여 겉으로 거대한 봉분을 쌓기보다는 지하로 무덤을 깊게 파는 식으로 전환했다. 또 무덤 내부의 양식도 중국 전국시대 양식을 많이 차용했다(甘肅省文物考古研究所 2015; 甘肅省文物考古研究所·张家川自治县博物馆 2008).

한편, 기원전 7~3세기 영하회족자치구(寧夏回族自治區)에서 북경 일대에 이르는 만리장성 지대를 중심으로 거주했던 유목민들(흔히 오르도스 청동기문화라고 함)은 스키토-시베리아문화의 영향을 받았고, 기원전 4세기경에는 사카문화의 영향을 강하게 받았다. 이 유목민들은 무기, 마구, 동물 장식, 황금 장식 등을 수입했음에도 거대한 봉분을 남기지 않았다. 기원전 4세기 오르도스 지역의 왕족급 무덤으로 추정되는 아로시등(阿魯柴登)을 보자. 여기에서는 황금 관모를 비롯하여 엄청난 양의 황금이 출토되어서, 피장자가 왕족급이거나 당시 오르도스 지역 초기 흉노 사회의 가장 상위층이었음은 의심할 바 없다. 그럼에도 이 무덤은 지상에 별다른 표식이 없을 정도로 봉분이 거의 형성되지 않았다.

이와 같이 사카문화의 거대한 적석계 목곽분이 중국 장성 지대에서 축조가 중단된 이유는 몇 가지 이유로 설명할 수 있다. 첫 번째로 오르도스 지역에 거주하던 유목민들은 만리장성을 중심으로 중국의 제후국들과 지속적으로 대립했기 때문에 자신들의 힘을 온전히 무덤의 축조에 들일 수 없었으며, 중심지의 이동도 잦아서 자칫 중국에게 도굴당할 위험이 있었을 것이다. 이러한 정황은 사카계 문화로 대표되는 중국 북방계의 초기 흉노 시기 무덤에는 거대한 봉분의 축조가 완전히 중단되었지만, 이후 기원 전후 한나라 때 흉노의 귀족 무덤은 이미 사카계가 아닌 한나라식으로 축조되었다. 노용올(Noyon uul), 차람(Tsaaram), 골모드(Gol-Mod) 등 대형 고분은 거의 예외 없이 중국 한나라 계통의 무덤 축조방식을 선택했다. 한나라식 고분의 장점은 지하로 깊숙이 들어가기 때문에 상대적으로 외견상 덜 눈에 띈다.

두 번째 이유로는 지리적인 정황이다. 사카의 적석계 목곽분이나 알타이의 적석계 목곽분을 만들기 위해서는 엄청난 양의 전나무를 채벌해야 하고, 짧은 여름 기간에 무덤을 축조해야 하는데, 당시 유목민들에게 결코 쉽지 않은 일이었다. 심지어 알타이 우코크(Ukok) 고원에서는 죽은 사람이 살던 유르트에 사용한 나무를 관에 재활용할 정도였다. 또 근처에서 돌을 쉽게 구하기 어려울 수도 있다. 이러한 상황을 고려하면 오르도스고원 지역은 숲이 거의 남아 있지 않아 적석계 목곽분을 쓰지 않았다고 추정할 수 있다.

세 번째로 중국과 교류에 따른 무덤 장제에 대한 이데올로기의 변화도 원인으로 들 수 있다. 중국과 인접한 지역 및 흉노는 전국시대와 한나라의 묘제를 적극 차용했다. 이는 유목민의 상층부 대부분이 직접 무덤을 만들지 않고 다른 사람들에게 무덤의 축조를 맡기는 전통과 관련이 있다. 그 와중에서 노용올이나 골모드처럼 한나라의 무덤 축조방법이 고스란히 도입될 수 있었다.

이상과 같은 이유를 종합하면 중국 장성 지역 일대로 확산한 사카계통의 집단은 중앙아시아 계통의 적석목곽분에 대한 정보를 인지하고 있었음에도 실제 장제 문화에 구현하지 않았다고 할 수 있다. 경주 지역의 경우도 이미 변한 시기에 사카계 유물이 널리 유입되었지만, 정작 거대한 적석계 고분의 도입은 한참 뒤였다. 또 직접적인 도입이 아니라 경주의 지리 및 환경 조건에 맞게 모티프를 차용하는 정도였다. 즉 경주의 적석목곽분은 기마민족의 도래 등과 같은 동시성의 사건에 따른 결과가 아니라, 수백 년간 이루어진 고대 네트워크의 배경 위에서 신라 사회 내부의 고분 건설이라는 내적 요구가 만나서 이루어진 결과라고 할 수 있다.

4. 현대 카자흐스탄에서 사카문화의 위상

제1장에서 살펴본 바와 같이 카자흐 역사는 크게 선사시대-유목국가의 성립-이슬람 및 몽골 세력권으로의 편입-러시아 세력권으로의 편입-독립이라는 과정을 거쳐서 전개된다. 그런데 사카문화는 하나의 문화단계를 넘어서 카자흐스탄이 소련으로부터 독립하면서 카자흐민족의 정체성이 형성된 유목문화로 강조되기 시작한다. 그 이유는 다음과 같은 세 가지로 정리할 수 있다.

첫 번째로 이슬람, 몽골, 러시아 등 외부 세력의 영향을 받기 이전에 발달한 유목문화라는 점에서 카자흐의 독자적인 문화를 상징할 수 있다. 1991년 갓 독립한 카자흐스탄 정부는 이식 유적 황금인간 고분 출토의 황금장식을 국장(國章)의 모티프로 차용했고, 알마티시에서는 시청 앞에 황금인간 동상을 세우며 도시의 상징으로 내세웠다.

두 번째 이유는 자기의 역사를 남기지 않은 카자흐와 같은 유목민족들에게서 문명 발달의 계통성(lineage)을 뚜렷하게 드러내는 고고학적 증거가 남아 있다는 점이다. 기원전 5세기~기원전 4세기로 편년되는 이식 유적의 황금인간 고분에서 25자의 명문이 발견되었는데, 이 글자가 19세기 말 오르콘 강가에서 야드린체프(Ядринцев Н.М.)가 발견한 8세기 튀르크 비석의 문자와 거의 동일하여 판독이 가능할 정도이다. 물론 완벽한 해석은 학자들 간에 이견이 있지만, 분명한 점은 1,000년 이상의 세월을 두고 거의 유사한 문자체계가 유지되었다는 점이다. 따라서 이 지역에 최초의 제국을 세운 튀르크와 사카의 관계가 매우 밀접함이 밝혀지고 있다. 사카와 튀르크의 관계는 궁극적으로 카자흐를 중심으로 하는 유라시아 초원에서 점진적인 문화 발전에 따른 국가 형성 과정으로 볼 수 있다.

세 번째로는 흑해 연안에서 우랄 지역을 거쳐 남부 시베리아로 이어지는 초원 지대의 유목문화를 강조하는 스키토-시베리아문화권의 연구에 대한 카자흐스탄 측의 대응적인 차원이다. 소련 시절 구밀료프(Гумилев Н.Л.)의 범유라시아주의(Евразийство)가 제창되고 러시아의 유라시아지역 패권이 강조되었다. 그리고 이에 발맞추어 르이박코프(Рыбаков Б.А.; 1908~2001) 같은 고고학자는 슬라브의 기원을 스키타이문화에서 찾기도 했다. 사실 러시아를 스키타이인의 후예로 간주하는 인식은 17세기 이래 유럽의 관점으로, 마치 동이 또는 오랑캐라는 이미지로 변방의 사람들을 비하하던 중국처럼 유럽에서 슬라브인을 비하하는 도구였다. 그런데 19세기 이후 시베리아가 본격적으로 개발되고 러시아도 강대국으로 발돋움하면서 슬라브 민족주의가 등장한다. 러시아에서 슬라브 민족주의가 득세하면서 스키타이문화를 강조하기 시작했고, 이러한 고고학 연구의 분위기는 소련 시대로 이어져 지금도 계속되고 있다. 러시아가 유라시아의 패권을 추구하며 스키타이를 강조하자, 거기에 맞서 카자흐스탄이 독자적인 사카문화를 부각시키는 것이다.

이러한 러시아와 카자흐스탄의 역사를 둘러싼 미묘한 감정은 실제로 푸틴 대통령과 나자르바예프 대통령 사이의 국가 건국 시기를 둘러싼 논쟁으로 표출된 바 있다. 푸틴은 러시아의 진출 이전에 카자흐스탄에 국가가 없었다고 발언했고, 나자르바예프는 반발하며 15세기에 자니벡과 케레이가 카자흐칸국을 건국한 일을 교과서에 반영하도록 지시를 내린 바 있다.[17] 이렇듯 사카문화는 실제 고고학적 의의와는 별도로 러시아에서 독립한 카자흐스탄의 국가적인 정체성을 상징하는 유목기마문화로 거듭나고 있다.

IV. 맺으며

본고에서는 카자흐스탄의 사카 쿠르간이 가진 동서문명 교류속의 의의를 살펴보았다. 사카문화의 쿠르간은 카자흐스탄을 규정짓는 유목문화의 특징을 잘

---

17) Президент Казахстана открыл в столице памятник основоположникам Казахского ханства Керею и Жанибеку (https://www.inform.kz/rus/article/2273839) Kazinform신문 2010년 6월 1일 기사(2018년 9월 1일 검색)

보여 준다. 이식 고분의 명문에서 보듯이 카자흐스탄의 사카문화가 이후 튀르크, 소그드 등으로 이어지는 이 지역 토착 유목문화의 특징을 결정하는 주요한 출발점이라는 데에서 그 의의가 크다.

본고에서 본 바와 같이 만리장성 지역은 물론, 북쪽으로는 파지리크문화, 남쪽으로는 티베트, 윈난까지 이어지는 사카문화의 영향력은 한반도의 변한과 초기 신라에서도 확인된다. 즉 한반도 남부에 확산되는 최초의 북방계 문화는 사카문화가 유라시아 전역으로 파급되는 맥락에서 이해할 수 있다.

나아가서 카자흐스탄이라는 신생독립국가를 상징하는 문화로 자리매김하는 바, 동서문명의 교류에서 나아가서 21세기 중앙아시아의 역사인식을 파악하는 주요한 단서가 될 것으로 기대한다.

참고문헌

〈한국어〉

강봉원, 2013, 「신라 적석목곽분 출현과 기마민족 이동의 상관관계에 대한 재검토」, 『신라문화』 41, 동국대학교 신라문화연구소.

강인욱, 2008, 「北匈奴의 西進과 신강성의 흉노시기 유적」, 『中央아시아硏究』 13, 중앙아시아학회.

강인욱, 2013, 「중국 서남부 고원지역 차마고도 일대와 북방초원지역 유목문화의 교류」, 『중앙아시아연구』 18-2, 중앙아시아학회.

강인욱, 2015, 『유라시아 역사 기행』, 민음사.

강인욱, 2017, 「신라적석목곽분의 기원과 북방문화론의 시작」, 『2017 Asian Archaeology – 최신 발굴자료로 본 유라시아의 고대문화』, 국립문화재연구소.

강인욱, 2018a, 「북방 유라시아 초원지역과 한반도 교류의 고고학 – 기원전 4~2세기 사카계 문화의 유입을 중심으로 -」, 『한국상고사학보』 100, 한국상고사학회.

강인욱, 2018b, 「총설: 북방 고고학의 범위와 개요」, 『북방 고고학 개론』, 중앙문화재연구원 편, 진인진.

국립문화재연구소·카자흐스탄국립박물관, 2018, 『카자흐스탄 초원의 황금문화』, 한국·카자흐스탄 공동조사보고서, 국립문화재연구소.

국립문화재연구소, 2019, 『카자흐스탄 제티수 지역의 고분문화』.

동북아역사재단 편, 2009a, 『史記 外國傳 譯註』, 동북아역사재단.

동북아역사재단 편, 2009b, 『漢書 外國傳 譯註(上/下)』, 동북아역사재단.

박종소, 2016, 「러시아 문학과 스키타이 문명신화: 블록(A. Блок)의 「스키타이인들」을 중심으로」, 『러시아 연구』 26-2, 서울대학교 러시아연구소.

변영환, 2016, 「몽골 파지릭 고분의 공간적 분포와 의미-파지릭 고분 분포양상에 대한 시험적 고찰」, 『인문학연구』 31, 경희대학교 인문학연구원.

오다니 나가오 저, 민혜홍 역, 2008, 『대월지』, 아이필드.

崔炳賢, 1980, 「古新羅 積石木槨墳 研究(上)」, 『韓國史研究』 31, 韓國史研究會.

崔炳賢, 1998,「新羅 積石木槨墳의 起源 再論」,『崇實史學』12, 崇實史學會.

카를 바이파코프 지음, 최문정·이지은 옮김(강인욱 감수), 2017,『카자흐스탄의
　　실크로드』, 국립문화재연구소 미술문화재연구실.

N. V. 폴로스막 저, 강인욱 역, 2016,『알타이 초원의 기마인 – 2500년의 잠에서
　　깨어난 얼음공주와 미라전사들』, 주류성.

〈중국어〉

甘肅省文物考古研究所, 2015,『西戎遺珍』, 北京: 文物出版社.

甘肅省文物考古研究所·张家川自治县博物馆, 2008,「2006年度甘肅張家川回族自
　　治縣馬家塬戰國墓地發掘簡報」,『文物』9期.

甘肅省文物考古研究所·清水县博物馆, 2014,『清水劉坪 : 早期秦文化系列考古报
　　告之二』, 北京: 文物出版社.

故宮博物院·四川省文物考古研究院, 2008,『穿越橫断山脉:康巴地区民族考古综合
　　考察』, 四川省: 四川出版集團.

霍巍·李永宪, 2005,「揭开古老象雄文明的神祕面纱—象泉河流域的考古调查」,
　　『中國西藏』1期.

國立故宮博物院, 2016,『嬴秦溯源 : 秦文化特展』, 臺北: 國立故宮博物院.

馬健, 2011,『匈奴葬儀的考古學探索—兼論歐亞草原東部文化交流』, 蘭州: 蘭州大
　　學出版社.

裴建陇, 2017,「试论出土秦式短剑」,『中国国家博物馆馆刊』3期.

新疆维吾尔自治区, 2011,『新疆古墓葬 : 新疆维吾尔自治区第三次全国文物普查成
　　果集成』, 北京: 科学出版社.

吕红亮, 2010,「西喜马拉雅岩画欧亚草原因素再檢討」,『考古』10期.

乌恩, 1994,「略论怪异动物纹样及相关问题」,『故宮博物院院刊』3期.

王林山, 2008,『草原、天马、游牧人-伊犁哈萨克自治州文物古迹之旅』, 北京: 伊犁人
　　民出版社.

刘凤鸣, 2009,「齐国开辟了东方海上丝绸之路」,『齐鲁文化研究』.

李零, 2014,「论西辛战国墓裂瓣纹银豆—兼谈我国出土的类似器物」,『文物』9期.

張亞莎, 2006,『西藏的岩畫』, 青海省: 青海人民.

張增棋, 1987, 「云南青銅器的'動物紋'牌飾及北方草原文化遺物」, 『考古』9期.

赵德云, 2007, 「凸瓣纹银, 铜盒三题」, 『文物』7期.

中國社會科學院考古研究所新疆隊, 1981, 「新疆阿拉溝竪穴木槨墓發掘簡報」, 『文物』1期.

中國科學院新疆分院民族研究所考古組, 1962, 「昭蘇縣古代墓葬試掘簡報」, 『考古』7·8期.

〈러시아어〉

Акишев А.К, Искусство и мифология саков, Алма-Ата: Изд-во "Наука" Казахской ССР, 1984.

Акишев А.К, Курган Иссык. Искусство саков Казахстана, Алматы: Искусство, 1978.

Бейсенов А.З., Исмагулова А.О., Китов Е.П., Китова А.О. Население Центрального Казахстана в I тыс. до н.э., Алматы: Институт археологии им. Маргулана, 2015.

Деопик Д.В. Всадническая культура в верховьях Янизы и восточный вариант звериного стиля//Культура и иссукство народов средней Азии в дрервности и средневековья, -М, 1979 pp. 62~67.

Литвинский,Б.А., Древние кочевники 'Крыши Мира', Mockba: Наука, 1972.

Мухтарова Г.П. и др. Тайна золотого человека, Almaty: Государственный историко-культурный заповедник-музей ИссыкЮ, 2016.

Бейсенов А. Сакская культура Сарыарки в контексте изучения этн осоиокультурных процессов степной Евразии, Karaganda: Караганды 2011.

Онгарулы А. Саки и савроматы Казахских степей: контакт культур. Сборник научных статей, посвящённых памяти археолог а Бекена Нурмуханбетова, Алматы: Институт археологии им. А. Х. Маргулана, 2016.

Чугунов Исследования кургана 1 могильника Бугры в предгорьях Алта Археологический сборник. 41. Материалы и исследования по археологии Евразии. СПб: Изд-во Гос. Эрмитажа. 2017. pp. 126~142.

Самашев З.С. Берел. Ал маты: «Таймас». 2011. 236 с.

Степная Полоса Азиаской части СССР в скифо-сарматское время -Археология СССР, 1992.

Новикова О.Г., Степанова Е.В., Хаврин С.В. Изделия с китайским л аком из пазырыкской коллекции Государственного Эрмита жа // Теория и практика археологических исследований. С б. науч. тр. Вып. 7. Барнаул, 2013. С.112-124.

05

신라 마립간시기 대외 문물교류와 그 의미
-서아시아계 문물의 도입을 중심으로

양시은

충북대학교 고고미술사학과 교수

Ⅱ. 마립간시기 신라의 대내외적 정치 상황
Ⅲ. 마립간시기 신라 경주의 고고학적 양상
Ⅳ. 마립간시기 외래계 유물과 대외 교류
Ⅴ. 서아시아계 문물의 신라 도입과 확산의 의미
Ⅵ. 맺음말

* 이 글은 2023년 5월 카자흐스탄의 알마티(Almaty)시에서 열린 『한국-카자흐스탄 5천년의 파노라마』 국제학술회의 발표문을 바탕으로 『인문학연구』 제56집(경희대학교 인문학연구원 2023)에 게재한 논문을 다시 수정·보완하여 작성한 것이다.

I. 머리말

마립간(麻立干)은 동북아시아에서 지배자를 지칭하는 '칸(khan)', '가한(可汗)' 등과 동의어인 '간(干)'이 포함된 명칭으로, 『삼국사기』 신라본기에도 지위가 가장 높은 왕의 말뚝 즉 '왕'을 지칭하고 있다. 신라의 마립간시기는 『삼국사기』에 따르면 눌지마립간(417~458년 재위)부터 503년에 중국식으로 왕호를 바꾼 지증왕(500~514년 재위)까지로 대략 5세기 초에서 6세기 초까지이지만, 『삼국유사』 왕력편을 참고하면 나물마립간(356~402년 재위)부터 실성, 눌지, 자비, 소지, 지증왕까지 4세기 중후엽부터 6세기 초에 해당한다. 이에 본고에서는 신라의 왕도인 경주지역에서 기존과는 다른 새로운 묘제인 지상식 대형 적석목곽분이 등장하여 유행하였던 시기가 대체로 4세기 후엽부터 6세기 전엽에 해당한다는 점에 착안하여 후자를 마립간시기로 간주하고 관련 논의를 진행하고자 한다.

이 시기 한반도는 고대 국가의 성장기로, 국가별로 약간의 시간 차이가 있기는 하지만 삼국 모두 대규모 왕성의 축조, 초대형 왕릉의 조영, 대량생산 및 규격화에 따른 토기 양식의 확립 등 국가 전반에 걸쳐 중앙집권화된 왕권국가의 특징이 나타난다. 그리고 중국을 통해 불교가 전래되고, 값비싼 외래 교역 물품과 같은 위신재가 왕성이나 왕릉, 귀족무덤 등에서 확인된다.

특히 본고에서는 한반도 동남부에 자리한 신라가 지정학적인 위치로 인해 외부와의 문물교류가 쉽지 않았음에도 불구하고 왕도였던 경주지역에서 마립간시기에 조영된 지상식 적석목곽분에서 로만 글라스, 장식보검, 금제감옥장신구 등과 같은 서아시아계 유물이 부장될 수 있었던 역사적 배경과 유입 경로 그리고 그 의미를 살펴보고자 한다.

II. 마립간시기 신라의 대내외적 정치 상황

신라는 진한(辰韓)의 소국 중 경주를 기반으로 성장한 사로국(斯盧國)이 발전한 고대 왕권국가이다. 처음에는 박씨, 석씨, 김씨의 세 가문이 교대로 왕을 맡았지만, 나물마립간부터 김씨가 왕위를 독점 세습하였다. 이후 지증마립간 4년(503)에는 '덕업이 날로 새로워져 사방을 망라한다'는 뜻을 가진 '신라(新羅)'로 국호를 획정하고, 중국식으로 '왕(王)'이라는 명칭을 사용하였다.

김씨의 첫 번째 왕이었던 미추이사금의 조카이자 사위였던 나물마립간은 356년에 즉위하였다. 『삼국사기』 신라본기에는 381년에 위두(衛頭)를 전진(前秦: 351~394년)으로 보내 물품을 바쳤다는 기록이 있다.[1] 그리고 신라본기에는 전하지 않지만 『자치통감(資治通鑑)』에는 이보다 앞선 377년에 고구려, 신라, 서남이(西南夷) 등이 모두 전진에 사신을 보냈다는 기록도 전하고 있어 주목된

<그림 1> 마립간시기 신라 왕계표

다. 고구려본기에도 소수림왕이 377년에 전진에 조공을 하였다고 하므로, 당시 신라가 전진에 사신을 파견하였음을 알 수 있다. 고구려는 372년에 전진으로부터 불교를 받아들였는데, 당시 전진왕 부견(符堅)이 사신과 승려 순도(順道)를 통해 불상과 경문을 보내자 소수림왕 역시 전진에 사신을 보내 사례하는 등 전진과 여러 차례 교류한 바 있다.

370년에 모용선비(慕容鮮卑)가 세운 전연(前燕)을 멸망시키면서 중국 화북(華北) 지역을 장악한 전진은 티베트 계통인 저족(氐族)이 세운 국가이다. 서역의 중요성을 잘 인식하고 있던 부견은 371년 전량(前涼: 301~376년)의 9대왕 장천석(張天錫)을 양주자사(凉州刺史) 겸 서역도호(西域都護)로 임명하면서 하서(河西) 지역을 간접적으로 통제하였다. 주지하다시피 하서 지역은 중앙아시아의 여러 소국들과의 직접적인 교류 통로로 전략적 가치가 큰 곳이었다.

이후 전진은 376년에는 전량을 멸망시키고, 양희(梁熙)를 무위태수(武威太守)로 임명하여 서역에 파견하였다. 이로써 전진은 378년에는 서역 10여 개 국가로부터, 381년에는 선선(鄯善: 크로라이나), 대완(大宛), 천축(天竺), 강거(康居) 등 62개 국가로부터 조공을 받았다. 당시 사신들은 한혈마(汗血馬)를 비롯한 서역 각국의 진귀한 물품을 진상하였다. 부견은 383년에는 여광(呂光) 장군을 선봉장으로 삼아 호족 사령관과 한인 부사령관으로 조직된 대규모 군대를 서역으로 보내 구차(龜茲)로부터 항복을 받아내었다. 그리고 구차에 있던 승려 쿠마라지바(鳩摩羅什)를 불러들여 수많은 경전을 한역(漢譯)시킴으로써 불교의 발전에 이바지하였다. 당시 부견의 서역경영 노력은 불교의 저변 확대뿐만 아니라 동서 교역을 위한 토대를 마련하였다는 점에서 중요하다(김병모 2017).

한편 이 시기 고구려의 광개토왕(391~412년 재위)은 후연(後燕)·북연(北燕)과의 경쟁 과정에서 요동 지역을 완전히 차지하였으며, 남쪽으로는 한반도 중부 지역까지 그 영향력을 확대하였다. 고구려는 요동의 주도권을 두고 모용선비와 오랫동안 경쟁하였는데, 삼연(三燕)과의 전쟁 혹은 외교를 통한 인적·물적 교류는 양국의 문화에 상당한 영향을 끼쳤다(양시은 2022).

동북아시아에서 주도권을 잡게 된 고구려는 392년에 신라에 사신을 보내 화

---

1) 『태평어람(太平御覽)』에도 신라국왕이 382년에 위두를 보내 미녀를 바쳤다는 기록이 있다.

친을 맺었다. 이에 나물마립간은 이찬(伊湌) 대서지(大西知)의 아들이자 자신의 조카였던 실성(實聖)을 고구려에 볼모로 보냈다.「광개토왕릉비」에 따르면, 신라가 399년에 백제, 가야와 왜의 연합공격을 받게 되자 광개토왕은 구원 요청을 받아들여 400년에 5만의 군사를 경주로 보냈다. 국가의 큰 위기를 고구려의 도움으로 넘겼지만, 이후 신라는 고구려의 간섭을 받게 되는 처지가 되었다. 그렇지만 이러한 상황은 신라가 고구려는 물론이고 중국 북조(北朝)의 문물에 대한 이해를 높이는 계기가 되었다.

402년에는 나물마립간이 사망하였는데, 그 아들들이 아직 어려 1년 전에 고구려에서 돌아온 실성이 왕위에 올랐다. 실성마립간은 즉위 원년(402)에 왜와 우호를 맺고 나물의 셋째 아들인 미사흔(未斯欣)을 왜에, 412년에는 나물의 둘째 아들 복호(卜好)를 고구려에 볼모로 보냈다. 그리고 나물의 첫째 아들 눌지까지 고구려에 볼모로 보내려고 시도하다가 오히려 고구려의 지원을 받은 눌지의 반격으로 처형되었다.

실성에 이어 417년 왕위에 오른 눌지마립간은 424년 장수왕에 사신을 보내며 고구려와의 관계를 유지하였다. 고구려 장수왕(412~491년 재위)은 427년에 수도를 압록강 유역의 국내성에서 대동강 유역의 평양으로 천도한 이후, 475년에는 백제의 수도였던 한성(漢城)을 점령하고 금강 북안까지 그 영역을 확장하였다.

장수왕은 탁발선비(拓跋鮮卑)가 세운 북위(北魏: 386~534년)와도 여러 차례 교섭하는 등 중국과의 교류를 꾸준히 이어가면서도 독자적인 세력권을 구축하였다. 397년에 후연을 멸망시킨 북위는 이 시기 화북지역의 맹주로 등장하였는데, 대규모 선비족 군대를 이끌고 남조의 송(宋)을 공격하였고, 남흉노의 명맥을 이어가던 하(夏), 모용선비의 북연, 그리고 서역 고장(姑臧)에 거점을 둔 북량(北涼)을 차례로 정복함으로써 439년에는 화북지역을 통일하기에 이르렀다. 북량을 멸망시킨 북위는 중앙아시아까지 진출하였으며, 이로 인해 중앙아시아의 소그드 상인들의 활동이 활발해지면서 동-서 간 문물 교류가 더욱 강화되었다.

한편, 강성해진 고구려가 지속적으로 남진 정책을 취하는 것에 위협을 느낀 백제 비유왕은 433년 눌지마립간에게 사신을 보내 화친을 청하였다. 당시 신라는 고구려의 간섭에서 벗어나고자 했는데, 이는 450년 신라 하슬라성(현 강릉)

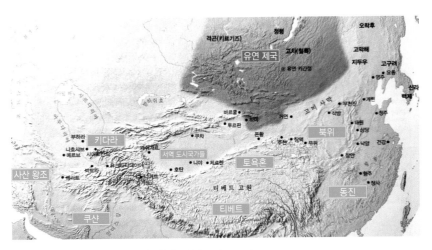

<그림 2> 5세기경 유라시아의 세력도(김호동 2016)

의 성주가 실직(현 삼척)의 들판에서 사냥을 하던 고구려의 장수를 살해한 사건
이나 455년 고구려가 백제를 침범하자 눌지마립간이 군사를 보내 백제를 구원
한 사건 등으로 이어졌다.

　458년에는 눌지마립간의 첫째 아들인 자비마립간이 즉위하였다. 자비마립
간은 재위 기간에 왜인의 침입을 여러 차례 물리쳤으며, 삼년산성(三年山城)과
모로성(毛老城), 일모성(一牟城) 등 여러 성을 쌓고, 수도를 방어하기 위해 명활
성(明活城)을 수리하는 등 신라의 관방체계를 대대적으로 정비하였다. 479년에
는 자비마립간의 첫째 아들인 소지마립간이 즉위하였다. 이 시기에는 백제의 한
성을 차지한 고구려가 지속적으로 공격했기 때문에 신라는 이를 막기 위해 성곽
을 정비하고 백제와의 동맹을 유지하였다.

　500년에는 지증마립간이 즉위하였다. 지증마립간 역시 관방을 정비하고, 신
라의 제도와 체제를 대대적으로 개편하였다. 후속 작업은 법흥왕(514~540년
재위)이 이어받아 불교를 공인하고, 율령을 반포하였으며, 관복을 제정하는 등
국가의 통치체제를 정비함으로써 신라의 왕권을 공고히 하고 나아가 삼국통일
의 기반을 마련하였다.

　이상에서 살펴본 바와 같이 마립간시기에는 이전과는 달리 김씨가 단독으로
왕위를 계승하면서 왕권 강화를 위한 다양한 노력을 하였다. 마립간시기 초반에
는 백제, 가야와 왜의 연합전선에 따른 위협에 대응하기 위해 고구려에 전적으

로 의지할 수밖에 없었는데, 특히 400년 광개토왕이 5만의 군사를 경주로 보내 신라를 구원한 사건은 이후 신라의 정치와 문화 전반에 지대한 영향을 주었다.

그리고 한반도 동남부라는 지정학적인 위치로 인해 중국과의 직접적인 교류 가 불가능한 신라였지만, 나물마립간은 377년과 381년에 고구려의 도움을 받아 화북지역을 장악하고 있던 전진과 교류하였다. 이는 신라 역사상 처음으로 맺은 중국 왕조와의 직접적인 외교 관계였다.

III. 마립간시기 신라 경주의 고고학적 양상

앞서 언급한 바와 같이 신라는 진한 12국 가운데 경주를 기반으로 성장한 사로국이 주변의 소국들을 통합하면서 성장한 고대 왕권국가이다. 『삼국사기』에 따르면, 기원전 57년부터 고려에 통합되는 935년까지 약 1,000년간 경주를 왕도로 삼았다. 마립간시기인 4세기 중후엽부터 6세기 전반까지 중앙집권국가로 도약하려던 신라 최고지배층의 노력은 경주 일원에 남아있는 유적과 유물에 잘 드러난다.

마립간시기 경주에는 왕이 평상시에 거주하던 궁성으로 금성(金城)과 월성(月城)이, 비상시에 임시적으로 거처하던 명활성(明活城)이 있었다.

금성은 신라 초기부터 궁성이었던 것으로 기록되어 있으나 현재 그 위치가 분명하지 않다. 나물마립간 38년(393)과 눌지마립간 28년(444) 기사에 왜인이 금성을 포위하였다는 기록이 전하고 있어 마립간시기에도 금성이 존재하였음을 알 수 있다.

월성은 경주분지 남쪽에 있는 반월형 모양의 토성으로, 이른 시기부터 축성과 관련한 기사가 전하지만 본격적으로 궁성으로 사용된 것은 마립간시기부터이다. 최근의 발굴조사 결과에 따르면, 월성의 서쪽 성벽은 나물마립간시기인 4세기 중엽 전후에 기초부를 조성하였고, 인신공희(人身供犧)를 비롯한 체성부 축조는 4세기 후반부터 5세기 초까지 이루어졌다고 한다(장기명 외 2022). 명활성은 경주 동쪽 외곽에 있는 산성으로, 발굴조사를 통해 처음에는 토성이었으나 중간에 석성으로 개축되었음이 밝혀졌다. 기록에 따르면, 고구려 장수왕이 백제의 한성을 침공하기 몇 달 전인 475년 1월에 자비마립간이 명활성으로 거처를 옮겼고, 488년에서야 소지마립간이 월성으로 다시 천거(遷居)했다고 한다.

여하튼 지금까지의 발굴조사 결과를 종합하면, 마립간시기에는 높은 토루(성벽 너비 37m, 높이 10.4m 이상)와 외부의 해자로 구성된 방어 시설을 갖춘 월성을 궁성으로 이용하면서, 성 내부에도 점차 건축물이 들어서게 되었다. 왕도에 대규모 토목 건축물을 축조하는 행위는 고대 국가로의 발전기에 왕권 강화와 긴밀하게 관련된 것으로 이해된다.

이 시기 경주 지역에서 두드러지는 경관적 현상으로는 월성의 축조 외에도 월성 북쪽의 평야에 조영된 초대형 고분군을 들 수 있다. 이들 적석목곽분은 구조적으로 목곽과 적석부, 원형 또는 타원형의 크고 높은 봉토와 호석을 갖추고 있는 것이 특징이다. 대형 적석목곽분의 규모나 축조에 들어가는 공력, 그리고 금과 은을 기조로 한 화려한 복식품과 장신구, 장거리 대외 교역을 통해 입수한 금속용기나 유리기는 물론이고 품질과 그 물량에서 지방의 대형 무덤과는 확연한 차이를 보이는 부장품 등은 이들 무덤의 주인공이 신라 최고지배층임을 시사한다. 이 역시 무덤의 고대화(高大化)를 통해 최고지배층의 권위를 과시하고 나아가 왕권을 강화하고 안정적으로 계승하기 위한 작업의 일환이며, 신라가 중앙집권화된 고대 국가로 나아가는 과정으로 볼 수 있다.

주지하다시피 국가의 통치 제도가 완비되고 왕권이 안정화되는 6세기 중엽

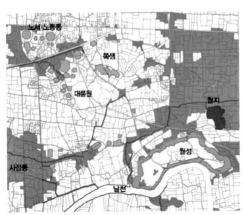 

①월성과 고분군(심현철 2018) ②대릉원과 월성(ⓒ국립중앙박물관)

〈그림 3〉 월성과 대릉원 일원의 고분군

부터는 월성 인근의 평야 지역에 더 이상 초대형 적석목곽분이 축조되지 않으며, 대신 경주의 외곽지역에 새로운 묘제인 석실분이 조영된다. 석실분 단계에는 값비싼 물품을 다량으로 부장하던 풍습 역시 확인되지 않는다.

한편, 마립간시기 경주 지역에 등장한 초대형 적석목곽분에 대해서는 무덤의 독특한 구조와 화려한 황금 유물 및 로만글라스 등의 부장품으로 인해 그 기원과 계통에 대한 여러 견해가 존재한다. 이원적 계통관과 북방설, 신라 목곽묘의 자체 발전설 등이 바로 그것이다. 이원적 계통관은 적석부와 목곽부를 구분하여 보는데, 목곽묘에 지석묘 하부의 적석이 결합하여 적석목곽묘가 발생하였다는 설과 목곽묘에 고구려 적석총의 적석이 결합하고 원형 봉토가 씌워져 신라의 적석목곽분이 되었다는 두 가지 설이 있다. 북방설은 시베리아 초원지역의 쿠르간이 동진하여 왔다는 것으로, 구체적으로는 남러시아 초원길의 스키타이 쿠르간이나 알타이 등의 목곽묘에서 그 기원을 찾고 있다. 마지막으로 자체 발전설은 울산 중산리유적에서 적석목곽묘가 발견된 이후 등장한 견해로 신라식 목곽묘가 자체적으로 발전하여 적석목곽묘가 출현하였다고 본다. 이에 따르면, 신라의 적석목곽묘는 목곽묘의 사방에 돌을 채우는 사방적석식에서 목곽 위에도 적석하는 상부적석식으로, 다시 지면에 목곽을 설치하고 그 주위와 위에 적석한 다음 봉토를 씌운 지상적석식으로 변화한다(김용성 2014).

경주분지 중앙에 군집을 이루고 있는 이들 고분군은 신라 왕도의 경관을 구성하는 매우 상징적인 조형물로, 마립간이라 불리는 신라의 최고지배층이 고분군 조영에 적극 관여하였을 것으로 판단된다. 초대형 고분 주변에는 중소형 고분이 군집을 이루고 있는데, 각 고분군은 일정한 기획에 따라 배치되었다(김재홍 2022). 초대형 고분은 월성의 남쪽에서부터 119호-106호(전 미추왕릉)-98호 표형분(황남대총)-155호-90호 표형분-125호(봉황대)-134호 표형분-130호(서봉황대)의 순으로 배열되어 있다.

이들 고분 중에는 단독분 외에 2개 적석목곽분의 봉분이 서로 맞물려 마치 표주박 모양을 한 표형분(瓢形墳)도 존재한다. 황남대총의 경우 '부인대(夫人帶)'라는 명문이 적힌 은제 허리띠 장식이 출토된 북분은 여성, 남분은 남성의 무덤임이 밝혀졌다. 황남대총은 남북 길이 120m, 동서 지름 80m인 초대형으로, 남분의 높이는 21.9m, 북분은 22.6m이다. 신라의 표형분 중에서 규모가 가장 크

| ① 전경 | ② 남분 |

<그림 4> 황남대총(ⓒ국립중앙박물관)

고 주인공들이 화려한 황금 장신구로 치장하고 있으며, 부장품의 수준과 물량이 엄청나다는 사실은 황남대총이 마립간과 왕비의 무덤일 가능성을 보여준다.

그러나 황남대총이 발굴된 지 50년이 지났음에도 불구하고, 무덤의 축조 시점에 대한 논의는 여전히 진행 중이다. 402년에 사망한 17대 나물마립간설과 458년에 사망한 19대 눌지마립간설로 대별된다.

Ⅳ. 마립간시기 외래계 유물과 대외 교류

전술한 것처럼 마립간시기 경주의 대형 적석목곽분에서는 이전 시기에 비해 엄청난 수준과 수량의 유물이 발견된다. 이 중에서 외래계 유물은 신라의 대외 문물교류를 파악하는데 매우 중요한 자료이다. 선행 연구를 통해 서아시아, 중앙아시아, 인도, 동남아시아, 중국, 고구려, 백제, 가야, 왜 등 여러 나라에서 제작된 물건들이 다양한 경로를 통해 신라로 유입되었음이 밝혀졌다. 본고에서는 중앙아시아를 포함한 서아시아, 중국, 고구려에 국한하여 살펴보겠다.

1. 중국계 유물

신라는 한반도 동남부라는 지정학적인 위치 때문에 국가성립기부터 한반도 북부에 존재하던 낙랑군을 통해서 중국과 교류했는데, 고구려 미천왕이 313년과 314년에 낙랑군과 대방군을 정복하면서 중국과의 직접적인 문물교류가 사실상 불가능하게 되었다. 그럼에도 신라는 다양한 채널을 통해 중국과 지속적으로 교류하였는데 신라 고분의 외래 출토품과 불교 미술품은 그 증거이다. 당시 교류는 해로와 육로를 이용하여 이루어졌을 것으로 추정되지만, 마립간시기 해로 이용의 구체적인 증거는 아직까지 발견된 바 없다.

신라의 대중국 교류는 고구려와 백제와 비교하여 그 시기가 늦고 접촉의 양상도 단조롭다. 나물마립간 22년(377)에 전진과의 교류로부터 시작하여 진평왕 연간까지 총 15차례 양(梁), 진(晉), 북위, 북제(北齊) 등 중국 남북조 정권과 접촉한 것으로 알려져 있다. 전진과의 교류는 고구려를 통해 이루어졌으나, 이후 지증마립간과 법흥왕대에는 독자적 행보를 취하며 중국 남북조 정권과 동시에 외교 관계를 구축하였다. 특히 양나라와의 교류는 남조 불교의 극성기와 시기가 일치하여 신라 사회에 남조 불교문화의 유입이 이루어지는 계기가 되었다(조윤재 2014). 이후 신라의 대중국 교류는 한강유역으로 진출한 6세기 중반 이후에 본격적으로 전개되었으며, 당나라와의 활발한 교류는 주지하는 바와 같다.

전술한 바와 같이 마립간시기에는 여러 정황상 대중국 교류가 제한적일 수밖에 없었다. 황남대총을 비롯한 일부 적석목곽분에서 중국에서 제작된 것으로 추정되는 청동제 용기와 도구, 거울 등이 발견되고 있으나, 그 수량은 많지 않다. 중국 중원 양식의 이들 청동용기는 한나라 이후에는 더 이상 유행하지 않으며, 오히려 4세기대 삼연 유적과 고구려의 수도였던 집안의 우산 68호와 칠성산 96호 적석총 등에서 발견되고 있어 특징적이다.

금관총에서 출토된 초두의 경우에는 뚜껑에는 연꽃무늬가, 긴 손잡이 끝부분에는 용머리가 조각되어 있는데, 이는 북위대 정지사탑(靜志寺塔) 출토품과 유사하다.

황남대총 북분에서 출토된 흑갈유 반구호는 동진(東晉)대의 것으로, 마립간시기 신라에서 발견된 유일한 중국 자기이다. 또 황남대총에서

〈표 1〉 마립간기 중국계 유물

유구	중국계 유물
황남대총 남분	청동쟁반, 청동초두, 청동다리미, 동경, 남청색 유리그릇
황남대총 북분	흑갈유반구병, 청동다리미(熨斗), 남청색 유리잔
금관총	청동초두, 호자
천마총	청동초두
서봉총	청동초호, 동경, 화폐, 남청색 유리그릇
식리총	청동초두
미추왕릉 C4호묘	청동초두

① 청동거울(남분)　　　　② 흑갈유병(북분)　　　　③ 유리그릇(남분)

<그림 5> 황남대총 출토 중국계 유물(ⓒ국립중앙박물관)

출토된 짙은 남청색의 유리그릇과 유리잔은 북연의 풍소불묘나 북위대 무덤 출토품과 비슷하다. 서아시아 지역에서는 이와 비슷한 형태와 색상의 유리기를 찾아보기 어려우며, 대롱불기 기법의 유리그릇은 북위 태무제(太武帝: 408~452년 재위) 때도 만들어졌다.

다만 앞서 언급한 바와 같이 마립간시기 신라의 대중국 교류는 고구려의 협조를 받아 시작되었을 가능성이 크다. 적석목곽분에 부장된 중국제 물품 역시 고구려의 협조를 받아 중국에 가서 직접 혹은 고구려로부터 간접적으로 받아들였다고 보는 것이 합리적이다. 이차돈(異次頓)의 순교에 따른 불교의 공인(527년) 전에 이미 승려 묵호자(墨胡子)가 고구려에서 신라로 왔다는 기록 역시 이러한 양상을 짐작케 한다.

2. 고구려계 유물

신라는 백제, 가야와 왜의 연합전선에 대응하기 위해 고구려와 관계를 맺었다. 나물마립간시기에는 고구려의 도움을 받아 377년과 382년에 중국 전진에 사신을 보냈으며, 실성과 나물마립간의 아들 복호 등은 고구려에서 오랜 기간 체류하였다. 400년에는 광개토왕이 보낸 5만의 군대가 경주에 내려와 위기에 처한 신라를 도와주었는데, 그로 인해 고구려 군대가 한동안 신라 영토 내에 주둔하였다.

〈표 2〉 마립간기 고구려계 유물

유구	고구려계 유물
황남 109-3·4	도끼날철촉, 금제이식
황남대총 남분	십자뉴은합, 청동합, 청동시루, 청동정, 착두형철촉
황남대총 북분	Y자형금제장식, 태환이식, 식리, 철경
금관총	청동유개사이호
천마총	청동정
서봉총	은합
호우총	청동호우

마립간시기 고구려와의 긴밀한 관계는 신라지역에 고구려 문물이 다량 유입되는 계기가 되었다. 신라 중심부에서 확인되는 고구려 문물의 존재는 일찍부터 주목을 받았는데, 대표적인 유물로는 금제 귀걸이를 비롯한 착장형 금공품 외에 은합, 청동합, 청동시루, 청동유개사이호와 같은 금속제 용기가 있다.

이 중 고구려에서 제작된 것이 확실한 물품은 호우총 출토 청동합이다. '을묘년국강상광개토지호태왕호우십(乙卯年國罡上廣開土地好太王壺杅十)'이라는 명문이 있는 청동합은 장수왕 3년(415)에 죽은 광개토왕을 추모하며 고구려 왕실에서 만든 기념품인데, 신라로 유입된 지 한참 지나서 무덤에 묻혔다.

서봉총 출토된 은합에는 '연수원년태세재신묘삼월중 태왕교조합우용삼근육량(延壽元年太歲在辛卯三月中 太王教造合杅用三斤六兩)'과 '연수원년태세재신삼월□ 태왕교조합우삼근(延壽元年太歲在辛三月□ 太王教造合杅三斤)'이라는 명문이 새겨져 있다. 뚜껑에 '十'자 모양 손잡이를 부착한 것이 특징인데, 동일한 형태로는 황남대총 남분의 은합, 천마총과 은령총의 청동합이 있다. 서봉총의 은합은 제작지에 대한 논란이 있기는 하지만 그 표기를 연호(年號), 태세(太歲), 간지(干支) 순으로 고구려 방식으로 하고 있고, 중국 집안의 철성산 96호 고구려 적석총에서도 동일한 형태의 청동합이 출토되고 있어 고구려에서 제작된 것으

① 청동합(호우총)　　　　② 은합(서봉총)

〈그림 6〉 경주 출토 고구려계 유물(ⓒ국립중앙박물관)

① 청동정(남분)   ② 청동시루(남분)   ③ 금제귀걸이, 금동신발(북분)

<그림 7> 황남대총 출토 고구려계 유물(ⓒ국립중앙박물관)

로 판단된다(강현숙 2015).

장신구 중에는 황남대총 북분 출토 금제 태환이식(귀걸이) 3쌍과 Y자 형태의 금제 장식이 집안 마선구 1호 벽화무덤 출토품과 유사하여 고구려에서 전래된 것으로 판단된다. 북분에서 출토된 금동신발 역시 굵고 긴 스파이크가 박혀 있어 고구려에서 들어온 것으로 추정된다.

황남대총 출토 청동정은 중국에서 제작되고 고구려를 거쳐 신라에 수입된 것으로 보기도 하지만, 둥근 고리 형태의 꼭지를 한 뚜껑과 뚜껑 턱이 없는 몸체는 중원지역 출토품과는 형태적으로 차이가 분명하여 그 제작지가 고구려일 가능성도 배제할 수 없다(정인성 1996). 중국 집안의 우산 68호와 칠성산 96호 적석총에서도 유사한 형태의 유물이 발견되었다. 또한 황남대총 남분 출토 청동시루 역시 고구려 토기 시루와 형태가 동일하다. 이러한 형태는 중국에서는 찾아볼 수 없으므로 고구려에서 제작된 것으로 판단된다. 금관총에서 출토된 청동사이호 또한 동일한 형태의 토기가 고구려에서 발견된다는 점에서 같은 맥락으로 이해된다.

3. 서아시아계 유물

마립간시기 경주 적석목곽분에서는 각종 유리기와 유리구슬, 장식보검, 금제 감옥팔찌 등 중앙아시아를 포함한 서아시아 지역에서 제작된 물품이 출토되고 있는데, 북방의 초원로를 통해 중국과 고구려를 거쳐 신라로 들어왔을 것으로

〈표 3〉 마립간기 서아시아계 유물

유구	서아시아계 유물
월성로 가13호묘	유리잔
황남대총 남분	유리잔, 봉수형유리병
황남대총 북분	유리잔, 다채색 유리구슬, 금제감옥팔찌, 은잔
금관총	유리잔, 금박유리구슬
천마총	유리잔
서봉총	유리잔
금령총	유리잔
계림로 14호묘	장식보검

추정된다. 또 금관, 기마인물형 토기, 각배(Rhyton) 등은 신라에서 제작된 것이지만 그 모티브는 서아시아를 비롯한 외래의 문화와 밀접한 관련이 있는 것으로 알려져 있다(국립중앙박물관 2008).

서아시아계 유물 중 가장 대표적인 것은 유리기이다. 당시 유리기는 훼손되면 귀금속으로 수리를 하였을 정도로 최상위 교역품이었다. 기원전 1천년대에 주조기법으로 제작되다가 기원전 1세기 중엽경에 유리의 점성을 이용한 대롱불기 기법이 고안되면서 대량생산이 가능해졌다. 로만글라스는 서로마가 멸망하는 5세기 후반까지 유라시아 각지로 퍼져나갔다.

고대 유리는 주로 이산화규소(SiO_2)를 주성분으로 하는 소다유리로, 로마 비잔틴제국과 이란 고원을 중심으로 한 서아시아의 사산조(페르시아) 지역, 그리고 중앙아시아 지역에서 집중적으로 제작되었다. 서쪽의 지중해 지역에서는 천연 소다로도 잘 알려진 네트론(natron)이라는 광물을, 중앙아시아 지역에서는

① 유리잔
(남분)

② 커트글라스
(북분)

③ 마블무늬 유리잔
(북분)

〈그림 8〉 황남대총 출토 유리잔(ⓒ국립중앙박물관)

식물재에서 얻은 소다회(plant ash)를 융제로 사용하여, 세 지역의 유리는 성분에서 약간의 차이를 보인다.

경주 지역에서 출토된 유리기에 대한 성분분석 결과, 청색을 띠고 있는 유리기 대부분은 네트론계, 담녹색 혹은 흰색 계열의 유리기는 대부분 식물재로 판명되었다. 황남대총에서는 총 11개(남분 7개, 북분 4개)의 유리기가 출토되었는데, 그 중 남분 출토품 3개와 북분 출토품 2개가 소다유리로 밝혀졌다. 남분 출토품은 덧댄 띠 내지는 둥글게 만 입술로 볼 때 초기 비잔틴시기 시리아-팔레스타인 지역에서 만든 것이다. 그리고 북분 출토 표면을 갈아 무늬를 낸 커트글라스는 사산조 페르시아 계통이며, 마블무늬 굽다리잔은 지중해 연안을 비롯한 유럽에서 유행한 후기 로만글라스에 해당한다(국립중앙박물관 2010).

주둥이가 봉황 머리를 닮은 황남대총 남분 출토 유리병은 4~5세기 사산조 페르시아나 로마, 튀르키예 등지에서 주로 만들어졌는데, 그 원형(原型)은 고대 그리스에서 유행한 오이노코예(Oinochoe)에 있다. 천마총 출토 유리잔은 투명도가 높고 기포가 거의 없는 최상품으로 틀을 이용한 불기 기법으로 제작한 것인데, 지중해 연안의 후기 로만글라스로 판단된다.

금령총에서 출토된 담록색의 반점문 유리잔 역시 이산화규소를 주성분으로 하고 산화소듐(Na_2O)과 산화칼슘(CaO) 등이 섞인 소다유리임을 보여준다. 다

① 유리병
(황남대총 남분)

② 유리잔
(금령총)

③ 유리잔
(천마총)

<그림 9> 경주 출토 유리기(ⓒ국립중앙박물관)

만 산화포타슘(K_2O) 7.0wt% 이상, 산화알루미늄(Al_2O_3) 3.5wt% 이상, 산화마그네슘(MgO) 2.8wt% 내외의 조성이 확인되어, 식물재를 융제로 사용하였음이 밝혀졌다. 이에 금령총 출토 이 유리잔은 지중해 지역이 아닌 중앙아시아 지역에서 제작된 것으로 추정된다(국립경주박물관 2022).

한편, 경주에서 발견되는 금박유리구슬은 소다석회유리 계열이라는 점에서 흑해 연안에서 제작된 것으로 추정된다. 상감 유리구슬은 메소포타미아와 이집트, 동부 지중해 지역에서 유행한 것으로, 로마시대에는 다양한 채색 유리구슬이 만들어져 유통되었다. 이로 인해 그동안 신라의 상감유리구슬은 유리기와 마찬가지로 서아시아 지역 제작품으로 이해되어 왔다.

그런데 최근 미추왕릉에서 출토된 직경 1.8㎝의 작은 청색 상감유리구슬에 대한 새로운 견해가 제기되었다. 이 구슬에는 웃고 있는 5인의 얼굴, 6마리의 새와 꽃을 피우는 나무줄기 등이 황색, 적색, 감색과 백색 유리로 치밀하게 표현되어 있다. 문양이 새겨진 유리막대를 이용하여 제작한 모자이크 문양 장식 구슬(mosaic glass millefiori beads)로, 일반적인 로마의 유리구슬과 달리 뜨거운 상태일 때 유리구슬 밑부분을 잡아당겨 잘라 문양이 늘어난 것이 특징이다. 인도네시아 쟈바-티무르 지역에서 생산된 쟈팀 구슬(Jatim bead)에서 볼 수 있는 독특한 방식이다. 이 밖에도 식리총 출토 모자이크 동심원문 장식 유리구슬 역시 인도네시아에서 제작되었을 가능성이 있다(이인숙 2014).

서아시아계로 판단되는 대표적인 금속공예품으로는 황남대총 출토 금제감옥팔찌와 계림로 14호묘 출토 장식보검이 있다. 황남대총 북분에서 출토된 금제

① 모자이크장식 유리구슬　　　② 금제감옥팔찌　　　③ 은잔
　　(미추왕릉C4호묘)　　　　　　(황남대총 북분)　　　　(황남대총 북분)

〈그림 10〉 경주 출토 외래계 유물 (ⓒ국립중앙박물관)

감옥팔찌는 아래위에 테두리를 만든 기다란 뒤판에 터키석 등의 보석과 누금세공기법으로 꾸민 앞판을 끼워 넣어 조립한 것이다. 금판을 덧대어 마감하는 방식은 사산조 페르시아에서, 금판에 보석을 감입하듯 금알갱이로 둘러싸 장식하는 기법은 흑해 연안이나 서아시아 지역에서 유행하였던 기술이다.

계림로 14호묘에서 출토된 보검은 검신이 18.5㎝인 철제 단검이다. 검집(劍鞘)은 나무로 만들고 검집의 전면과 측면에는 금판과 각종 보석으로 장식하였고, 하부가 사다리꼴 형태로 벌어진 것이 특징이다. 보검 장식에는 동로마제국에서 기원하고 5세기 유럽 각지의 이민족 사이에 퍼져가던 금세공기술(cloisonné 기법)이 적용되었다. 장식의 금속 성분비는 분석 결과 구리의 비율이 3.0~3.3%로 밝혀졌는데, 이는 구리 함량이 1% 미만인 신라의 금제품과는 차이가 크다. 또한 당시 신라 고분에는 한쪽 날만 있는 도(刀)가 출토되는 것과는 달리 해당 보검은 양날 검(劍)이라는 점도 이질적이다. 가장 유사한 형태는 카자흐스탄 보로보예(Borovoe) 출토 보검과 중국 신장자치구 쿠챠의 키질 석굴 69호 벽화에 묘사된 검이다. 특히 보로보예 출토품은 5세기에 제작된 것으로, 계림로 14호묘 출토품보다 약간 이르다. 이를 통해 볼 때 해당 보검은 당시 중앙아시아 지역을 활동무대로 한 집단이 소유하고 있었을 가능성이 크다(윤상덕 2015). 검의 착장은 칼집에서 한쪽으로 돌출시킨 장식을 위로 향하게 하여 허리띠와 나란하게 매는 방식으로, 이는 우즈베키스탄 사마르칸트의 아프라시압 벽화 사신도에서도 확인이 가능하다.

마지막으로 황남대총 북분 출토 육각구획 타출문

① 계림로14호묘 출토품

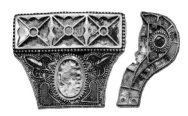

② 카자흐스탄
보로보예 출토품

③ 키질석굴 벽화

〈그림 11〉 장식보검(ⓒ국립중앙박물관)

은제잔 역시 외부에서 유입된 것이다. 타출기법으로 형태를 만든 뒤 끌로 음각하여 마무리하였는데, 육각형 거북등무늬를 2줄로 연속배치한 뒤, 그 안에 사람 머리를 지닌 새, 용, 노루, 말 등 다양한 동물을 표현하였다. 귀갑문으로도 불리는 해당 무늬는 중앙아시아 소그드문화의 육각 넝쿨무늬에서 유래한 것으로, 실크로드를 따라 중국으로 전래되어 위진남북조시기에 독립된 문양으로 발전하였다. 때문에 이 은제잔은 중앙아시아와 삼연 중 어느 지역에서 제작되어 유입된 것인지가 분명치 않다.

V. 서아시아계 문물의 신라 도입과 확산의 의미

지금까지 살펴본 바와 같이 마립간시기 신라의 왕도였던 경주 지역에서는 이전 시기와는 확연히 다른 고고학적 양상이 관찰된다. 우선 5세기를 전후한 시점에 왕성으로 사용된 대규모 토목건축물인 월성이 자리하게 되고, 초대형 봉분을 가진 적석목곽분이 월성의 북쪽 평야에 군집을 이루며 등장한다. 특히 적석목곽분은 목곽과 적석부, 원형 또는 타원형의 크고 높은 봉토와 호석을 갖추고 있는데, 기존의 수혈식 토광목곽묘와는 전혀 다른 지상식 묘제이다.

적석목곽분은 봉분을 기준으로 장축 70m 이상은 초대형, 30~60m은 대형, 30m 미만은 중형으로 구분할 수 있다(심현철 2020). 초대형과 대형 적석목곽분의 주인공은 금관(금동관), 금제 귀걸이, 유리구슬 목걸이, 금제 팔찌, 금제 반지, 금제 허리띠, 금동신발 등을 착장하며, 금동환두대도가 추가되기도 한다. 이 밖에도 로만글라스와 같은 유리잔이나 유리병, 청동제 거울, 세발솥, 초두, 다리미, 호와 같은 용기류, 재갈, 등자, 안장, 운주, 행엽 등의 마구류, 철촉과 철모와 같은 무기류, 각종 농공구류와 칠기 등 다종 다량의 물품이 함께 부장된다. 따라서 대형급 이상의 적석목곽분은 규모가 월등할 뿐만 아니라 황금제 착장 장신구, 서아시아에서 건너온 로만 글라스와 같은 값비싼 물품과 보통의 무덤과 비교가 안 될 정도로 많은 양의 유물이 부장되어 있다는 점에서 마립간시기 최상위계층의 무덤임이 분명하다.

이처럼 마립간시기에 경관적으로 고대화된 왕성과 왕릉급 무덤이 등장하고,

값비싼 물품을 무덤에 부장하는 것은 절대적인 왕권을 드러내는 행위로 판단되며, 중앙아시아를 비롯한 서아시아계 유물의 출현 또한 같은 맥락에서 이해할 수 있다.

　적석목곽분의 기원에 대한 논의는 여전히 진행 중인데, 장식 보검, 로만글라스와 금제감옥장신구 등 중앙아시아를 포함한 서아시아에서 제작된 유물이 부장되었다는 점에서 묘제의 기원으로 유라시아의 쿠르간을 주목하기도 한다.

　신라의 지상적석식 적석목곽분과 가장 유사한 구조를 가진 고총은 중앙아시아 카자흐스탄의 이리강 유역에 분포하며, 사카계 고총 쿠르간에서 오손계 쿠르간으로 이어진다. 이 지역은 서한대에는 서역도호부에 속하다가 동한 이후 오손(烏孫)의 땅이 되었지만, 6세기 돌궐이 진출할 때까지 중국의 통제하에 있었다. 신라는 사로국시기에는 낙랑을 통해 외부 세계를 접했으며, 고대 국가로 발전하는 시기에는 중국에 사신을 파견하기도 하였다. 그 과정에서 외부 세계의 문물과 다양한 정보를 접한 신라의 최고 지배층이 유라시아의 쿠르간을 참고하여 경주에 대형 적석목곽분을 축조하였을 가능성도 있다는 것이다(최병현 2021).

　그렇지만 경주지역의 적석목곽분은 4세기 후엽에 등장하는 데에 비해 비교 대상으로 거론되는 알타이 파지리크(Pazyrk) 문화의 쿠르간은 기원전 5~3세기에 해당한다. 그리고 공간적으로도 그 거리가 상당하여 사실상 두 묘제 사이에서 직접적인 연결을 논하기가 쉽지 않다. 원형

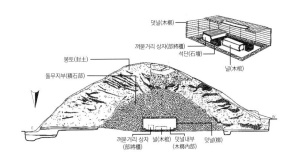

① 천마총

② 베샤티 쿠르간

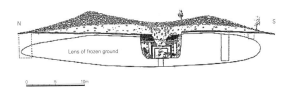

③ 파지리크 유적 5호분

〈그림 12〉 신라의 적석목곽분과 사카계 쿠르간의 구조 비교(박형열 2018)

봉토와 호석, 목곽 등 구조적 유사성이 꾸준히 강조되고 있지만, 알타이 파지리크 고분은 기본적으로 지하에 묘광을 파서 매장한다는 점, 기승용 말을 부장하는 독특한 풍습을 가지고 있다는 점, 흙을 덮고 돌을 얹어서 매장을 마감한다는 점에서 신라의 적석목곽분과는 분명한 차이가 있다(박형열 2018).

이와 관련하여 최근에는 우리 학계의 논의 중 일부가 유라시아 초원 고분문화 확산의 맥락이나 이 지역 발굴조사의 성과와 연구에 대한 충분한 파악 없이 다분히 선험적으로 이루어지고 있다는 문제를 지적하면서 추후 유라시아 고대 문화에 대한 심도 있는 이해를 바탕으로 한 거시적인 관점이 필요하다는 주장도 제기되었다(강인욱 2017).

카자흐스탄 동부 제티수 지역에는 적석계 고분으로 대표되는 사카(Saka) 문화의 유적들이 분포하는데, 황금인간으로 유명한 이식(Issyk) 쿠르간, 신라의 적석목곽분과 구조적으로 가장 유사한 베샤티(Besshatyr) 쿠르간, 실리크(Shilik) 쿠르간 등이 대표적이다. 카자흐스탄 동북부 러시아 알타이 지역에는 앞서 언급한 베렐(Berel) 쿠르간으로 대표되는 파지리크 문화가 존재한다. 이들 적석계 목곽분의 분포 범위는 매우 넓으며, 형식상의 변이도 매우 심하다. 봉분의 형태만 하더라도 원형, 방형, 위가 잘린 피라미드형 등으로 다양하고, 매장주체부는 수혈식, 연도가 있는 수혈식, 동실묘 방식이 주를 이루지만 표토층을 정지한 후 그 위에 무덤을 축조하는 지상식도 확인된다. 사카 문화에서 이렇게 다양한 무덤 형식이 발견되는 이유는 적석계 목곽분이 특정 집단의 전유물이 아니라 사카의 문화적 요체를 공유하는 유목민 집단이 광범위한 지역에 흩어져 살면서 지역마다 각기 다른 방식으로 이를 구현했기 때문이다. 즉, 흙과 돌을 이용해 봉분을 높게 쌓고 호석을 두르는 등 기본적인 요소는 공유하지만 고분의 세부적인 축조 방식은 지역 집단에 따라 달랐다(강인욱 2018). 따라서 시간과 공간이라는 측면을 고려하지 않은 채 일부 사카계 고분의 구조를 신라의 고분과 비교하는 것은 그 전제부터 잘못된 것이다.

사실 신라에서는 이미 국가형성기부터 중국과 북방의 유물이 확인된다. 기원 전후로 편년되는 경주 탑동 목관묘 유적에서는 한경(漢鏡), 청동삼엽문환두도, 호형대구, 그리고 곰이 장식된 원형 동포와 개구리형 동포, 거북이형 동포 등이 출토되었다. 한경과 삼엽문환두도는 기본적으로 중국계 유물이지만, 호형대구와 곰 장식 원형동포 등은 스키토-시베리아 문화의 영향 하에 있는 유물이다. 진한 단계의 신라가 중국은 물론이고 흉노를 비롯한 북방 유목민족과 폭넓게 교류했음을 짐작해볼 수 있다. 당시의 대외 문물교류는 한반도 북쪽에 있던 한 군현과의 관계 속에서 제한적으로 이루어졌겠지만, 바깥 세상에 대한 정보는 지배계층을 중심으로 꾸준히 공유되었을 가능성이 있다.

마립간시기에도 이러한 상황은 크게 다르지 않았을 것이다. 신라 최고 지배계층의 자제가 고구려의 수도에서 장기간 볼모로 거주하였고, 광개토왕이 5만의 군사로 신라를 구원한 400년 이후에는 고구려의 군대가 신라 영토 내에 주둔하였다. 고구려의 물질문화가 신라에 지대한 영향을 끼치게 된 것도 바로 이러한 역사적 상황과 밀접한 관련이 있다. 갑주, 무기, 마구, 와당, 석성(石城), 벽화 등 신라의 물질문화에서 확인되는 고구려적인 요소 외에도 마립간시기 적석목곽분에서는 다수의 고구려 유물이 발견된다. 지정학적인 위치로 인해 중원의 고대 왕조는 물론 북방 여러 세력과 끊임없이 경쟁했던 고구려는 한반도의 다른 고대 국가보다 사회문화적 기반이 넓었다. 고구려는 삼연과 전진, 그리고 북위 등과 활발히 교류하였는데, 마립간시기의 신라 역시 고구려를 매개로 중국과 외교 관계를 수립하였다.

신라와 외교를 맺을 당시의 전진은 전연과 전량을 멸망시키고 중국 화북지역을 통일하였던 시기이다. 특히 서역과의 직접적인 교류 통로였던 하서 지역을 통치함으로써, 서아시아 지역의 물품이 중앙아시아를 거쳐 중국 경내로 바로 들어올 수 있게 되었다. 나물마립간시기인 377년과 381년에 전진에 파견된 신라 사신은 장안(長安)에 머물렀을 것이며, 여기서 서역을 비롯한 여러 나라의 물품과 다양한 정보를 접했을 가능성이 크다. 그리고 전진 왕이 보낸 선물 역시 신라가 이전에 접하지 못한 물품이었을 가능성도 있다. 신라 사신 위두가 전진 왕 부견에게 신라의 사정이 예전과 달라졌고, 이름도 바뀌었다고 말한 것은 나물마립간대에 일정한 변화가 있었음을 시사한다(조범환 2017).

마립간시기 북조 정권과의 교류는 신라가 한층 더 성장할 수 있는 기틀이 되었다. 교섭 과정에서 받은 물품 외에도 장안 등지에 개설된 국제 무역공간에서 소그드 상인[2]과의 간헐적 교역을 통해서도 물품을 획득했을 가능성도 배제할 수 없다. 지중해 연안을 비롯한 서아시아 지역과 중앙아시아 지역에서 제작된 유리기나 장식 보검처럼 한반도에서 구하기 어려운 진귀한 물품이 신라로 유입되는 계기가 마련된 것이다. 물론 그 이전이나 이후에도 고구려를 통해 중국 중원이나 서역 물품이 간접적으로 유입되었을 것이지만, 이는 전혀 다른 방식의 수입이라고 할 수 있겠다.

그런데 신라 적석목곽분과는 달리 이 시기 중원의 황제묘와 귀족묘에서는 다수의 유리기가 부장된 사례가 발견되지 않는다는 점은 특이하다. 다만 북연의 풍소불묘(馮素弗墓)에서 5점의 유리기가 출토되고 있어, 신라의 유리기는 서아시아에서 초원로를 통해 중국 삼연으로 유입된 후 고구려를 거쳐 신라로 들어왔을 가능성도 있다(박천수 2021).

한편, 이 시기의 금관이나 금제 허리띠 등은 신라에서 제작되었으나 그 기원을 중앙아시아 내지는 북방의 유목문화에서 찾기도 한다. 특히 기원전후로 편년되는 아프가니스탄의 서북쪽 시바르간(Shibarghan) 틸리야 테페(Tillya tepe) 6호묘에서 출토된 금관이 신라 금관의 기원으로 지목된 바 있다.

신라의 금관은 정면의 나뭇가지 모양을 형상화한 듯한 3개의 입식과 관테, 드리개의 구조를 기본으로 한다. 입식에는 금제 달개를 달아 마치 나뭇가지에 잎이 달려있는 것과 같은 효과를 낸다. 황남대총 남분 출토 금동관은 비록 부식 때문에 그 형태가 분명하지는 않지만 出자형으로 추정된다. 황남대총 북분의 금관에는 出자형의 나뭇가지 입식 3개 외에도 후면에 사슴뿔 모양의 입식 2개가 추가되었다. 나뭇가지 장식이나 사슴뿔 모양의 장식은 하늘과 지상 혹은 저승과 이승을 이어주는 메신저로서의 역할을 상징하는 것으로 이해되고 있다(민병훈 2015).

이처럼 신라의 마립간시기에는 분명 서아시아 지역에서 제작되어 중국과 고구려를 거쳐 신라로 유입된 유물과 신라에서 제작되었지만 보다 넓은 관점에서 서아시아 지역의 영향을 받았을 것으로 추정되는 유물이 공존하고 있음이 확인

---

2) 소그드인은 지금의 우주베키스탄, 타지키스탄, 카자흐스탄, 키르키스스탄 일대에서 도시국가의 연합체 형태로 거주하면서 동쪽으로는 중국, 서쪽으로는 비잔티움제국과 사산 왕조를 연결하고 유라시아 전역을 대상으로 중계무역을 하였다. 5~8세기경 소그디아나(Sogdiana)의 중심도시 중 하나였던 사마르칸트 아프라시압(Afrasiab) 유적에서는 비잔티움, 중국, 중앙아시아, 티베트, 고구려를 비롯한 여러 국가의 사절단을 맞는 모습이 그려진 벽화가 발견되어 북방 초원로를 통한 교류의 모습을 추정하는 데 중요한 자료가 되고 있다.

① 황남대총 북분 금관(ⓒ문화재청)
② 금관총 금관(ⓒ문화재청)
③ 틸리야 테페 6호묘 금관(ⓒ국립문화재연구소)

〈그림 13〉 신라 금관과 틸리아 테페 금관

된다. 앞서 언급한 바와 같이 이러한 외래 문물의 유입은 마립간시기에 발생한 여러 변화 요인을 종합적으로 고려해야만 관련 논의를 풀어갈 수 있다. 한반도의 고대 삼국은 중앙집권국가로의 발전 과정에서 왕도에 대형 성곽을 축조하고 그 주변에는 왕을 비롯한 최상위 계층을 위한 대형 고분을 조영하며 장엄한 제사 의식과 함께 값비싼 물건을 부장하는 방식으로 왕권의 절대 권위를 드러내고 동시에 왕권의 안정적인 계승을 꾀하였다.[3]

신라의 마립간시기는 박, 석, 김씨가 번갈아가며 정권을 잡던 것에 벗어나 김씨가 최고 지배계층(마립간)으로 등극하여 그 지위를 세습한 시기이다. 이에 눌지마립간은 고구려나 백제와 마찬가지로 왕도인 경주에 월성을 축조하고, 인근 북쪽 평야에 대형의 고분군을 축조함으로써 경관적 상징성을 부여하는 방식으

---

3) 물론 황금보검이 출토된 계림로 14호분이나 상감유리구슬목걸이가 출토된 미추왕릉C지구 4호분의 경우 외래계 유물이 다수 부장된 다른 무덤들처럼 대형분은 아니다. 물론 윤상덕(2015)이 지적한 바와 같이 당시 서아시아에서 제작된 물건들은 외래품의 소유가 높은 신분과 권력을 상징하였던 신라의 사회적 분위기와 상층계급의 요구에 의해 수입되었을 가능성도 있다. 그렇다고 하더라도 5~6세기 당시 신라에서 값비싼 외래품의 취득은 국가의 관여가 없으면 불가능했을 것이기에 직간접적으로 왕권과 밀접한 관련이 있을 수밖에 없다.

로 새로운 왕권에 권위를 부여하려고 시도했을 가능성이 있다. 여기에는 적석목곽분이라는 새로운 묘제 채택이 논의의 핵심인 셈인데, 현재로써는 중앙아시아 지역의 쿠르간을 직접적인 기원으로 삼기는 곤란한 실정이다. 당시 신라의 활동 범위, 축조 기술을 알려줄 수 있는 장인의 부재를 고려하면 더욱 그러하다. 다만 앞서 언급한 바와 같이 신라는 국가형성기부터 낙랑군을 포함한 한 군현과 관계를 맺어왔고, 마립간시기에 들어와서도 고구려를 매개로 중국과 외교 관계를 맺으며 주변 국가에 대한 정보를 꾸준히 획득해왔다. 이에 적석목곽분의 출현에 대해서는 거시적인 안목과 적정한 논리 개발을 통한 합리적인 설명이 필요하다.

VI. 맺음말

이상과 같이 본고에서는 신라 마립간시기 경주 지역에서의 고고학적 양상과 역사적 상황을 토대로 최상위 지배계층의 무덤으로 판단되는 대형급 이상의 적석목곽분에서 관찰되는 서아시아계 문물의 유입과 확산의 의미를 살펴보고자 하였다.

그 결과 신라에서는 마립간시기부터 그 이전과는 달리 두 방면에서 서아시아계 문물의 영향이 급격하게 증가함을 확인할 수 있었다. 첫 번째는 중앙아시아를 포함한 서아시아 지역에서 제작된 유리기나 각종 황금제 공예품이 초원로를 통해 전진이나 북위와 같은 중국 북조 정권 혹은 모용선비족이 건립한 삼연 등의 국가에 유입된 후 신라로 직접 혹은 고구려를 거쳐 다시 신라에 수입되는 문물들이다. 당시 신라는 여러 여건상 독자적인 대중국 교섭을 할 수 없는 상황이었으므로 대외 교류에서는 고구려의 역할이 컸다. 이는 문헌 기록과 경주의 대형급 이상의 적석목곽분 출토 고고 자료를 통해서도 확인이 가능하다.

두 번째는 마립간시기를 기점으로 새롭게 출현하는 금관, 금제허리띠, 적석목곽분 등의 사례이다. 이는 이전 시기 신라에서는 찾아볼 수 없었던 매우 이질적인 문화 요소로, 신라가 직접 만든 것이라는 점에서 첫 번째 사례와는 본질적인 차이가 있다. 중앙아시아 혹은 북방 지역에서 마립간시기보다 이른 시기에 유행한 문화 요소가 신라가 성장하는 과정에서 새롭게 발현된 것이지만, 이들

기원 문제는 직접적인 증거를 찾기가 쉽지 않은 상황이며 앞으로의 꾸준한 연구
가 필요하다.

　　다만 마립간시기에 경주 지역에서 발견되는 서아시아계 문물은 그 경로와 관
계없이 결국 마립간시기 최상위 지배계층의 권위를 나타내는데 쓰임으로써 이
후 신라가 중앙집권화된 왕권국가로 성장하는데 중요한 역할을 하였음은 분명
하다.

강인욱, 2017, 「신라 적석목곽분의 기원과 북방문화론의 시작 -梅原末治와 江上 波夫에 대한 검토를 중심으로-」, 『2017 Asian Archaeology』, 국립문화 재연구소.

강인욱, 2018, 「북방 유라시아 초원지역과 한반도 교류의 고고학」, 『한국상고사 학보』 100, 한국상고사학회.

강현숙, 2015, 「고구려 연호 개시에 대한 고고학적 논의」, 『한국고대사연구』 77, 한국고대사학회.

국립경주문화재연구소, 2021, 『적석목곽묘로 본 신라의 기원과 성장』.

국립경주박물관, 2010, 『경주 계림로 14호묘』.

국립경주박물관, 2022, 『금령, 어린 영혼의 길동무』.

국립문화재연구소, 2018, 『카자흐스탄 초원의 황금문화』.

국립문화재연구소, 2021, 『실크로드 미술사전』.

국립중앙박물관, 2008, 『신라, 서아시아를 만나다』.

국립중앙박물관, 2010, 『황금의 나라, 신라의 왕릉 황남대총』.

국립중앙박물관, 2014, 『금관총과 이사지왕』.

국립중앙박물관, 2018, 『황금인간의 땅, 카자흐스탄』.

김대환, 2021, 「기록되지 않은 문물 교류: 마립간기 대외 교류의 다층성」, 『적석 목곽묘로 본 신라의 기원과 성장 2권』, 국립경주문화재연구소.

김병모, 2017, 「위진 및 16국시대 하서지역의 교역기반-서역경영 및 소그드인 의 활동을 중심으로-」, 『동방학』 36, 한서대학교 동양고전연구소.

김재홍, 2022, 「신라 마립간시기 왕위 계승과 적석목곽묘의 조성 원리」, 『한국 상고사학보』 117, 한국상고사학회.

김호동, 2016, 『아틀라스 중앙유라시아사』, 사계절.

민병훈, 2015, 『실크로드와 경주』, 통천문화사.

박형열, 2018, 「러시아 파지릭고분과 경주 적석목곽분의 구조 비교와 연관성 검 토」, 『한국고고학보』 109, 한국고고학회.

박천수, 2021, 『실크로드 문명교류사 서설 I -초원로』, 진인진.

심현철, 2018, 「경주분지의 고지형과 대릉원 일원 신라고분의 입지」, 『문화재』 51-4, 국립문화재연구소.

심현철, 2020, 「신라 적석목곽묘 연구」, 부산대학교 박사학위논문.

심현철, 2020, 「신라 왕릉의 변천과 마립간릉」, 『한국고고학보』 116, 한국고고학회.

양시은, 2022, 「고분과 유물을 통해 본 고구려와 모용선비의 문화교류 양상」, 『고고학』 21-2, 중부고고학회.

양시은, 2023, 「마립간시기 신라의 대외 문물교류와 그 의미-서아시아계 문물의 도입을 중심으로」, 『인문학연구』 56, 경희대학교 인문학연구원.

윤상덕, 2015, 「경주 계림로 보검으로 본 고대 문물교류의 단면」, 『신라의 황금 문화와 불교미술』, 국립경주박물관.

장기명·최문정·박정재, 2022, 「신라 월성 서성벽의 축조 공정과 인신공희」, 『영남고고학』 92, 영남고고학회.

정인성, 1996, 「한반도 출토 (청동)정의 성격」, 『고문화』 48, 한국대학박물관협회.

조범환, 2017, 「신라 내물왕대 전진과의 교섭과 그 정치적 배경」, 『신라사학보』 41, 신라사학회.

중앙문화재연구원 편, 2014, 『신라고고학개론』, 진인진.

최병현, 2021, 「경주 월성북고분군의 적석목곽분 전개와 신라 마립간시기 왕릉」, 『적석목곽묘로 본 신라의 기원과 성장 2권』, 국립경주문화재연구소.

06

19세기 세계지리서
『해국도지』 속의 중앙아시아 인식

이주연

경희대학교 한국고대사·고고학연구소 학술연구교수

* 이 글은 2023년 5월 카자흐스탄의 알마티(Almaty)시에서 열린 『한국-카자흐스탄 5천년의 파노라마』 국제학술회의 발표문을 바탕으로 『인문학연구』 제56집(경희대학교 인문학연구원 2023)에 게재한 논문을 다시 수정·보완하여 작성한 것이다.

I. 서론

19세기 중반, 중국 청나라의 관료이자 학자, 저술가인 위원(魏源)이 작성한 『해국도지』(海國圖志)는 인도를 지리 구분의 중심에 두고 있다.[1] 아시아대륙을 나눌 때도 인도를 기준으로 동남양과 서남양을 나누었고, 서남양을 세분화 할 때에도 인도를 기준으로 삼아 오인도(五印度), 오인도서부(五印度西部), 그리고 북인도서북주변부(北印度西北隣部)로 구분한다. 여기에서 '북인도서북주변부'는 곧 중앙아시아를 가리키는데, 위원이 중앙아시아를 지칭할 때에 전통적인 '서역'(西域)이라는 개념 대신 인도와 연결 지어 지칭했던 것은, 당시에 인도를 속국으로 삼고 점차 북쪽으로 세력을 팽창해갔던 영국에 대한 경각심이 반영된 것이라 볼 수 있다. 그리고 이는 『해국도지』의 전체를 관통하는 위원의 문제의식이기도 하다.

인도 관련 지명 및 인도를 장악한 영국에 대한 청조(淸朝)의 인식 변화에 관해서는 메튜 모스카(Matthew W. Mosca)가 2013년에 저술한 저서에서 자세히 소개했다. 그에 따르면 청조의 변경에 관한 태도는 준가르(準噶爾)와 회강(回疆)을 멸망시키고 병합한 18세기 중반에 적극적인 공세에서 소극적인 방어와 불간

---

[1] 본 연구에서는 1852년 함풍 2년에 완성된 『해국도지』 100권본 중에 북경대학교 도서관에 소장된 도서를 전자화한 중국철학서전자화계획(中國哲學書電子化計劃)의 수록 자료 및 중국국가도서관(中国国家图书馆)에 소장된 함풍 2년 100권본을 사용하였다.

섭 방침으로 바뀌었다고 한다.[2] 이는 중국의 오랜 변경이었던 서북 변경에 더 이상 위협적인 세력이 없다는 판단 때문이었다. 청조의 군대가 준가르 점령을 위해 중앙아시아까지 군대를 이끌고 나아갔을 때, 그 지역에 남아있던 세력들은 준가르의 휘하에 있던 몇몇 유목·정주 세력들이었고 그들은 준가르에 비하면 전혀 위협적이지 못한 이들이었기 때문이다.

이 시기에 인도의 무굴제국 역시 혼란에 빠져 있었고, 이란 사파비조를 대신하여 급격히 부상한 아프간의 두라니 왕조가 세력 확장의 의도를 가지고 수차례 청조와 왕래하였으나 청조와는 다소 멀리 떨어져 있었기 때문에, 청조는 더 이상 변경에 대한 철저한 파악과 예의주시의 눈길을 거두고 변경에 구축한 방어체계를 통한 현상유지에만 힘쓰게 되었다. 그러나 바로 이 시점에 영국은 벵갈(Bengal)을 차지했고, 이후로 영국은 인도 전역으로 세력을 확장하는 동시에 티베트(Tibet), 아프간(Afghan), 중앙아시아를 통한 북상을 다각도로 모색했다. 그런데 청이 이러한 영국의 활동을 알아채게 된 것은 19세기 중반, 아편전쟁 직전이었던 것이다. 그러나 근 100년 동안 중국은 인도에 관해 크게 관심을 기울이지 않았기 때문에 인도와 그 주변의 지리에 대해 잘 알지 못했는데, 이는 중국이 당시에 영국의 동향을 제대로 파악하지 못했음을 의미한다.

모스카는 주로 인도와 서남아시아에 대한 청의 지리 지식에 주목하였으나, 중앙아시아 자체에 대한 청의 지리 지식과 이해 역시 중요한 화두이다. 전술했듯이 청이 18세기 중반에 준가르와 회강을 장악한 이후 변경에 대해 소극적인 태도로 선회했다면, 이러한 청의 태도 변화는 그들의 중앙아시아에 대한 지리 지식에 어떠한 영향을 미쳤을까. 변경에서의 방어와 현상 유지에 치중하더라도 여전히 경계를 마주하고 있는 세력이니 만큼 그들에 관한 지식을 철저히 수집했을까, 아니면 더 이상 새로운 정보를 수집하지 않고 방만하게 있었을까. 18세기 말부터 19세기 중반 사이에 중앙아시아의 판도는 급격한 변화의 흐름에 휩쓸리

---

2) '준가르'와 '회강'은 현재의 신강위구르자치구의 천산 북과 남쪽에 자리했던 정치체로, 전자는 서몽골의 오이라트 부족을 핵심 세력으로 하여 명대 중반부터 두각을 드러내어, 명청교체기에 거대한 유목국가로 성장했다. 후자는 몽골제국 차가타이 울루스의 후예가 천산 북부에 건설했다가 16세기 초반에 천산 남부로 이주했던 '모굴 칸국'을 가리키는데, 두 국가는 모두 건륭제에 의해 1850년대에 멸망하여 청의 영역으로 편입되었다. 본 연구에서는 청대 역사서에서 두 정치체를 지칭하는 단어인 준가르와 회강이라는 단어를 이용했다.

게 된다. 이 일대에서 러시아의 영향력이 점진적으로 증가하자 초원지대에 있던 카자흐 부족 연맹들은 차례로 러시아의 휘하에 편입되었고, 이 압력으로 인해 보다 남쪽에 자리했던 세력들, 부하라와 코칸드 및 그 주변 세력 간의 갈등과 분쟁이 심화되었다. 그리고 그로부터 한 세대가 지나기도 전에 중앙아시아의 대부분의 세력은 러시아의 지배하에 편입되었다. 이러한 중앙아시아의 급격한 변화를 청은 어떻게 바라보았을까, 이것이 이 글의 시작점이다.

　본 연구는 19세기 중엽에 동아시아 지식인들의 세계지리에 관한 인식에 큰 영향을 미친 『해국도지』를 이용하여, 당시에 청조의 지식인들이 중앙아시아의 지리에 대해 어느 정도 파악하고 있었는지 살펴보고, 그 특징을 고찰하는 것을 목적으로 한다. 다만 모든 내용을 분석할 수 없으므로 두 가지 소재를 선정했는데, 첫 번째는 사마르칸트(賽馬爾罕), 두 번째는 카자흐(哈薩克)이다.

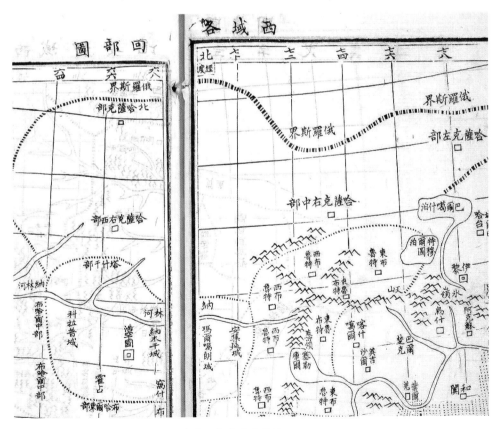

『海國圖志』 권3 「西域各回部圖」 중 카자흐와 부하라 부분

II. 사마르칸트의 연혁과 북인도의 경계

한대의 대월지(大月氏)·대하(大夏) 강역은 사마르칸트의 강역이며, 오늘날의 코칸드(敖罕), 부하라(布哈爾), 아프간(愛烏罕)의 여러 부의 땅을 포함한다. 가정(嘉靖) 시기부터 입공한 이들 중에 한 국가에서 50여 명이 왕을 칭하였으니, 즉 이미 사분오열된 상태였다. 그러한 까닭에 오늘날 총령 서쪽에는 사마르칸트의 이름이 다시는 언급되지 않았다. 그러나 서역의 지도를 그리는 자들은, 여전히 그 옛 국가를 늘어놓고 총령의 여러 부를 아우르게 한다. 「곤여(坤輿)」, 『직방(職方)』 등의 여러 지도, 『해국문견록(海國聞見錄)』, 『장씨지구도(莊氏地球圖)』도 또한 마찬가지이니, 결코 실제를 조사하여 현재의 마땅함을 따르지 않는다. 연고를 상세하게 판별하고, 정사(正史)의 오류를 제거하며 아울러 이후에 작성될 여러 지도의 미혹을 제거해야 한다(『해국도지』 권 32, 북인도이외강역고Ⅰ(北印度以外疆域考一)).[1]

위의 인용문은 위원이 『해국도지』 권 32의 초두인 「북인도이외강역고」Ⅰ에서 북인도와 관련한 네 가지 문제점(顚)을 제시한 후, 이를 종합하여 내린 소결이다. 인용문에서 거론한 자료들은 17세기 초 마테오 리치의 「곤여만국전도(坤輿萬國全圖)」를 시작으로 중국에서 작성된 예수회 신부들의 지도 및 지리서를 의미한다.[3] 마테오 리치는 서양인이지만 중앙아시아 관련 내용에 대해서는 오히려 명의 자료를 많이 이용했는데, 명의 자료 중에 중앙아시아에 관한 정보는 주로 영락제(永樂帝) 시기, 외부와 활발한 왕래가 있었던 때에 수집한 정보들이었기 때문에 사마르칸트가 지도 한 가운데에 크게 새겨져 있다. 그러나 위원은 명말 가정제 시기(재위 1521~1567) 이후로 사마르칸트가 사분오열되어 그 이

---

3) 「곤여」는 본문에 등장하는 「곤여만국전도」를, 『직방』은 예수회 수도사 줄리오 알레니가 저술하여 1623년에 간행한 『직방외기』를 의미한다. 한편 『해국문견록』은 18세기 초반에 오랜 해외 생활을 바탕으로 중국 동남 연해 지방의 자연지리와 인문지리를 상세히 기록한 진륜형의 저서이며, 『장씨지구도』는 프랑스 예수회 선교사인 미셸 브노아(Michel Benoit, 중국명 장우인[蔣友仁])가 18세기에 저술한 『지구도설(地球圖說)』을 의미한다.

름이 더 이상 언급되지 않으니, 그 이름을 지도에서 배제해야 한다고 주장한 것이다.

실제로 『해국도지』 권 31-32에서 위원이 인용한 중국의 역대 지리서·역사서를 살펴보면, 원·명대의 사서인 『장춘진인서유기(長春眞人西遊記)』나 『서사기(西使記)』, 『명사(明史)』의 「서역전(西域傳)」에는 사마르칸트의 이름이 비중 있게 등장하지만, 청대의 지리서에서 사마르칸트를 표제어로 삼은 사례는 없다. 예를 들어 그가 인용한 『황조문헌통고(皇朝文獻通考)』의 「사예고(四裔考)」는 중국 주변을 사방(四方)으로 나누었는데, 서방에는 동·서 포로특(東·西布嚕特), 안디잔(安集延), 타슈켄트(塔什干), 바다흐샨(巴達克山), 보로(博羅爾, Bolor), 아프간(愛烏罕)이 표제어로 있고, 북방에는 러시아와 카자흐(左·右哈薩克)가 있을 뿐이다 (『황조문헌통고』 권 299-300, 사예고). 그 외에도 청대의 많은 지리서에서 중앙아시아의 여러 지명에 관해 서술할 때, 사마르칸트는 표제어가 되지 못했다. 그 이유는 청대에 존재한 중앙아시아 내의 주요 정권 중에 사마르칸트에 근거한 세력이 없었기 때문이다. 『황청통전(皇淸通典)』·「변방문(邊防門)」이나 『대청일통지(大淸一統志)』에는 사마르칸트가 등장하기는 하나 표제어는 아니며, 중앙아시아의 강줄기를 묘사하는 과정에서 나린(納林) 강 유역에 '사마르칸트성(賽馬爾罕城)'이 있다는 식으로 잠시 등장하는 정도이다(『해국도지』 권 32, 북인도이외강역고 Ⅰ).

이처럼 사마르칸트는 19세기 당시에는 이미 쇠락한 도시에 불과했으나, 위원은 상당히 많은 지면을 할애하여 사마르칸트에 관해 고찰했다. 사마르칸트에 관한 위원의 첫 번째 고찰은 원·명대 지리서에서 사마르칸트를 고대의 다른 지명과 잘못 연결한 사례를 바로잡는 것이었다. 그것은 북인도의 경계와 관련되어 있다.

> 『한서(漢書)』에 따르면 계빈(罽賓)의 서북에 위치한 여러 국가는 모두 북인도의 이웃 지역이다. 수·당대(隋·唐代)에는 구성소무(九姓昭武) 등의 국가가 되었는데, (이는) 『대당서역기(大唐西域記)』를 참조한 것이다. 누가 북인도이고, 누가 북인도가 아닌지는 지극히 명확하니 지금 재차 기록하지는 않겠다. 그런데 원대(元代)에 모조

리 국명을 바꾼데다, 『명사』에서는 북쪽에 위치한 사마르칸트(賽馬爾罕)를 계빈이라 잘못 (비정)했다. 관서(官書)인『서역도지(西域圖志)』또한 남방의 힌두스탄(溫都斯坦)을 계빈이라 하고, 계빈 남쪽의 서장(西藏)을 천축(天竺)이라 하였는데, 이는 견강부회하여 위치를 바꾼 것이고, 혼란스럽기가 마치 헝클어진 비단과 같다(『해국도지』 권 31, 북인도서북린부부록(北印度西北鄰部附錄)). [2]

이 인용문은 『해국도지』의 권 31권 도입부이다. 이 단락에 따르면 과거에는 중국의 전통적인 지리개념인 오인도의 북쪽인 북인도와, 그 서북부(중앙아시아) 사이의 경계가 명확했다. 즉, 『한서』에 등장했던 북인도의 경계인 계빈은 당·송 이후로 위원이 『해국도지』를 저술한 19세기까지 1000년 동안 카슈미르(迦濕彌羅國)라는 이름으로 불렸으며, 이는 카슈미르 북쪽에 위치한 대설산(大雪山), 힌두쿠시(Hindūkush) 산맥이 명백한 증거가 된다. 그런데 원이 서정(西征)을 행하고 이 일대의 지명을 몽골어로 바꾼 이래로 계빈을 카슈미르가 아닌 다른 곳, 사마르칸트나 힌두스탄으로 비정하는 혼란이 발생했다는 것이다. 위원은 권 32의 도입부에서 비슷한 문제를 제시했는데, 이때는 원대의 일부 기록 중에 철문(鐵門)의 위치를 동인도로 비정한 것을 비판했다. [4] 이 역시 인도의 북쪽 경계를 모호하게 만들었다는 것이다(『해국도지』 권 32, 북인도이외강역고 I). [3]

전술한 「북인도이외강역고」 I 에서 위원이 제시한 네 개의 문제점(顚) 중에 앞의 두 가지는 사마르칸트와 계빈에 관한 것이며, 뒤의 두 가지는 철문과 동인도에 관한 것이다. 첫 번째는 『황청통전』·「변방문」 및 『대청일통지』의 사마르칸트 성과 그 주변에 관한 지리적 설명을 인용하여 사마르칸트의 옛 성이 (당대의) 코칸드 경내에 있으며, 대설산 및 카슈미르와는 2000리 가량 떨어져 있음을 밝

---

4) 역사상 철문이라는 이름을 가진 지명은 여러 곳이 있으나, 위원이 언급한 철문은 『신당서』「서역전」에 등장하는 사국(史國, Kish, 현재의 우즈베키스탄 샤흐리사브즈)과 토화라(吐火羅)의 경계 관문인 철문산을 의미한다. 현재 우즈베키스탄 수르한다리야 주의 데르벤트(Derbent)이다. 이곳에 대한 기록은 중앙아시아를 거쳐 인도로 향했던 구법승들의 저술한 7세기 현장의 『대당서역기』와 8세기 혜초의 『왕오천축국전』에 등장하며, 원대에도 칭기스 칸이 호라즘 샤 잘랄 앗 딘을 추격하여 인도까지 진격하는 과정에서 철문을 통과하였다. 이에 관한 기록이 『원사』에 남아있는데, 이때 철문을 동인도라고 서술하였던 것이다. 이에 관해서는 후술할 것이다.

혔다. 이러한 기록이 있음에도 불구하고 사마르칸트를 계빈으로 비정하는 것이 첫 번째 문제이다. 두 번째는 카슈미르는 원 초에 두라티무르(篤來帖木兒)[5]가 봉해진 곳이며, 사마르칸트는 부마인 사인티무르(賽因帖木兒)가 봉해진 곳인데, 두 티무르를 혼돈하여 사마르칸트를 계빈에 비정한 것이 두 번째 문제이다. 이러한 두 가지 증거에 의거하여 사마르칸트를 계빈으로 비정할 수 없다고 결론을 내렸다(『해국도지』 권 32, 북인도이외강역고 I).[4]

위원의 이러한 결론은 틀림없으나, 그가 제시한 근거는 몇 가지 오류를 포함한다. 우선 사마르칸트의 이름에 관한 부분을 보면, 그는 '사마르칸트'(撒馬兒罕, Sa-ma-er-han)라는 이름이 몽골어의 음차 형태이며 원대에 등장했다고 보았으나(『해국도지』 권 31 북인도서북린부부록),[5] 옛 정사의 기록을 살펴보면 실만근(悉萬斤, Xi-wan-jin)이라는 이름으로 『위서(魏書)』에 처음 등장했고, 당·송 대에 작성된 『북사(北史)』, 『자치통감(資治通鑑)』, 『대당서역기』, 『신당서(新唐書)』 등에서 살말건(薩末鞬), 삽말건(颯末鞬), 삽말건(颯秣建) 등 유사한 형태로 반복되었다.[6] 즉 사마르칸트라는 발음과 가까운 음차 형태의 지명이 적어도 6세기 중반부터 나타남을 알 수 있다. 그런데 이 모든 단어가 서로 다른 한자로 음차되었으므로, 위원은 이 이름들이 예부터 역사서에 등장했음을 알아차리지 못했던 것이다.

위원이 6세기부터 여러 역사서에 나타난 사마르칸트의 음차 단어에 대해 잘 알지 못했던 이유는, 이 음차 단어들이 크게 유명한 것이 아니었기 때문이다. 사마르칸트를 대표하는 지명으로 잘 알려진 것은 '강국(康國)'이었다. 이 지명이 잘 알려진 이유는 한대(漢代)의 지명과 모종의 관련이 있기 때문이다. 『위서』「서역

---

5) 몽골제국 차가타이 울루스의 칸이다. 본문에서 언급된 『황조경세대전(皇朝經世大典)』의 「여지도(輿地圖)」가 작성된 1331년 당시 차가타이 울루스의 칸이었다.

6) 당송대의 지명인 '실만근'이나 원대의 '사미사간', '심사간' 등은 마흐무드 카슈가리(Maḥmūd Kashgharī)가 사마르칸트를 지칭했던 풍요로운 도시를 뜻하는 'Semizkent'를 음차한 것으로 보인다. 이것은 대체로 투르크·몽골계 주민들이 사용하는 지명인 반면, 페르시아·아랍인들은 'Samarqand'라는 지명을 사용했는데 이는 고대 그리스에서 보이는 마라칸다(Maracanda)라는 지명과 연결된다. 본문에서 위원이 몽골어라고 지적한 '살마아한'이라는 단어는 명대에 주로 사용되었는데 이 단어의 발음은 Semizkent보다는 Samarqand에 가깝다. 그러므로 위원이 서술한 대로 원대에 지명을 몽골식으로 바꾼 것이 아니라 그 이전부터 투르크·몽골식의 표현이 존재한 것을 다른 음차 형태로 따랐고, 명대에는 페르시아·아랍식의 지명으로 바뀐 것이라 볼 수 있다. Semizkent와 Samarqand 두 단어 역시 모종의 관계가 있는 것으로 보인다.

전」에 '강(康)은 한대 강거국(康居國)의 후예'라는 기록이 있는데, 마치 카슈미르가 천여 년간 같은 이름이듯, 한대의 강거와 당대의 강이 유사한 국명을 수백 년간 유지해 온 것처럼 보인다. 강거국이나 강국은 모두 시르다리야 유역에 거점을 두고 사마르칸트 등의 오아시스 도시를 아우르는 큰 규모의 국가를 지칭하는 지명이었는데, 『신당서』에서 '강을 곧 실만근이라 한다'는 기록에서 볼 수 있듯이 양자는 때로 동일한 것으로 취급되었다(『신당서』권 221, 열전 권 146 상·하,「서역」).[6] 그러다보니 사람들은 주로 전자를 기억했고 사마르칸트 도시를 지칭하는 여러 음차 형태는 잊혀졌다. 위원 역시 중앙아시아의 옛 지명을 언급할 때 강거, 대완(大宛), 대하와 같은 고대부터 유명했던 몇몇 지명만 사용했을 뿐, 역대 정사의 외국전 및 서역전에 등장하는 중앙아시아 내의 수많은 지명은 크게 고려하지 않았다. 그러므로 원대의 기록부터 보이는 사미사간(邪米思幹), 혹은 심사간(尋思幹)은 사마르칸트를 지칭하는 또 다른 음차였으나 마치 새로운 지명처럼 받아들여졌고, 위원 또한 이를 전술한 실만근, 삽말건 등과 연결하지 않고 원이 이곳의 이름을 몽골어로 새로이 바꾼 것이라 여겼던 것이다.

또한 두 번째 문제에서 위원이 제시한 근거 역시 오류를 포함한다. 그의 주장의 근거는 『원사』권 63「서북지부록(西北地附錄)」및 『영락대전(永樂大典)』에 수록된 『황조경세대전(皇朝經世大典)』의「여지도(輿地圖)」이다. 특히 후자는 격자의 방식으로 지명을 배치한 지도인데, 위원이 『영락대전』에서 찾아 『해국도지』에 수록하면서 세상에 알려졌다고 한다. 이 지도는 카안 울루스의 문종 툭 테무르(Tuɣ Temür)의 즉위를 기념하여 1331년경에 완성된 것으로, 당시 각 서방 울루스의 세력범위를 명시하고 있다. 이 당시에 차가타이 울루스는 두라티무르(篤來帖木兒)가, 조치 울루스는 우즈벡(月祖伯)[7]이, 훌레구 울루스는 아부사이드(不賽因)[8]가 칸의 자리에 있었는데, 위원의 서술과는 달리 두라티무르에게는 카슈미르(乞失迷耳)가 속해있지 않고, 오히려 사마르칸트(撒麻耳干)가 속해있다. 또한 위원이 사마르칸트를 차지한 부마 사인티무르라고 소개했던 인물은 사실 훌레구 울루스의 아부사이드(不賽因)이다. 그렇다면 왜 이러한 오류가 발생했을

7) 몽골제국 주치 울루스의 칸 우즈벡(Özbeg Khan, r. 1313~1341)을 일컫는다. 그의 이름을 따서 킵착 초원 동부의 유목 세력들이 '우즈벡 부족'이라는 이름을 칭했다.
8) 몽골제국 훌레구 울루스의 마지막 칸인 아부사이드(Abū Sayyid, r. 1316~1335)이다.

까. 「여지도」의 아부사이드 부분에 '不賽因이 봉해진 지역, 곧 부마 사마르칸트(賽馬爾罕)의 조상이다(不賽因所封地, 即駙馬賽馬爾罕之祖).'라는 기록이 있으며, 위원은 이 내용 때문에 '사마르칸트'가 두라티무르 강역 내의 도시가 아닌, 칭기스 칸(Chinggis Khan)의 부마 '不賽因'이 분봉 받은 지역이라고 보았던 것이다(『원사』 권 63, 서북지부록(西北地附錄) ; E. Bretschneider 1888; 미야 노리코 2010: 162-163).[9] 즉, 지도상 카슈미르를 포함한 지역을 분봉 받은 두라티무르와, 사마르칸트를 분봉 받은 '不賽因'이 별도의 영역을 가진 제왕이므로, 카슈미르와 사마르칸트를 같은 곳이라 보기 어렵다고 본 것이다.

이처럼 위원의 분석은 다소간의 오류를 포함하고 있으나, 역대 정사 및 지리서의 수많은 자료를 이용하여 기존 지리 정보의 오류를 고치려고 했다는 점에서 큰 가치를 지닌다. 이러한 노력은 사마르칸트에 관한 또 다른 문제에서도 나타난다. 위원은 사마르칸트와 계빈에 관한 문제를 서술한 후 다른 문제를 제기했는데, 이는 칭기스 칸이 인도로 달아난 호라즘 샤 잘랄 앗 딘(Jalāl al-Dīn)을 좇아 어디까지 진격했는지에 관한 것이다. 『원사』나 『야율초재신도비(耶律楚材神道碑)』 등 원대의 기록들은 칭기스 칸이 동인도까지 진격했다고 기록했으며, 이는 『명사』에서도 반복된다. 그러나 위원은 현장의 『대당서역기』와 구처기의 『장춘진인서유기』 그리고 『몽고원류(蒙古源流)』를 병렬로 제시하여, 이들 저서 속의 철문~북인도 사이의 상황에 관한 기록을 순서대로 나열한 후. 이를 바탕으로 칭기스 칸이 철문을 지나 아무다리야(Amu Darya) 강을 건너 대설산을 통과하여 북인도까지 다다랐으나, 산등성이에서 독각수(獨角獸)를 만나게 되어 되돌아 왔다고 주장했다(『해국도지』 권 32, 북인도이외강역고 Ⅰ).[7]

이처럼 위원은 원·명대의 기록 중에 인도와 관련된 잘못된 지리 정보를 지적한 후, 다른 기록들의 비교분석을 통해 그 오류를 바로잡았다. 그런데 이처럼 위원이 북인도의 경계에 대해 주목한 것은 단순히 원·명대 기록의 일부 오류 때문만은 아니었다. 위원보다 100년 전에 건륭제(乾隆帝)는 몽골리아와 중앙아시아

---

9) 미야 노리코 교수는 본문에 등장한 오류가 영락제의 간여로 인한 결과라고 설명했다. 이러한 정황으로 볼 때, 영락제가 아미르 티무르의 출신에 대해 잘 알지 못했고, 사마르칸트의 위치에 대해서도 제대로 파악하지 못했음을 알 수 있다. 영락제는 명대의 황제 중에 티무르조와 가장 긴밀한 관계를 맺었던 황제임에도 불구하고 사마르칸트의 위치 및 티무르의 前史에 대해 잘 알지 못했으므로, 그보다 수백 년 후의 인물인 위원이 사마르칸트에 관해 잘 알지 못하는 것은 어쩌면 당연한 일이다.

까지 강역을 확대하면서 갑자기 확대된 지리지식으로 인해 혼란을 겪었고, 이를 정리하기 위해 『어제천축오인도고와(御制天竺五印度考訛)』라는 책을 저술했다 (Mosca 2013: 33-36). 이 책에서 그가 특히 주목한 것은 '힌두스탄'(Hindustan)이었는데, 건륭제는 '힌두스탄'과 같은 새로운 지명과 '천축', '인도' 등 중국에서 예부터 사용했던 지명, 그리고 몽골어나 티베트어 사료에서 보이는 인도 관련 지명들의 관계를 분석했다(Mosca 2013: 89).

모스카의 전술한 연구에 따르면 건륭제가 이 책을 저술한 이유는 '인도'와 '힌두스탄'이 동일한 곳이 아님을 주장하기 위해서였다. 건륭제는 준가르와 회강을 정복하며 중앙아시아 지역까지 세력범위를 확장하는 위업을 세웠는데, 그의 위업을 압도하는 정복군주는 단연 칭기스 칸이었다. 그리하여 건륭제는 칭기스 칸의 정복 전쟁을 최대한 축소하고자 했는데, 대표적인 시도가 칭기스 칸의 인도 진격을 검토하여 실제로는 그가 인도에 도달한 적이 없음을 주장한 것이다 (Mosca 2013: 91). 그러나 이 과정에서 인도와 힌두스탄을 별개의 지명으로 인식했고, 북인도의 경계가 모호해졌는데, 위원은 건륭제보다 더 많은 사료들을 이용하여 칭기스 칸이 대설산을 넘어 북인도까지 도달했다고 주장한 것이다.

위원이 전술한 건륭제의 주장을 직접 비판한 것은 아니었으나, 그의 주장에 부정적이었음은 이 장절의 첫머리에 언급된 인용문에서도 드러난다. 그는 관서인 『서역도지』가 남방의 힌두스탄을 계빈이라 하고, 계빈 남쪽의 '서장'을 '천축'이라 서술한 점을 '견강부회'라고 통렬히 비판했는데, 『서역도지』는 건륭제가 당대의 지리지식을 종합하기 위해 조정에 있던 여러 학자들을 이용하여 작성한 관찬 지리서이다. 이 지리서에서 힌두스탄을 계빈에 비정한 것은 건륭제의 의견, 즉 힌두스탄은 인도가 아니며 그보다 북쪽에 위치한 별도의 장소라는 의견에 부응하여 도출된 결론이었다(Mosca 2013: 96).

결국 위원이 북인도의 경계에 관해 계빈이나 철문의 위치를 들어 상세히 고찰한 이유는 원·명대 지리서의 오류도 문제지만 건륭제 시기에 작성된 지리서가 인도의 경계에 관해 만들어 낸 잘못된 지리지식을 고치기 위함이라 볼 수 있다. 위원이 『해국도지』를 저술한 목적이, 아편전쟁 이후 본격화된 영국의 위협을 물리치기 위해 해방론(海防論)을 주창하고 그 방법을 모색하는 것임은 잘 알려져 있다.[10] 그런데 불과 백 년 전인 건륭제 시기만 해도 중국인들은 인도가 영국의 식민지이자 동북아시아로 진출하는 교두보인지 몰랐으므로, 중국인들은 인도에 관한 지리 정보를 중요하게 여기지 않았다. 인도와 힌두스탄을 별도의 지리개념으로 여겼던 건륭제의 주장은 당시에도 여러 지리적 의문을 야기했으나, 그 당시에만 해도 인도는 청의 변경 방어에 크게 중요한 곳이 아니었다. 그렇기 때문에 진정한 탐구의 대상이기보다는 통치자의 위상을 위해 마음대로 정의될 수 있는 미지의 영역으로 남을 수 있었다. 그러나 위원에게 인도는 영국의 정황을 이해하기 위해서라도 정확히 파악해야 할 중요한 고려 대상이었으므로, 위원은 건륭제가 남긴 인도에 관한 지리 지식 중에 오류를 간취(看取)하고, 수많은 중국의 옛 사료를 인용하여 인도의 북쪽 경계에 관한 보다 정확한 지리 지식을 구축했던 것이다. 위원이 권 31-32에서 중앙아시아를 서역이 아닌 '북인도서북주변부'나 '북인도이외강역'이라고 지칭한 것은 인도를 기준으로 중앙아시아를 바라보는 그의 시각을 보여준다.

이처럼 위원은 북인도의 경계에 관한 검토한 후, 본격적으로 사마르칸트의 연혁에 관해 고찰했다. 권 32의 두 번째 절인 「북인도이외강역고」 Ⅱ은, 사마르칸트와 같이 과거에는 사용되었으나 당대에는 더 이상 사용되지 않는 몇몇 역사 지명에 관한 질문을 던지고, 그에 대해 대답하는 방식으로 이루어져 있다. 그 중에 사마르칸트에 관한 질문은 '사마르칸트국은 코칸드 경내에 있는 옛 성터에 지나지 않으나 명대의 기록을 보면 타슈켄트, 부하라, 바다흐샨 등을 포함한 엄청난 강역을 가지고 있다. 그렇다면 과거 사마르칸트의 강역은 어느 정도였는가.'이다.

이 질문에 관해 위원은 명초에 홍무제의 사신으로 사마르칸트에 갔다가 13년간 억류되어 티무르조 전체를 편력하고 온 부안(傅安)의 사례를 들어, 동서로는 파미르(Pamir)에서 카스피해(Caspian Sea)까지, 그리고 남북으로는 아프간

---

10) 『해국도지』의 편찬 목적을 다룬 권 1~2 「주해편(籌海篇)」을 보면, 아편전쟁 패배를 교훈삼아 바다를 통한 서양 세력의 침입을 방어하는 것의 중요성을 강조하는데 이것을 해방론(海防論)이라 한다. 위원의 『해국도지』 저술의 가장 직접적인 원인이었던 임칙서는 아편전쟁 전후로 서양 세력과 물리적으로 충돌했던 인물이다. 위원은 그에게서 많은 서양 자료를 받아 여기에 중국의 자료들을 포함하여 『해국도지』를 저술했는데, 그의 목적은 '서양 오랑캐를 물리치려면 먼저 서양 오랑캐의 실정을 자세하게 파악하는 데서 시작해야 한다.'는 것이었다. 전 100권 중에 5~70권을 차지하는 지리내용은 서양의 지리적 현황을 파악하기 위함이었고, 그 뒤의 내용은 서양의 과학기술과 무기 등에 관한 정보를 수집한 것이다(위원 2022: 5~10).

과 바다흐샨에서 러시아까지의 모든 강역이 과거 사마르칸트의 강역이었으며, 현재 부하라가 이 강역을 차지하고 있다고 설명했다. 이 부분에서 위원은 명초부터 청말까지의 연혁만 언급했으나, 『해국도지』의 여러 곳에 단편적으로 기록된 사마르칸트에 관한 위원의 서술을 검토해보면 그가 고찰한 사마르칸트의 연혁은 그 앞 시대까지 미치고 있음을 알 수 있다. 위원이 분석한 바에 따르면 사마르칸트는 본래 카라키타이의 두 수도 중에 하나로, 칭기스칸이 서정을 행할 때 그의 주둔군이 수년간 자리했던 곳(尋思幹城)이었고 이후 야율초재가 그의 명을 받아 주둔했다. 그리고 몽골 세력이 서역을 평정한 후에는 제왕과 부마를 그곳의 군장으로 삼았고 옛 지명을 몽골어로 바꾸었으므로 비로소 사마르칸트(撒馬兒罕)라는 지명을 얻게 되었다.[11] 그런데 이때 사마르칸트에 봉해진 부마(전술한 不賽因)가 어느 순간 세력을 얻어 파미르 서쪽을 무단으로 점유했다. 결국 쿠빌라이 시기에 몽골 제국은 기왕에 아무다리야에 배치했던 행성(行省)을 폐지하는 대신 중국에서 훨씬 가까운 파미르 동쪽에 알말릭(阿力麻裏)[12], 베쉬발릭(別失八裏)[13] 원수부(元帥府)를 세워 천산 남북을 장악하는 데에 그치고 말았다.[8]

이 정권에서 원말에 부마 티무르가 사마르칸트의 왕이 되었고 명 홍무제(洪武帝) 때에 표(表)를 바치며 명에게 복속했는데, 영락제 때는 명에서 파견한 부안 등의 사신을 억류하고 그로 하여금 수만 리에 이르는 자국의 강역을 편력하게 하여 국가의 광대함을 자랑할 정도로 거대한 국가가 되었다. 그러나 명 말인 가정 연간에 사마르칸트에서 파견한 왕만 50여 명이 넘을 만큼 분열이 극심해졌다(『해국도지』 권 31; 『해국도지』 권 32, 북인도이외강역고 II).[9] 이때에 부하라가 사마르칸트의 영역을 포괄하여 백 여 개의 성을 취하였고 그 세를 당대까지 지속하고 있으니, 즉 당대의 부하라 땅이 옛 사마르칸트 땅이라는 것이다.

이는 12세기 카라키타이 시기부터 16세기 초반 티무르조의 몰락에 이르는

---

11) 맥락으로 볼 때 제왕은 두라티무르이며, 부마는 사인티무르이다.

12) 현재 신장위구르자치구 톈산 북부에 자리한 카자흐스탄과의 국경지대인 훠청현의 한 마을 이름으로, 몽골제국 차가타이 울루스의 수도였다. 일리(Ily) 강변에 위치한다.

13) 현재 신장위구르자치구 동부인 짐사르(昌吉州)에 위치하며, 톈산 북부에 위치해 있다. 고대에는 北庭이라고 알려졌으며, 몽골리아 초원에서 남하한 위구르 왕국의 수도가 되어 다섯 개의 성을 뜻하는 베쉬발릭으로 불렸다.

파미르 서부 오아시스 지대의 대략적인 역사를 반영하고 있다. 세조(쿠빌라이) 말기에 파미르 서쪽의 세력이 무단으로 그 지역을 점유하여 마치 기미(羈縻)와 같았다는 권 3의 서술은, 몽골제국 서부 울루스들이 탈라스 회맹 이후 카안 울루스를 외면하고, 결국 13세기 후반 30여 년간 서부 울루스들이 카안 울루스의 쿠빌라이와 첨예하게 대립하던 시점을 떠올리게 한다. 다만 위원은 전술한 「여지도」의 기록을 참고하여 부마 티무르의 조상인 '不賽因'이 이 사건을 일으켰다고 보았는데, 실제로는 우구데이의 카이두와 차가타이 울루스의 두와가 이 사건의 주축이었다.[14] 또한 명 말에 사마르칸트가 사분오열되고 부하라로 편입되었다는 서술은, 우즈벡 부족이 주축이 되어 건국한 부하라 칸국이 16세기 초에 티무르조를 멸망시키고 사마르칸트를 차지했던 사건을 연상시킨다.

위원이 이와 같이 파미르 이서 지방의 역사를 추정할 수 있었던 것은 원·명대의 다양한 기록을 이용했기 때문이다. 칭기스 칸의 사마르칸트 주재와 인도 진격에 관한 내용은 『장춘진인서유기』에 자세히 수록되어 있다. 세조 말기에 '사마르칸트'가 파미르 이서 지방을 점유했다는 점은 행성과 원수부의 치폐(置閉)를 다룬 원대의 사료를 통해 추정한 바이다. 그리고 전술한 「여지도」에서 보이는 세 서부 울루스의 영역 분포 등도 위원의 판단을 뒷받침하는 근거가 되었다. 한편 위원이 사마르칸트의 사분오열을 설명하기 위해 참고한 사료는 『명사』 「서역전」의 사마르칸트 항목으로, 그 내용은 가정 3년(1523)에 사마르칸트의 조공사절이 왔는데, 그 수가 과거에 비해 너무나 많아졌다는 한 관료의 보고였다. 즉, 홍치(弘治) 연간(1488~1505)까지는 사마르칸트의 왕에게서 온 사신이 단 한 무리였으나, 1523년에는 사신을 파견한 사마르칸트의 왕이 27명, 1529년에는 53명에 달할 정도로 증가했다는 것이다. 티무르조는 1501년 우즈벡 세력이 사마르칸트를 함락, 1507년 헤라트(Herat)를 함락함으로써 멸망했으며, 우즈벡 세력이 세운 부하라 칸국은 티무르 조에 비해 중앙집권적 경향이 극히 약하여, 아무다리야 강 남북에 위치한 여러 오아시스 도시에 자리한 부족들의

---

14) 위원은 쿠빌라이와 우구데이 울루스의 카이두에 대해서도 일부 언급하기는 하나, 주로 러시아 연혁과 관련하여 금산(알타이) 일대에서 활약한 것으로 기록하였고, 오아시스 지대와는 크게 연결 짓지 않았다. 그러나 카이두 본인은 알타이 일대에 있다 하더라도 오아시스 지대를 차지했던 차가타이 울루스의 두아 칸과 연합하여 중앙아시아의 초원~오아시스 일대에서 대칸의 영향력을 약화시킨 것은 사실이다.

연맹국가에 가까웠다. 그중에 16세기 초에 부하라에 자리 잡은 우베이둘라 칸 ('Ubayd Allah Khān)과 그 계보가 이후 그 연맹을 대표했기 때문에 부하라 칸 국이라 불렸으나, 여타 오아시스 도시를 차지한 우즈벡 왕자들과 부족장들이 자 기의 영지를 독자적으로 통치하는 느슨한 연맹국가였다(고마츠 히사오 2005: 226). 이들이 티무르조와 중국과의 옛 관계를 이용하여 경제적 이득을 취하기 위해 스스로를 사마르칸트의 왕이라 칭하고 사신을 파견했다면, 이와 같은 결과 를 초래했을 가능성은 충분하다.

　이처럼 위원은 다양한 자료를 이용하여 사마르칸트의 연혁에 관해 통시대적 으로 파악했는데, 이러한 서술은 일반적인 지리서의 내용과는 거리가 멀다. 그 렇다면 위원은 당시에 이미 쇠락하여 지도상에서 사라져야 할 사마르칸트의 연 혁을 왜 이와 같이 자세히 살펴보았을까.

　명 말에 사마르칸트를 병합하여 대국이 된 후 19세기 중반까지 존속했던 부 하라는 파미르 서쪽의 세력 중에서도 정보가 많지 않은 곳이며, 당시까지 청과 의 외교관계도 제대로 성립된 적이 없는 곳이었다. 그런데 위원이 『해국도지』를 저술하기 직전인 도광(道光) 19~20년(1839~40) 영국과 러시아가 각기 부하라 와 히바 칸국에 접근했다가 호되게 당하는 사건이 발생했다.

> 도광 19년(1839) 러시아가 인도를 엿보고자 은밀히 우두머리를 파 견하여 부하라에 이르렀고, 영국-인도 속국과 더불어 교전하고자 하였다. 영국인들이 병사를 이끌고 요지로 들어와 화해하였고 물러 갔다(최한기, 2002: 74).
> 부하라는, 서쪽으로 카스피해에 이르는데 그것을 히바(其瓦)라 칭 하거나, '機窩'라고도 칭한다. 그 군주는 투르크 남방에서 유목을 주관하는데, 비록 밭 경작에 힘쓰나, 또한 사람을 노략하여 판다. 도광 20년(1840)에 군사 2만 명을 이끌고 러시아를 침범했다가 대 부분이 동사했다(『해국도지』 권 31).[10]

　이 두 기록은 당시의 실제 상황과는 약간 차이가 있다. 전자는 카불(Kabul)을 둘러싸고 발생한 영-아프간 1차 전쟁 및 그 즈음에 발생한 일련의 사건을 의미하는 것으로 보인다. 이때 영국이 상대한 아프간의 배후에 러시아가 있었음은 틀림없으나, 결과적으로 이 전쟁은 영국과 아프간의 군주 두스트 무함마드(Dūst Muḥammad)와의 싸움이었다. 러시아가 인도를 넘본다는 사실은 19세기 내내 이어진 양국 간의 그레이트 게임에서 영국의 대 전제였으며, 러시아 측이 영국에 비해 부하라에 대해 더 잘 알고 있었던 것은 사실이었다. 그러나 부하라 정권이 러시아의 측에 서 있었던 것은 아니며, 오히려 이 당시에 부하라 내에서 수많은 러시아 인들이 불법적으로 노예로 부려지고 있어 러시아의 큰 골칫거리가 되었다. 어쨌든 영-아프간 1차 전쟁은 인도에 대한 러시아의 위협에 맞서 아프간의 군주를 영국에 우호적인 인물로 교체하기 위해 일으킨 것이며, 이때 영국은 카불까지 진격해서 오랫동안 농성했으나 처절히 패배했다. 또한 이때 영국은 부하라로 찰스 스토다트(Charles Stoddart)와 아서 코놀리(Arthur Conolly)라는 장교를 순차적으로 파견하여 우호관계를 체결하고자 했으나, 당시 부하라의 군주 아미르 나스룰라는 그들을 처형해버렸다(Joseph Wolff 1845: v~vi).

한편 아래의 기록은 1839~40년 사이에 발생한 히바의 러시아 침공 사건에 관한 내용이다. 다만 위원의 기록과는 반대로 러시아가 히바를 침공했으나 패배하여 천명 이상이 추위로 인해 사망한 것이 본 사건의 실체인데, 이는 히바와 러시아 사이의 갈등이 수십 년간 존재해왔음을 보여준다. 이처럼 부하라와 히바는 그들의 남북에서 압박하던 제국주의 세력에게 모두 비우호적인 태도를 보였던 것이다. 이러한 상황에서 청은 영국을 물리치기 위해 러시아 세력을 이용하고자 했지만, 당시 영국과 러시아가 모두 주목하고 있는 중앙아시아 오아시스 세력에 대해 아는 바가 거의 없었다. 그런데 위원이 고찰한 바와 같이 부하라가 사마르칸트의 후신이라면, 부하라의 역사는 중국 사료를 통해 12세기까지 거슬러 올라갈 수 있는 것이다.

다만 위원이 재구성한 사마르칸트의 역사를 현재의 시각에서 검토해 보면, 중국의 전통 왕조가 타국의 내부 사정을 파악하는 데에는 한계가 있었음을 알 수 있다. 예를 들면 티무르를 아부사이드의 후손으로 기록했던 「여지도」의 내용 때문에 위원은 명대 사마르칸트, 즉 티무르조 역사에 대해 큰 착오를 일으켰는데, 이 지도는 명대의 어느 황제보다도 티무르조와 가장 긴밀한 관계를 맺었던 영락제의 명령에 의해 작성된 것이다. 즉, 영락제조차도 티무르조의 전사(前史)에 대해서는 잘 알지 못했음을 알 수 있다. 또한 위원은 사마르칸트가 부마국이 되었던 시점을 칭기스 칸 원정 직후로 보았는데, 이는 칭기스 칸의 아들인 차가타이가 건국한 차가다이 울루스의 존재에 관해 제대로 알지 못했음을 시사한다. 또한 위원은 16세기 초에 티무르조가 멸망하고 왕조가 교체된 사실을 간접적인 증거를 통해 추론했는데, 이는 명대의 사서에 티무르조의 멸망과 부하라 칸국의 등장에 관한 직접적인 기록이 없었기 때문이다.

마지막으로, 이 시기에 중앙아시아에 관한 동서양의 지식은 서로 어우러지지 못하고 별개로 존재했다. 『해국도지』 권 19에 "(인도에 있던 알리[俄利는) 예수기년(耶蘇紀) 1398년(건문 2년이다.)에 저마아(底摩阿)에 의해 멸망했다. 저마아는 백여 년간 (국가를) 이어나갔다가 그 후에 모두 몽골에 귀속되었다. 이 몽골이 소위 사마르칸트의 왕이다."는 서술이 있는데, 이는 티무르의 델리(Delhi) 정복과 바부르(Bābur)의 북인도 정복을 함께 아우른 서술이다. 위원은 이 기록에 등장하는 '저마아'가 사마르칸트의 부마 티무르와 동일인물이라는 언급을 하지 않았다. 또한 사마르칸트에서 온 몽골 세력이 '저마아'를 멸망시켰다는 내용 역시 다소 오류를 포함하고 있다. 티무르는 델리 원정 직후 사마르칸트로 귀환했고, 북인도에는 여전히 델리술탄국이 자리하고 있었다가 100여 년 후 티무르의 후손인 바부르에 의해서 재차 점령되어 무굴제국이 되었던 것이다.

정리하면 위원은 사마르칸트라는 옛 지명에 관한 여러 종류의 기록을 철저히 분석하여 지명의 연혁을 상세히 밝히고, 그 지명과 관련된 잘못된 정보를 교정했다. 중국의 역대 지리서에서 특정 지역의 연혁을 고찰할 때 옛 지명과 새 지명을 단순히 연결하는 경우는 왕왕 있으나, 위원처럼 다양한 기록을 총동원하여 특정 지명의 역사적 연혁을 상세하게 분석한 것은 보기 드문 시도이다. 위원은 이러한 시도를 통해 당대에 정보가 부족했던 부하라의 과거사를 확보하는 한편, 영국의 속국으로 무엇보다도 정보가 필요했던 인도의 북쪽 경계에 관한 정확한 정보를 추론해낼 수 있었는데, 이는 청말 수많은 지리서의 범람 속에서 『해국도지』가 가진 장점이라 할 수 있다.

III. 카자흐 4부와 타슈켄트, 부하라

앞서 살펴본 사마르칸트는『해국도지』에서 중국의 옛 기록에만 있을 뿐 당대에는 사라진 세력이었다. 반면에 이번 장에서 살펴볼 카자흐는 현존하는 세력인데다 청과 접촉한 기록이 많으므로 위치를 추정할 필요도 없고, 비교적 신생 세력이었으므로 연혁을 고려할 필요도 없이 관련 지리정보를 제시하면 되는 곳이었다. 그런데 카자흐에 관한『해국도지』의 서술 역시 단순히 지리정보의 제시에 그치지 않는다. 그렇다면 위원은 카자흐의 어떤 점에 주목했으며, 그 의의는 무엇이었을까.

위원은 카자흐에 관한 중·외 여러 지리서의 내용을 발췌하여 정리한 후, 그 내용을 바탕으로 카자흐의 구조를 분석했다. 우선 서양인의 지리서를 검토해보면,『해국도지』에 인용된 것 중에 '카자흐'라는 단어를 직접 언급한 책은『지리비고(地理備考)』와『외국사략(外國史略)』이다. 두 책 모두 19세기 전반에 완성되었으므로, 청나라가 몽골 서부의 준가르 및 회강을 장악한 이후의 상황을 다루고 있다.

『지리비고』는 아시아 서부 초원지대와 그 이남의 오아시스 지대를 하나로 묶어 '투르키스탄국(達爾給斯丹國)'이라 칭했다. 그런데 위원이 이 책을『해국도지』에 인용하면서 "투르키스탄은 남회인(南懷仁, Ferdinand Verbiest)의 지도에서 '韃而靼'이라 일컫은 곳이다. '스탄(斯丹)'은 서역 국왕의 칭호이며, 또는 카자흐국이라고도 부른다."는,[11] 본문에는 없는 서술을 덧붙였다(『해국도지』권 31).[15] 한편『외국사략』은 원문이 망실되어 확인할 수 없지만, 경·위도에 따른 위치를 언급하기 전에 "서역의 카자흐는 유목국가이다. 총령의 동과 서가 모두 그들의 땅이며, 서양인들이 그것을 '達達裏' 혹은 '達爾靼' 혹은 '達爾給'이라 칭한다."라고 되어 있다.[16] 이 부분 역시 위원의 첨언처럼 보인다. 즉 서양인들은 줄

---

15) 『지리비고』권 7「달이급사단국국전도(達爾給斯丹國國全圖)」에는 본문에 해당하는 내용 없이 '아시아주 서북에 위치하며(在亞細亞州西北)....'로 시작된다. 즉, 남회인의 지도 언급이나 이를 '카자흐국'이라고도 부른다는 내용은 모두 위원 자신의 의견이다.

16) 『외국사략』의 인용구 뒷부분에서 줄곧 중앙아시아 전역을 아우르는 단어로 '서역(西域)'이라는 중국의 전통적인 단어를 사용하고 있어, 저자 로버트 모리슨(Robert Morrison)은 서역이라는 단어를 사용했음을 짐작할 수 있다.

곧 아시아 서부 초원지대를 '타타르'(Tatar)로 칭해왔는데, 위원이 부가적인 설명을 덧붙여 이곳을 '카자흐국'이라 칭한 것이다.

그렇다면 위원은 왜 이 광대한 영역을 '카자흐국'으로 불렀을까. 서양인들은 역사적으로 몽골을 타타르라고 불렀는데, 몽골제국이 쇠퇴한 후로는 그들에게서 가장 가까운 곳에 위치한 유라시아 초원 지대의 주민들, 즉 조치 울루스의 후손들에게 이 단어를 적용했다.[17] 반면에 '타타르'를 음차한 달단(韃靼)이라는 한자는 중국에서는 몽골리아 초원의 몽골제국 후속세력, 그중에서도 서부의 오이라트(Oirat)·준가르보다는 동몽골 세력을 주로 지칭하는 단어였다. 그러므로 타타르라는 단어를 아시아 서부의 초원지대에 동일하게 적용하기는 어려웠다. 그래서 이 일대에 새로운 이름을 부여할 필요가 있었는데, 청이 준가르 정복 시점에 이 일대에 처음으로 진출했을 때 처음 접한 세력이 카자흐였다. 그러므로 아시아 서부 초원지대를 '카자흐국'으로 칭했던 것이다. 그러나 서양인의 지리서에서 카자흐에 관한 그 이상의 자료는 찾아보기 어렵다.[18]

---

17) 조치 울루스는 14세기 중반에 조치의 장자인 오르다(Orda)와 차자인 바투(Batū)의 계보가 모두 단절되면서 분열 상태로 접어들었는데 이 상황을 단기간으로나마 수습한 것이 조치의 13번째 아들 투카 티무르의 자손인 우루스 칸(Ūrus Khān)과 툭타미시(Tūqtamish)이다. 그러나 이들이 14세기 말~15세기 초에 티무르에 의해 수차례 큰 타격을 받아 위축되었을 무렵, 5번째 아들인 시반(Shivan)의 자손이 아불하이르(Abū al-Hayr)가 동부에서 성장했다. 그와 그의 직계 자손이 시르다리야 북부에서 마와라안나흐르로 남하하여 건설한 것이 우즈벡-샤이반 칸국(15c 중~1599)이며, 그 일파가 세미레치에(제티수)에서 초원을 장악하고 건설한 것이 카자흐 칸국, 그리고 또 다른 시반의 후손이 이르티시 강 유역의 투멘, 시비르 등지에서 건국한 칸국이 시비르 칸국(1468~1598)이다. 한편 조치 울루스의 서부에는 투카이 티무르(Tughay Tīmūr) 계보의 몽골 후예들이 칸국을 건설했는데, 크림 반도의 크림 칸국(1448~1783), 볼가 강 중류의 카잔 칸국(1438~1552), 그리고 볼가 하류의 아스트라한 칸국(1466~1556)이다. 또한 그들의 중간인 카스피해 북안~동안에 조치 울루스를 구성하던 주요 부족인 망구드 부가 건설한 국가가 노가이 오르다(1440~1634)이며, 이 노가이 오르다를 17세기 전반에 몰아낸 것이 준가르로부터 밀려나 서쪽으로 이동했던 토르구트 부의 칼묵 칸국(1630~1771)이다.

18) 19세기 이전 서양에서 작성된 지도나 지리서 중에 카자흐에 관한 정보가 완전히 없다고 볼 수는 없다. 잘 알려진 지도 중에 영국의 탐험가인 안토니 젠킨슨(Anthony Jenkinson)이 17세기 후반에 작성한 지도를 보면 'Cassakia'라는 단어가 등장한다. 다만 젠킨슨의 지도를 반영하여 대중적으로 널리 알려진 오르텔리우스의 지도책 *Theatrum orbis terrarum*에는 이 내용이 없다. 한편 1602년에 제작되어 중국에 서양의 세계 지리 정보를 안내했던 마테오 리치의 「곤여만국전도」를 보면 몽골리아(韃靼) 초원 서쪽부터 유럽 직전까지, 카스피해와 흑해 동부의 북쪽 지역이 점선을 통해 주변과 구분되어 있는데, 이 일대를 아우르는 지명이라 할 만한 것은 없고, 다만 그 지역의 동쪽에는 '亞細亞沙爾馬齊亞', 서쪽에 '歐羅巴沙爾馬齊亞'라고 표기되어 있을 뿐이다. 이 단어는 고대 그리스의 지리학자 프톨레미(Ptolemy)의 지도에서 기원한 것으로, 기원전후 수백 년간 유라시아 초원을 장악했던 사르마티아(Sarmatia) 세력에서 착안한 지명이다. 즉, 당시 서양에 카자흐 관련 정보를 소략하게나마 담은 지도가 없었던 것은 아니나, 중국에 전래된 지도에는 카자흐에 관한 정보가 없었다. 이에

서양인의 지리서와는 달리 청나라의 지리서는 아시아 서부 초원지대 및 이남 오아시스 지대의 여러 정치세력들을 개별적으로 나열하였으며, 카자흐는 그중의 하나였다.[19] 『해국도지』가 인용한 청대의 여러 지리서를 종합하여 아랄해(Aral Sea)와 파미르 사이의 세력들을 정리해보면, 동·서 포로특, 안디잔, 타슈켄트, 바다흐샨, 좌·우 카자흐, 부하라, 코칸드 등이 있다. 몽골 칸의 후예를 지배층으로 둔 부족 연맹 세력인 카자흐, 부하라, 코칸드 칸국과 타직계 토착 세력이 통치하는 바다흐샨, 그리고 독자적인 도시 세력인 타슈켄트와 안디잔, 유목민족인 키르기즈(Kirghiz)가 당시에 파미르 서부에서 아랄해 사이의 초원과 오아시스 지대에 자리했던 집단들인 것이다. 이 세력들은 청이 준가르를 점령하고 이 지역에 직접 군사를 보냈던 18세기 중반부터 청과 접촉하기 시작했는데, 청의 여러 지리서는 청과 각 세력의 첫 만남을 비롯하여 정기적인 조공 내역, 특수한 사건 등을 편년적으로 기술하였다. 그 내용은 지리적인 것과는 다소 거리가 멀기 때문에 위원은 그것들을 세세히 인용하지 않았으나, 그 내용을 참조하여 카자흐에 관해 아래와 같은 결론을 내렸다.

> 아라크(阿喇克)는 즉 카자흐(哈薩克)의 전음(轉音)이고, 색극(塞克)[20]은 자흐(薩克)의 전음이다. 대저 부하라(布哈爾)는 즉 서 카자흐 국이며, 이것이 와전되어 아라크가 되었고, 또 다시 와전되어 색극이 되었으니, 하나의 국가가 세 국가로 나누어졌다. 카자흐에는 네 개의 部가 있는데, 좌 카자크가 그 동부이고, 우 카자흐─타슈켄트가 그 중부이며, 부하라가 그 서부이다. 이 세 부 외에, 또한 북 카자흐가 있어 러시아와 가깝고 중국과 통하지 않는데, 그것이 여기에서 기록한 소위 아라크일 것이다. 좌우 두 부는 옛 강거이며 서북 두

관해서는 Mukhit Sydyknazarov 2021 참고.

19) 예를 들면 『황조문헌통고』의 「사예고」는 중국 주변부를 사방으로 나누어 그 중에 서방과 북방에 중앙아시아 국가들을 배치했고, 『대청일통지』는 단지 권 420에 수록되어 있으며, 『서역문견록』은 '외번왕공(外蕃王公)' 항목에 포함하였다. 물론 이 중앙아시아 일대를 아우르는 막연한 개념인 서역이라는 단어가 있으나, 그에 대한 명확한 지리적 경계는 없다.

20) 이 지명은 『서역문견록』에만 보이는 지명이다. 본문에서 설명한 것 외에, 군주는 칸을 칭하고 부락 구성원은 모두 그의 노예(아르바트)이며, 부락이 매우 거대하고 야르칸트에서 2만여 리 떨어져 있는데, 아프간의 서부 경계를 마주하고 있다는 내용이 있다.

부는 옛 대하였는데, 분할되어 대완의 서쪽 경계가 되었다. 명대에는 사마르칸트가 되었고, 명 말부터 사마르칸트가 분열되기 시작했는데 코칸드가 그 3/10을 얻었고 부하라가 그 7/10을 얻었다. 오늘날 부하라가 다시 코칸드를 멸망시켜 그것을 얻었으므로, 대완과 대하의 땅을 모두 겸병했다. [12]

위의 기사는 『해국도지』 권 32 「북인도이외강역고」 Ⅱ에서 위원이 제기한 세 가지 질문 중에 '색극과 아라크'라는 지명에 관한 질문의 대답 중에 일부이다. 이 두 지명은 18세기 후반의 만주 팔기 출신 관료 춘원(椿園)이 작성한 『서역문견록(西域聞見錄)』에만 유일하게 등장하는 지명으로, 위원은 이 독특한 지명에 대한 질문을 제기했고, 위와 같이 대답했다. 즉, 위원은 색극과 아라크를 카자흐의 전음으로 보았으며, 카자흐에 여러 이름이 있는 이유를 설명하기 위해 카자흐의 네 부에 대해 설명한 것이다. 정리해보면 1) 좌 카자흐-동부, 2) 우 카자흐-타슈켄트-중부-(옛) 강거, 3) 색극-부하라-서부(서 카자흐)-(옛) 대하, 4) 북 카자흐-아라크가 된다.

앞서 살펴본 『지리비고』에는 '카자흐는 내부를 상, 중, 하 삼부로 나눈다.'(哥薩克, 內分上中下三部)는 기록이 있는데, 이는 카자흐 칸국의 세 연맹, 대·중·소 쥐즈(Jüz)를 의미하는 것으로 보인다. 그러나 위원과 같이 네 부의 카자흐, 특히 동, 중, 서, 북의 구분은 굉장히 독특하다. 특히 중부는 있으나 남부는 없고, 방위 구분과 더불어 좌우 구분이 동시에 존재하기도 한다는 점에서 이 네 부의 구분은 한 날 한시에 형성된 것이 아니라 모종의 변천과정을 겪어 19세기 중반에 이와 같이 자리 잡은 것이라 볼 수 있다.

> (카자흐의) 땅은 3부(三部)로 나누어지는데 좌부를 Orta Jüz(鄂爾圖玉斯)라 부르며 일리의 서북쪽에 있다. 우 2부(二部)는 또한 중부, 서부라 부른다. 중부는 Kish Jüz(齊齊 玉斯)이고, 서부는 Uly Jüz(烏拉 玉斯)이며, 양 부는 일리의 정 서쪽이다(최한기 2002: 72). [13]

위의 기록은 『영환지략』과 『해국도지』를 참고로 작성된 조선의 학자 최한기의 『지구전요』 중 '카자흐삼부'에 관한 설명이다. 이 기록에서의 3부(三部)는 틀림없는 3쥐즈이다. 그런데 이 기록 역시 방위와 좌우 구분을 동시에 가지고 있는데다, 위의 삼부 외에 우부의 북쪽에 별도로 '북 카자흐'가 존재한다고 하였다. 즉, 최한기의 기록 속 카자흐 역시 4부 구성인데, 이는 3쥐즈와 대응되는 3부 + 1부의 형태이다. 최한기의 이 기록은 『영환지략』의 카자흐 관련 기록과 동일하다(『영환지략』 권 3, 서역각회부(西域各回部)).

그러므로 『영환지략』과 『해국도지』는 동일한 네 부의 구분을 지니는데다, 좌·우 구분과 방위 구분이 중첩되어 있다는 공통점이 있다. 그러나 차이점이라면 전자는 3부를 3쥐즈와 연결하고 나머지 하나의 부를 별도로 언급했으며, 후자는 부를 쥐즈가 아닌 지역과 연결시키고 있다는 점이다. 또한 전자는 좌우 구분 하에 우부를 중/서로 구분했다면, 후자는 좌=동, 우=중, 서, 북으로 나누는 식이다.

물론 미묘한 차이이기는 하나, 왜 『해국도지』는 『영환지략』과 다른 서술 방식을 택했을까. 위원이 참고했던 『황조문헌통고』 「사예고」의 '우 카자흐' 항목을 보면, 좌 카자흐의 수장으로 건륭 21년에 항복한 아불라이(阿布賚)가 '카자흐에는 세 개의 쥐즈가 있는데 이는 준가르의 4 오이라트(衛拉特)와 같아, Orta Jüz(鄂爾圖玉斯, 중 쥐즈)는 자신이 통치하는 곳이고 다른 것은 Kish Jüz(齊齊玉斯, 소 쥐즈)와 Uly Jüz(烏拉玉斯, 대 쥐즈)인데 모두 자신의 족형(族兄)'이라 이야기한 바를 기록하였다(황조문헌통고』 권 300 「사예고」 8).[14] 이것으로 보아 카자흐의 쥐즈 구조를 반영하고 있는 『영환지략』의 서술이 훨씬 명쾌한 것처럼 보인다. 그러나 『황조문헌통고』, 『영환지략』을 비롯하여 쥐즈에 관한 기록이 포함된 여러 청대 자료를 참조했던 위원이, 자신의 저서에서 쥐즈에 관한 기록을 배제한 것은 나름의 이유가 있지 않았을까 한다.

청대의 중앙아시아를 연구하는 몇몇 학자들은 중국 사료 속의 카자흐 삼부와 3쥐즈가 1:1로 대응되는 것이 아님을 지적했다. 러시아 사료와 중국 사료를 비교했던 사구치 토루(佐口透)는 중국 사료의 좌부와 우부라는 표현은 본질적으로 쥐즈와는 관계없는 표현이라고 했다(佐口透 1986: 336). 또한 만주 및 현지사료까지 함께 섭렵했던 노다 진(野田仁)는 18세기 중반에 청과 카자흐의 접촉 과정을 시간별로 추적하며, 청에서 '서 카자흐', '우부'라고 지칭하는 대상에 변화가 있음을 지적했다. 즉, 건륭제가 준가르를 멸망시키고 준가르 휘하에 있던 카자흐 세력과 처음으로 접촉했을 때(1755년), 좌부의 왕작은 전술한 아불라이가, 우부의 왕작은 아빌리스(阿比里斯, Abilis)라는 인물이 받았으며 그의 칭호는 '대 쥐즈 칸'(烏魯克玉玆汗, Ulugh-Yuzi Khan)[21]였다(『대청일통지』권 420, 좌합 살극(左哈薩克)). 그러나 곧 대 쥐즈 세력은 그들의 근거지에서 축출되었고, 이를 대신하여 중 쥐즈의 다른 계보, 아불만베트 칸의 아들 아불페이즈(阿布勒比斯)가 대 쥐즈의 근거지를 얻게 되면서 왕작을 갖게 되어 좌·우 카자흐는 모두 중 쥐 즈 출신의 칸이 되었다. 「사예고」우 카자흐 항목의 건륭 34년 이후에 등장하는 아불페이즈가 그이다. 한편 우 카자흐 항목의 건륭 27년에는 누랄리 칸(努爾里 汗)과 바투르 칸(巴圖爾汗), 우르겐치(諤爾根齊) 부의 카이프 칸(哈雅布汗)이 사신 을 파견했고, 46년과 48년에도 누랄리 칸이 전술한 아불페이즈와 함께 사신을 파견했는데, 46년의 기록에만 누랄리에 대해 '서부'라는 수식어를 붙인다. 노다 진은 그가 소 쥐즈 출신이라고 설명하면서,[22] 소 쥐즈는 앞서 우부에 해당했던 대 쥐즈나 아불페이즈 계 중 쥐즈와는 별도로 사신을 파견한 것인데, 청조는 이 들이 기존의 우부와는 다르다는 점을 나중에야 알게 되어 뒤늦게 그들을 서부로 지칭했지만, 18세기 후반에 저술된 다양한 서역 관련 저서에서 서 카자흐, 우부, 서부가 정확히 누구를 가리키는 것인지 서술상의 혼란이 생겨났다고 설명했다. 그러므로 청의 사료에서 종종 보이는 '카자흐삼부'(哈薩克三部)를 뻴리오를 비롯 하여 현재의 중국, 카자흐스탄의 학자들은 대체로 3쥐즈에 일치시키지만, 꼭 그 렇게 볼 수만은 없다는 것이 노다 진의 결론이다(Jin Noda, 2016, 153).

　사실 청조 사료 속의 3부와 카자흐의 3쥐즈를 동일시할 수 없다는 것은, 3부 와 별개로 존재하는 '북 카자흐'의 존재를 통해서도 충분히 짐작할 수 있다. 이러 한 점을 고려할 때, 위원이 카자흐의 네 부에 관해 설명하면서 쥐즈를 거론하지 않은 것은, 기왕에 그가 참고한 여러 사료 속에서 카자흐 3부 각각이 특정 쥐즈 와 연결될 수 없음을 인지했기 때문이 아닐까 한다. 다만 그는 이에 관해 상세한 설명을 덧붙이지 않았으므로, 그가 카자흐 내부 상황을 어느 정도 이해했는지

---

21) 본문에는 王(Wang)으로 되어 있으나 쥐즈 발음에 더욱 가깝기 위해서는 玉(Yu)가 적절하다.
22) 『황조문헌통고』권 300, 사예고 8의 건륭 27년 기록에 그가 소 쥐즈 부(齊齊玉斯部) 소속이라 되어 있다.

짐작할 수 있는 단서는 없다. 대신 그가 카자흐 네 부 중에 일부를 초원지대 남쪽의 오아시스 도시와 연결한 새로운 지리적 추론을 감행했다. 이는 앞서 보았듯이 우 카자흐(중부)를 타슈켄트, 서 카자흐(서부)를 부하라와 연결한 것이다.

『영환지략』에서도 우부에 속하는 중·서부는 유목세력(行國)인 좌부와는 달리 성곽이 있고, 일리의 정 서쪽에 위치해있다고 되어 있는데, 타슈켄트나 부하라는 이 설명에 부합한다. 그러나 더 이상의 상세한 설명이 없기 때문에, 위원의 추론이 얼마나 사실에 가까운지 확인할 필요가 있다. 우선 위원은 우 카자흐(중부)를 타슈켄트로 비정한 근거를 명시하지는 않았으나, 『해국도지』 권 31에 『대청일통지』의 타슈켄트 항목을 인용했다. 그 내용은 우 카자흐와 타슈켄트 사이의 전투에 관한 기사인데, 그 기록에 따르면, 타슈켄트는 과거에 우 카자흐에 속해있었고, 타슈켄트를 통치하는 세 명의 호자, 물라 샴스(莫爾多薩木什), 샤디(沙達), 투르잔(吐爾占) 중에 전자는 카자흐에서 배치한 호자였다. 그런데 투르잔 호자가 전자를 내쫓으면서 건륭 23년(1758)에 양자 사이의 전쟁이 발생했다는 것이다.[15] 이 기록은 다른 지리서에도 수록되어 있는 유명한 기록이다.

이 기록은 타슈켄트가, 1750년대에 '우 카자흐'였던 대 쥐즈 칸의 거점이었음을 암시한다. 『황조문헌통고』 권 300 「사예고」 8의 우 카자흐 항목에도 아빌리스가 타슈켄트 성에 주둔하며, 그 실권은 톨레 비이(圖里拜)라는 자가 쥐고 있다는 기록이 있는데, 아빌리스는 전술한 대 쥐즈의 칸이다. 이와 비슷한 기록이 러시아의 1742년 기록에도 등장한다(Jin Noda, 2016, 156). 러시아의 그 이전 기록으로 거슬러 올라가면 1740년에 사망할 때까지 타슈켄트에 머물렀던 율바르스(Yūlbārs)라는 칸이 있는데, 그는 아빌리스의 부친이었다.

다만 전술했듯이 대 쥐즈는 곧 그들의 근거지, 곧 타슈켄트에서 축출되는데, 이를 암시하는 기록 또한 위원이 발췌하여 수록했다. 이는 『해국도지』 권 31에 있는 『서역수도기(西域水道記)』의 인용구이다. 타슈켄트를 두 호자가 나누어 통치하고 있었는데, 하나는 물라 샴스(摩羅沙木什)이고 다른 하나는 샤디 호자(舍氏和卓)였다. 샤디 호자가 점차 강해져 물라 샴스를 공격하자, 후자는 코칸드에게 군대를 빌려 그에게 맞섰다. 이에 샤디 호자는 서 카자흐와 연합하여 물라 샴스의 두 아들을 살해했고 타슈켄트를 공격했다(『해국도지』 권 31).[16] 이 사건이 발생한 시점은 동일 사건을 기록한 『평정준갈이방략(平定準噶爾方略)』 권 16에서 알 수 있듯이 건륭 27년(1762)이다.

이 기록을 보면 과거 우 카자흐와 연합했던 물라 샴스가 이번에는 코칸드와 연합하고, 샤디 호자는 서 카자흐와 연합했다.[23] 이는 본래 타슈켄트를 장악했던 대 쥐즈의 아빌리스가 세력을 잃고, 또 다른 카자흐, 즉 중 쥐즈의 아불페이즈가 등장했기 때문이었다. 물론 대 쥐즈 세력이 사라졌다기보다는 타슈켄트에서 철수한 것이라 볼 수 있다. 그렇기에 그들이 세웠던 샴스는 새로운 연맹상대를 찾아야 했고, 이 지역에 새로이 등장한 중 쥐즈는 과거에 대 쥐즈와 연합했던 호자 대신 다른 호자와 연합하게 된 것이다.

이 기록들을 종합해볼 때 타슈켄트는 카자흐가 세 쥐즈로 분열된 1718년 이후로 대 쥐즈 칸의 거점이었다. 그리고 앞서 노다 진의 연구에서 보았듯, 타슈켄트의 주인이 교체되더라도 청의 기록은 타슈켄트에 자리했던 집단을 우부로 칭했기 때문에, 우부를 타슈켄트에 비정하는 위원의 판단은 올바르다고 볼 수 있다.

그렇다면 위원이 서 카자흐를 부하라와 연결한 점 역시 합당할까. 서 카자흐는 노다 진의 연구를 통해 보았듯이 초기에는 소 쥐즈를 지칭했으나, 카자흐 내부의 변화에 따라 지칭 대상이 변화하였으므로 그 실체가 명확하지 않다. 위원은 『서역문견록』에 등장하는 '색극'이라는 단어를 카자흐의 전음 형태로 보아 이를 서 카자흐와 연결지었고, 같은 책에서 색극을 '서역의 큰 국가'라 표현한 것을 부하라와 연결하는 단서로 삼았다. 위원은 그 근거로 『명사』의 천방(天方) 입공(入貢) 내역과 『서역도지』에 수록된 회부의 계보를 인용하였다. 『서역도지』는 예언자 무함마드부터 당대에 이르기까지 30대(代)에 달하는 회부의 계보를 소개하고 있으며,[24] 위원은 이 계보를 해석하여 회교가 당대(唐代)에 메카가 있는 극서 지방에서 창시되었으나 점차 동쪽으로 이주했고, 25대 때에 부하라를 거점으로 중앙아시아 전역으로 확산되었다가 26대에 카슈가르로 유입되었는데, 이것이 바로 청의 회강 정복 당시에 저항했던 대호자(大和卓木)·소호자(小和卓木)

---

23) 여기에서 서 카자흐는 우 카자흐와 같은 의미이다.

24) 이 계보란 파염바르(噶木巴爾, '예언자'를 의미하는 페르시아어 음차, 예언자 무함마드)를 1대, 同祖兄弟 알리(阿裏)를 2대로 하여 이어지다가 청조의 신강 정복 이후 저항했던 대호자 부르한 앗 딘(波羅尼都)·소호자 호자 자한(霍集占)이 30대(代)가 되는 신강의 종교지도자 계보이다. 위원은 이 계보를 예언자의 실제 계보로 보았다.

의 계보라고 설명했다. 즉 과거 회강의 통치자였던 호자 가문이 기원한 곳이 바로 부하라였으므로, 서역의 큰 국가라 칭할 만한 것이다.[25] 한편 『명사』에서는 천방이라는 곳에서 약 10여 년마다 한 차례씩 사신을 보낸다고 기록하였는데, 천방은 위원이 인용한 유욱(劉郁)의 『서사기』에서 볼 수 있듯이 이슬람이 창시된 메카를 가리키는 단어였다.[26] 위원은 이 내용들을 종합하여 천방에서 이슬람을 창시한 교조의 25대 후예가 부하라를 거점으로 삼아 종교를 주변 지역으로 확산시켰으므로, 부하라가 곧 '서역의 큰 국가'인 색극이자 서 카자흐라고 보았던 것이다.

또한 위원은 『서역문견록』의 색극 관련 기사를 인용하는 도중에 건륭제 시기의 몽골인 관료, 송균(松筠, 1752~1832)의 상소를 삽입하였는데, 그 내용은 "敖罕(코칸드)의 서쪽에 부하라라는 대국이 있어 모두 100여 개의 성을 관할하며, 러시아와 타슈켄트 사이에 끼어 있어 다른 나라는 없다."이다. 위원은 송균의 상소 내용을 『서역문견록』의 '(색극은) 敖罕의 서쪽에 있다'는 기록과 연결하여 서 카자흐가 색극이자 부하라라는 도식을 확립한 것으로 보인다. 그리하여 위원은 『해국도지』 권 56에서 '서 카자흐는 오늘날의 부하라이며 마땅히 원대(元代)의 아스(阿速)임은 의심할 바 없다. 또한 토르구트가 러시아의 볼가강 유역에서 유목하는데, 부하라의 서쪽 경계이다.'라고 기록했다.

여기에서 언급하는 부하라는 타슈켄트처럼 하나의 오아시스 도시가 아니라 부하라 칸국을 의미한다. 전술한 『외국사략』은 서역에서 가장 강대한 세력이 '布加拉國'이라 했는데 이는 부하라를 의미하며, 당시 부하라는 발흐와 타슈켄트, 사마르칸트 등지를 포함한 것으로 묘사한다. 송균의 상소 역시 비슷한 내용을 담고 있다. 즉, 위원은 『외국사략』이나 송균의 상소 내용을 받아들여, 중앙아시아 오아시스 지대의 대부분을 부하라라 불리는 세력이 차지하고 있었다고 여긴 것이다.[27] 그리고 그것을 서 카자흐라고 보았다.

---

25) 물론 이 계보는 낙시반디(Naqshbandiyya) 교단 Afaqiyya 계에서 자신들의 조상을 예언자 무함마드와 이맘 계보에 가탁한 조작 계보이나, 이 교단이 13세기 중반에 부하라에서 창시되어 이슬람권 각지로 확산된 것은 사실이다.
26) 천방에 관한 『명실록』의 기록을 보면 천방의 왕의 이름도 등장하고, 항상 사마르칸트와 함께 사신을 파견하는데다 가정 연간에 사마르칸트의 왕의 수가 증가했을 때 천방의 왕의 수도 함께 증가하고 있기 때문에, 적어도 명대의 천방은 메카보다는 사마르칸트의 영향을 받는 근교의 소국으로 보인다.

문제는 색극이라는 지명을 제시한 『서역문견록』의 권 4에 부하라(布哈拉) 항목이 별도로 존재한다는 점이다. 이렇게 되면 색극과 부하라는 동일한 지역을 지칭하는 것이 아니게 되므로, 위에서 성립한 도식이 깨어지게 된다. 게다가 『서역문견록』에서의 '敖罕'는 코칸드가 아닌 아프간을 가리키므로 '敖罕'의 서쪽에 있는 도시가 부하라가 될 수는 없다.[28] 실제로 이 시기 역사를 검토해보면, 시르다리야(Sirdarya) 강 이남의 정주 오아시스 지대를 거점으로 하는 부하라 국과, 주로 시르다리야 북쪽에 위치한 카자흐 세력의 일파인 서 카자흐는 같은 세력이라 볼 수 없다.[29]

---

27) 『해국도지』 전체에서 히바에 관해 다룬 서술은 『외국사략』을 인용한 부분과 칭기즈 칸의 중앙아시아 원정 때 잠시 거론된 정도이다. 그러므로 위원이 히바 칸국을 부하라와 별도로 인식했는지는 확인하기 어렵다. 참고로 16세기에 히바를 통해 부하라를 방문한 영국 상인 안소니 젠킨슨은 두 지역이 별도의 정권이라고는 인식하지 않았다. 한편 메르브가 부하라에 점령되었다는 것은 이란의 사파비조가 18세기 초에 멸망할 무렵 메르브 일대의 투르크멘 세력이 부하라로 포섭되었던 사건을 일컫는다. 이 세력은 19세기 전반에 부하라로부터 독립을 주장하였다. 메르브의 투르크멘 세력에 대해서는 William A. Wood, 1998 참조.

28) 『해국도지』 권 22에서 위원은 『서역문견록』에 등장하는 '敖罕'이 『영환지략』의 '阿富汗'에 해당하며, 『서역문견록』에서 안디잔의 코칸드(浩罕)의 도성(都城)을 '敖罕'이라 한 것은 전음이 헷갈린 것이라 했다. 다만 『서역문견록』의 '敖罕' 관련 기록을 보면 이 단어는 주로 아프간을 가리키며, 코칸드를 가리키는 사례는 거의 찾아볼 수 없다(Matthew W. Mosca, 2018, 198). 무슬림들이 '敖罕'을 키질바시라 부르며, 18세기 후반 카불에 자리했던 아프간 군주인 티무르샤보다 서쪽에 위치한다는 내용이 있기 때문이다.
그런데 위원은 권 31~32에서 '敖罕'이라는 단어를 줄곧 코칸드 도시를 지칭하는 데에 이용했다. 『일통지』나 『서역수도기』 등의 본문에는 코칸드 도시를 '霍罕'라는 단어로 지칭하나, 자신의 안(案)에서는 줄곧 '敖罕'이라는 단어로 코칸드를 지칭한 것이다. 물론 이는 외래어에 대한 전음이므로 위원의 선택의 영역이기는 하나, 『서역문견록』의 '(색극은) 敖罕(아프간)의 서쪽에 있다'는 기록과 송균의 상소 중에 '敖罕(코칸드)의 서쪽에 부하라라는 대국이 있어'를 대응시켜 색극을 부하라와 일치시킨 것은 혼란을 야기할 수 있다.

29) 색극이 부하라가 아니고 부하라와 서카자흐가 같지 않다면, 색극이 서 카자흐라는 비정은 정확한가. 춘원은 색극이 절대 무슬림이 아니라고 기록한 바 있다. 그러나 위원은 부하라는 무슬림이므로 춘원의 기록은 잘못된 것이라 했다. 그런데 색극이 부하라가 아니고, 중앙아시아에서 멀리 떨어져 있다면 비무슬림일 가능성도 있다. 그런 집단 중에 가장 가능성이 있는 집단은 바로 칼묵 칸국을 세운 토르구트 인들이다. 오이라트 연맹의 일파로 준가르가 성장했을 때 서쪽으로 이주하여 볼가 유역으로 갔던 토르구트라면 서역 중에 가장 먼 국가로, 무슬림이 아니면서도 그 왕을 칸으로 칭할 수 있지 않을까. 물론 토르구트 중에 일부는 1770년대에 청으로 귀환했으나, 일부 칼묵 세력은 여전히 볼가강 유역에 남아있었다(Peter C. Perdue, 2005, 295~299).
춘원은 색극이 아프간과 적이라고 서술하였는데, 볼가강 유역은 아프간과는 다소 거리가 있지만 춘원이 『서역견문록』을 작성한 18세기 후반에 아프간의 두라니 제국은 카스피해에 육박할 정도로 거대한 영역을 차지하고 있었다. 한편 『서역견문록』에서 아프간(敖罕) 항목을 읽어보면 그들을 '키질바시라고 일컫는다'는 대목이 등장하는데, 키질바시는 사실 사파비조와 잔조, 카자르 조 등 16세기 이후 이란에 등장한 왕조들의 군사지배층을 의미한다. 특히 1722년에는 아프간 세력이 이란을 공격하여 사파비조를 멸망시켰으며, 이 혼란 속에서 후라산 출신의 투르크멘 계 나디르 샤가 세력을 이러한 추론 상의 오류는 소 쥐즈와 부하라 모두 청조와 지속적인 외교관계를 맺지 않았기 때문에 발생한 것이다. 전술했듯이 소 쥐즈에서 청에게 사신을 파견한 사례는 1762년과 1781년, 1783년 단 세 차례에 지나지 않았다.[30] 게다가 부하라의 사신 파견 사례는 더욱 미미하여, 『해국도지』 및 『영환지략』에 따르면 건륭 29년(1764) 단 한차례에 지나지 않는다. 더욱이 이 사신은 부하라 칸국의 마지막 칸, 아불가지(阿布勒噶子)가 바다흐샨으로 달아나 청에 귀부 의사를 표하기 위해 파견한 것이다(『고종순황제실록(高宗純皇帝實錄)』 권 713, 건륭 29년 6월 21일). 당시 부하라 칸국은 페르시아 아프샤르 조 나디르 샤(Nādir Shāh)의 공격을 받아 국운이 경각에 달려 있었는데, 이때 나디르 샤의 세력에 부응한 망기트 부족의 압둘 라힘 비이('Abd al-Raḥīm Biy)가 칸의 계보를 뒤엎고 군주의 자리를 찬탈했다(고마츠 히사오, 2005, 360). 그러므로 부하라와 청 사이에 정식 외교관계는 성립한 적이 없으며, 서역 사신들의 정보를 편년적으로 서술한 『황청문헌통고』 「사예고」나 『청사고』에는 아예 부하라라는 표제어가 존재하지 않는다. 이처럼 두 세력에 대해 모두 잘 알지 못하는 상태에서 두 세력이 다른 카자흐 세력보다 서쪽에 위치해 있기 때문에, 위원은 이들을 하나의 세력으로 여겼던 것이다.

만일 위원의 추론대로 카자흐의 중부·서부가 각기 타슈켄트 및 부하라에 해당했다면, 중앙아시아의 초원지대와 오아시스 지대는 모두 카자흐 연맹에 속하게 된다. 그가 『지리비고』의 인용문에서 '투르키스탄국'을 '카자흐국'이라 첨언했던 것도 그러한 인식을 반영한다. 그러나 서 카자흐와 부하라 칸국은 동일한 정권이 아니었으며, 우 카자흐가 타슈켄트를 지배한 것은 18세기에 한정된 현상이었다. 이는 위원이 참조한 대부분의 청대 지리서들의 기록이 건륭제 시기에

얻어 1730년대에 이란 전역과 아프간을 모두 장악하고 코카서스와 델리, 부하라 칸국과 히바 칸국을 원정한 사건도 있었다. 이러한 정보를 종합해보았을 때, 춘원은 이란과 아프간을 혼동하거나 구분하지 않았을 가능성이 있다. 사파비 이란과 칼묵의 분쟁은 잘 알려진 이야기이다.

30) 위원이 서 카자흐를 부하라와 연결한 또 다른 이유는, 카자흐의 소 쥐즈가 청과 잠시 동안 외교 관계를 맺었을 때, 그들 중에 일부가 히바의 우르겐치에 자리했기 때문이 아닐까 생각한다. 본문에서 소 쥐즈에서 처음으로 파견한 사신에 대해 서술할 때, '우르겐치 부의 카이프 칸'이라는 인물이 등장한다. 그러나 이 시기는 히바 칸국이 페르시아의 나디르 샤에 의해 극도의 혼란에 빠졌을 무렵으로, 소 쥐즈의 일부 세력이 그 틈을 타 히바 칸국의 영역에 자리했던 것으로 보인다. 이 사건이 계기가 되어 히바 칸국의 본래 칸의 계보인 우즈벡 족 시반 계의 아랍샤히드 왕조가 단절되고 콩기라트 부가 히바 칸국을 차지하게 되었다.

한정되어 있기 때문에 발생한 문제이다. 앞서 1장에서 건륭제가 준가르와 회강을 정복한 후 더 이상 위협적인 세력이 없다는 판단을 하자 변경 세력에 대해 소극적인 입장으로 선회했다는 연구 결과에 관해 이야기했는데, 이 시기에 건륭제와 그의 근신들이 서북 변경의 제 세력에 관해 작성한 기록들이, 위원이 참고할수 있는 청대 자료의 마지막이었다. 그 이후, 특히 19세기에 들어 중앙아시아 제세력의 상황은 시시각각 변화했지만, 그에 관한 내용은 위원의 기록에 거의 반영되어 있지 않다. 심지어 1823년을 마지막으로 모든 부의 카자흐 사신이 단절되었고, 이 배후에는 러시아의 압박 및 조약 체결이라는 위협적 상황이 도사리고 있었지만 이에 관한 기록도 보이지 않는다.[31] 이 부분이 카자흐에 관한 중국기록의 맹점이다.[32]

한편 위원이 서 카자흐 부를 부하라에 비정한 점은 그의 관심이 부하라에 맞추어져 있음을 의미한다. 앞서 1장에서 살펴본 사마르칸트의 연혁도 사실상 부하라의 옛 역사이고, 권 32 마지막에서 회강의 역사를 다룰 때에도(「총령이동신강회부부고(蔥嶺以東新疆回部附考)」상·하) 부하라가 중앙아시아 무슬림들의 신앙 거점이라는 사실을 중요하게 다루고 있다. 이렇게 부하라를 이해하려는 위원의 노력은, 1장에서 보았듯이 당시 영·러 관계에서 중앙아시아 오아시스 지대가 주요 화두였다는 점과, 그럼에도 불구하고 당시 청나라에 부하라에 대한 정보가 많지 않다는 점에서 기인한다. 다만 이 시기에 서양의 여러 세력은 적극적으로 부하라에 밀정이나 사신을 파견하고, 탐험가를 보내는 등 이 지역의 지리와 상황을 파악하고자 적극적으로 노력했던 것에 반해, 청에서는 위원과 같은 몇몇 지식인이 한정된 정보를 바탕으로 지리적 추론을 한 것에 그쳤다. 이 점은 결국 서양과 청이 확연히 다른 20세기를 맞이하게 된 원인 중 하나가 되었다.

---

31) 1822~1823년에 청으로 사신을 파견하여 칸위를 제수받은 중 쥐즈의 구베이둘라(Ghubaidulla) 칸이 1824년에 일리에 있는 청의 암반(Amban)에 더 이상 청에게서 칸위를 받지 않겠다는 서신을 파견한 것이 해당 사건의 골자이다. 이에 관해서는 Jin Noda 2016: 181~214 참조.

32) 위원이 인용한 중앙아시아 관련 자료 중에 가장 늦은 시기의 것은 1819년경 저술된 『서역수도기』이다. 이 책의 저술 시점은 카자흐와의 관계 단절되기 전이다. 물론 증보할 무렵에는 서계여의 『영환지략』도 참고했으나, 『영환지략』의 카자흐 항목에도 19세기 이후 카자흐 관련 기록은 보이지 않는다.

Ⅳ. 결론

이 글은 사마르칸트와 카자흐라는 두 가지 지명을 통해 『해국도지』의 저자 위원이 중앙아시아에 관해 어느 정도 이해하고 있는지, 그리고 그 의의는 무엇인지 등을 살펴보았다. 권 31-32는 중앙아시아에 관한 중·외·고·금의 다양한 사료를 발췌하여 수록한 앞부분과, 이를 바탕으로 위원이 이야기하고자 하는 바를 문답식으로 정리한 뒷부분으로 이루어져 있다. 이 논문에서 선정한 두 지명은 그가 중앙아시아의 지리 정보를 분석하여 궁극적으로 알고자 했던 바와 관계되어 있다. 즉, 사마르칸트에 관한 고금의 자료들을 통해 위원은 북인도의 정확한 경계와, 부하라 정권의 전신인 사마르칸트의 연혁에 관해 살펴보았다. 인도와 부하라는 영국의 위협이 당면의 과제였던 청에게 보다 확실한 지리적 탐구가 이루어져야 하는 곳이었다. 또한 카자흐에 관한 자료들을 통해 그 구조를 상세히 분석하여 중앙아시아 초원지대와 오아시스 도시의 동향, 특히 청과의 접촉이 드물었고 미지의 영역으로 남았던 부하라 정권의 실체에 대해 추론했다. 이 외에도 『해국도지』 권 31-32에는 티무르조의 또 다른 수도인 헤라트의 위치나, 몽골제국의 티베트 원정, 회강을 지배했던 모굴 칸국 및 호자들에 관한 내용도 포함되어 있으나, 본 연구에서 그 내용은 살펴보지 않았다. 이는 추후의 과제이다.

이를 통해 『해국도지』 권 31-32의 특징을 살펴보면 다음과 같다. 첫째, 지리서라는 특수한 장르에서 기대하기 어려운 정보와 대담한 지리적 추론이 많다는 점이다. 『해국도지』의 중앙아시아 부분인 권 31-32이 절반은 기성 지리서의 발췌, 나머지 절반은 기왕의 정보를 이용한 위원의 분석과 추론을 담고 있다. 그 중에 대표적인 것이 사마르칸트와 같이 당대에는 존재하지 않는 역사지명의 위치를 비정하거나 연혁을 추정하는 내용이다. 그런데 이 과정에서 위원은 종종 기왕의 자료에서는 명시하지 않는 대담한 추론을 시도하기도 한다. 서 카자흐부를 부하라와 동일시한 사례가 그것인데, 때로는 추론에 오류가 있는 경우도 존재했다. 그러나 이러한 추론들은 역사 자료에 기반을 둔 것이어서 단순한 지리 정보를 나열하는 것보다 독자로 하여금 해당 지역의 지리를 이해하는 데에 큰 도움을 준다. 또한 그 과정에서 중국 자체의 지리서를 많이 이용했는데, 이는 서양의 지리 지식에 생소한 독자들로 하여금 이해를 돕게 하는 촉매제이기도 하지만 그 자체가 지닌 지리 지식의 가치가 상당하기 때문이다.

둘째, 위원은 중앙아시아의 지리적 특성과 연혁을 체계적으로 설명하기보다는, 기왕의 지리서에 있는 기록의 내용을 비판하고 오류를 수정하는 것에 집중했다. 그 비판 대상은 원·명대 및 건륭 시기에 작성된 여러 지리서이다. 특히 권 32의 초두에 배치된 「북인도이외강역고」 I, II의 문답 및 간략한 단락들은 건륭제 시기에 편찬된 많은 지리서들의 분석을 전제하지 않고서는 이해하기 힘든 내용이다.

세 번째로 『해국도지』의 최종 저술 목표가 그러하듯, 영국의 위협에 맞서기 위해 필요한 정보를 수집하는 것에 초점을 맞추고 있다. 이 글은 당시 중앙아시아에 위치한 여러 정권들, 특히 건륭 시기에 작성된 청대 지리서에 등장하는 각 정권들을 공평하게 다루지 않는다. 바다흐샨이나 포로특에 대해서는 기왕의 지리서에서 약간의 내용을 발췌하기는 했으나 그에 대한 분석은 전혀 이루어져 있지 않다. 반면에 부하라에 대한 서술과 분석은 상당히 많은 편인데, 이는 위원이 『해국도지』를 서술할 당시, 식민지 인도를 기반으로 아프간과 전쟁을 벌이는 중이었던 영국의 다음 목표가 부하라 정권일 것이라는 예상이 반영된 결과로 볼 수 있다. 그럼에도 불구하고 청대의 기록에는 부하라에 관한 직접적인 기록이 극히 드물기 때문에, 부하라의 전신인 사마르칸트의 연혁부터 시작하여 부하라의 당시 상황에 이르기까지, 기왕의 지리서를 통해 파악할 수 있는 바를 모두 분석한 것이다.

다만 러시아의 영향 경시를 부족한 점으로 손꼽을 수 있다. 이후의 역사를 고려할 때, 중앙아시아를 잠식하고 있었던 러시아가 중앙아시아의 지리뿐 아니라 청의 서북 변경에도 큰 위협이 되었기 때문이다. 『해국도지』는 대륙구분법을 사용한 여타 지리서와는 달리 북양이라는 별도의 카테고리를 통해 러시아를 살펴보았으나, 러시아가 중앙아시아에 미치는 영향에 대해서는 크게 위협적으로 느끼지 않은 듯하다. 물론 위원의 입장에서 국가의 중심으로부터 한참 멀리 떨어진 서북 변방을 위협하는 러시아보다는, 동부 해안지대를 직접 공격하는 영국이 훨씬 위협적이었을 것이다.

19세기 중반에 저술된 후 불과 몇 년 만에 동아시아 전체에 상당한 독자층을 보유했던 『해국도지』는 단순한 지리정보뿐 아니라 각 지역의 연혁을 자세히 다룬 것이 특징이며, 여러 시대의 중·외 지리서를 이용하는 동시에 위원 자신의 분석과 추론을 과감히 제시했다. 이러한 특징이 『해국도지』가 지닌 해방론의 취지 못지않게 독자를 이끄는 힘이었다.

〈사료〉

『新唐書』.

『元史』.

『萬國地理全圖集』.

『皇朝文獻通考』.

『欽定大淸一統志』.

『平定準噶尔方略續編』.

椿園 著, 畑道雲 校, 『西域聞見録』 卷 3 「外蕃列傳 上·塞克」.

〈한국어〉

고마츠 히사오 저, 이평래 역, 2005, 『중앙유라시아의 역사』, 소나무.

김철웅, 2014, 「고려의 五天竺國圖와 世界觀」, 『東洋學』 56, 檀國大學校 東洋學硏
        究院.

김호동, 1988, 「모굴 汗國의 초기 무슬림聖者들」, 『역사학보』 119, 歷史學會.

김호동, 1999, 『근대 중앙아시아의 혁명과 좌절』, 사계절.

라시드 앗 딘 저, 김호동 역, 2003, 『칭기스칸기』, 사계절.

미야 노리코 저, 김유영 역, 2010, 『(조선이 그린) 세계지도 : 몽골 제국의 유산
        과 동아시아』, 소와당.

法顯 저, 고려대학교 한국사연구소 역, 2013, 『高僧法顯傳 – 고려재조대장경본
        의 교감 및 역주』, 아연출판부.

오상학, 2013, 「조선후기 세계 지리지에 대한 시론적 고찰」, 『奎章閣』 43, 서울
        대학교 규장각 한국학연구원.

위원 저, 정지호 외 역, 2021-2022, 『해국도지』 권 1-5, 세창출판사.

임종태, 2004, 「서구 지리학에 대한 동아시아 세계지리 전통의 반응: 17-18세
        기 중국과 조선의 경우」, 『한국과학사학회지』 26-2, 한국과학사학회.

정민경, 2020, 「원나라 常德의 서역 使行記 — 劉郁 ≪西使記≫ 해제 및 역주」,
        『中國語文論叢』 97, 중문어문연구회.

줄리오 알레니 저, 천기철 역, 2005, 『職方外紀』, 일조각.

최한기 저, 2002, 『增補明南樓叢書』 4 「地球典要」, 동아시아학술원

한지은, 2011, 「근대 중국에서 지리학 학지의 형성」, 『개념과 소통』 7, 한림과학원.

〈중국어〉

王向远, 2020, 「"五天竺""国一城一村"概念与中国古代的印度社会研究」, 『蘭州大学学报』 48-6, 兰州大学, pp.86~95.

薛克翹, 2019, 「從法顯的五天竺到玄奘的五印度」, 『華林國際佛學學刊』 2-1, 北京大學藝術與典籍研究中心, pp.151~166.

張美卿, 2021, 「常德《西使記》研究」, 『中國文學研究』 84, 韓國中文學會.

盧雪燕, 2008, 「南懷仁《坤輿全圖》與世界地圖在中國的傳」, 『故宮文物月刊』 304, 國立故宮博物院, pp.18~27.

〈일본어〉

權靜, 2015, 「韓日古地に現れる世界觀 –「五天竺·天竺國」と「天地」を中心に-」, 『日本文化研究』 14, 東アジア日本學會.

谷口知子, 2011, 「『海国図志』にみえる「四洲志」の原書をめぐって」, 『或問』 21, 近代東西言語文化接触研究会, pp.59~69.

石崎 貴比古, 2014, 「世界図に見る「天竺」認識に関する一考察」, 『四分儀 : 地域·文化·位置のための総合雑誌』 16, 東京外国語大学海外事情研究所, pp.95~115.

石崎 貴比古, 2011, 「『五天竺』におけるインド認識」, 『印度學佛教學研究』 60-1, 日本印度学仏教学会, pp.555~558.

佐口透, 1986, 『新疆民族史研究』, 吉川弘文館.

〈영어〉

Jin Noda, 2016, *The Kazakh Khanates between the Russian and Qing Empires – Central Eurasian International Relations during the Eighteenth and Nineteenth Centuries*, Brill

Joseph F. Fletcher, 1995, *Studies on Chinese and Islamic Inner Asia*, Beatrice Forbes Manz ed., Variorum

Mosca, Matthew W., 2013, *From Frontier Policy to Foreign Policy. The Question of India and the Transformation of Geopolitics in Qing China*, Stanford University Press

Onuma Takahiro 外, 2018, *Xinjiang in the Context of Central Eurasian Transformations*, Toyo Bunko

Perdue, Peter C., 2005, *China Marches West - The Qing Conquest of Central Eurasia*, Cambridge, Belknap Press of Harvard University Press

Wood, William A., 1998, *The Sariq Turkmens of Merv and the Khanate of KHiva in the Early Nineteenth Century*, Indiana University PhD Diss.

1〉『해국도지』 권 32

漢時大月氏, 大夏境域, 即賽馬爾罕之域, 兼今敖罕, 布哈爾, 愛烏罕諸部地. 自嘉靖後入貢, 一國稱王五十餘人, 則已四分五裂. 故今蔥嶺西無複賽馬爾罕之名. 而圖西域者, 尚列其舊國以統蔥嶺諸部.『坤輿』,『職方』諸圖,『海國聞見錄』,『莊氏地球圖』並同, 殊非核實從今之義. 故詳辯之, 以祛正史之誣. 並以祛後來諸圖之惑.

"한 대의 대월씨(大月氏)·대하(大夏) 강역은 사마르칸트의 강역이며, 오늘날의 코칸드(敖罕), 부하라(布哈爾), 아프간(愛烏罕)의 여러 부의 땅을 포함한다. 가정(嘉靖) 시기부터 입공한 이들 중에 한 국가에서 50여 명이 왕을 칭하였으니, 즉 이미 사분오열된 상태였다. 그러한 까닭에 오늘날 총령 서쪽에는 사마르칸트의 이름이 다시는 언급되지 않았다. 그러나 서역의 지도를 그리는 자들은, 여전히 그 옛 국가를 늘어놓고 총령의 여러 부를 아우르게 한다.「곤여(坤輿)」,『직방(職方)』 등의 여러 지도,『해국문견록(海國聞見錄)』,『장씨지구도(莊氏地球圖)』도 또한 마찬가지이니, 결코 실제를 조사하여 현재의 마땅함을 따르지 않는다. 연고를 상세하게 판별하고, 正史의 오류를 제거하며 아울러 이후에 작성될 여러 지도의 미혹을 제거해야 한다."

2〉『해국도지』 권 31

『漢書』：罽賓以西北各國皆北印度之鄰境也, 隋唐為九姓, 昭武等國, 見『大唐西域記』者. 孰北印度, 孰非北印度, 至為昭析, 今不複錄. 惟元代盡易國名, 而『明史』誤以北方之賽馬爾罕為罽賓, 官書『西域圖誌』又以南方之溫都斯坦為罽賓, 罽賓以南之西藏, 方為天竺, 遂燕郢易位, 棼如亂絲.

"『한서(漢書)』에 따르면 계빈(罽賓)의 서북에 위치한 여러 국가는 모두 북인도의 이웃 지역이다. 수·당대(隋·唐代)에는 구성소무(九姓昭武) 등의 국가가 되었는데, (이는)『대당서역기』를 참조한 것이다. 누가 북인도이고, 누가 북인도가 아닌지는 지극히 명확하니 지금 재차 기록하지는 않겠다. 그런데 원대(元代)에 모조리 국명을 바꾼데다.『명사』에서는 북쪽에 위치한 사마르칸트(賽馬爾罕)를 계빈이라 잘못 (비정)했다. 관서(官書)인『서역도지(西域圖志)』 또한 남방의 힌두스탄(溫都斯坦)을 계빈이라 하고, 계빈 남쪽의 서장(西藏)을 천축(天竺)이라 하였는데, 이는 견강부회하여 위치를 바꾼 것이고, 혼란스럽기가 마치 헝클어진 비단과 같다."

3) 『해국도지』권 32 「북인도이외강역고」 I

至北印度中隔蔥嶺, 所幸克什彌爾爲唐宋之迦濕彌羅國, 千餘載不易. 有大雪山界其北, 得據爲北印度之罽賓. 自元始以鐵門爲東印度, 明始以賽馬爾罕爲古罽賓, 於是印度北境終不可明.

"북인도에 다다르면 가운데에 총령이 가로막고 있으나, 다행인 바는 카슈미르가 당송대의 '迦濕彌羅國'으로, 천여 년 동안 변하지 않았다는 것이다. 대설산이 있어 그 북쪽과 경계를 이루는데, (이것이) 마땅히 북인도의 '계빈(罽賓)'이라는 증거가 된다. 그런데 원대부터 처음으로 철문을 동인도에 있다 하였고, 명대에는 처음으로 사마르칸트를 옛 계빈이라 하였으니, 그리하여 인도의 북쪽 경계가 결국에는 분명해지지 못했다."

4) 『해국도지』권 32 「북인도이외강역고」 I

是賽馬爾罕城實在敖罕境內, 爲古大宛之區. 南距克什彌爾尙二千餘裏, 而以爲古之罽賓, 其顚一.

"이는 사마르칸트 성이 실제로 코칸드 경내에 있어, 옛 대완의 구역이 된다는 것이다. 남쪽으로 카슈미르와는 오히려 2000여 리 떨어져 있는데, 이를 옛 계빈이라 하였으니, 그것이 첫 번째 문제점이다."

且克什彌爾乃元初篤來帖木兒所封, 賽馬爾罕乃駙馬賽因帖木兒所封, 各人各國 『元史·地理誌』: 乞石迷西, 即克什彌爾, 何得以此帖木兒當彼帖木兒

"또한 카슈미르는 원 초에 두라티무르가 봉해진 곳이고, 사마르칸트는 부마 사인티무르가 봉해진 곳이어서, 각자 별도로 (임명되었는데), 어찌 이 티무르로 하여금 저 티무르라 하는가."

5) 『해국도지』권 31 「북인도서북린부부록」

元太祖蕩平西域, 盡以諸王駙馬為之君長, 易前代國名以蒙古語, 始有撒馬兒罕之名.

"원태조 때에 서역을 평정하고, 모든 제왕부마로 하여금 그곳의 군장으로 삼았으며, 이전 시대의 국명을 몽골어로 바꾸니, 비로소 사마르칸트(撒馬兒罕)라는 이름이 생겼다."

6) 『신당서』권 221, 열전 권 146 상·하 「서역」

康者, 一曰薩末鞬, 亦曰颯秣建, 元魏所謂悉萬斤者.

"강(康)이라는 것은, 누구는 살말건이라 부르고, 또는 삽말건이라 부르는데, 원래는 소위 실만근이라는 것이다."

7) 『해국도지』권 32 「북인도이외강역고」 I

元太祖軍逾雪山, 追算端, 實止至北印度, 未親至中印度.

"원 태조의 군대는 설산을 넘어 술탄을 추격했고, 실제로는 북인도에 이르러 멈추었으나 직접 중인도에는 이르지 못했다."

8) 『해국도지』권 3 「원대강역도서(元代疆域圖敍)」

然世祖末年, 阿母河行省亦廢, 則蔥嶺以西擅於賽馬爾罕, 蔥嶺以北阿羅思欽察, 擅於月祖伯大王, 其勢已同羈縻.

"그러나 세조 말년에 아무다리야 행성 또한 폐지되었는데, 즉 총령 이서가 사마르칸트에 의해 무단으로 점유되었고, 총령 이북의 러시아와 킵착은 우즈벡 대왕에게 무단으로 점유되었으니, 그 세력이 이미 기미(제도)와 같았다."

권 23 「서인도서파사국(西印度西巴社國)」

元太祖起蒙古, 逾蔥嶺西征, 盡降其地, 封其婿賽馬爾罕為王, 駐阿母河西北, 以遙轄之.

"원 태조가 몽골을 일으켜, 총령을 넘어 서쪽을 정벌하였고, 그 지역을 모두 점령하고는 그 사위 사마르칸트를 왕으로 봉하였고, 아무다리야 서북에 주둔하여 그곳을 관할하도록 했다."

권 31 「북인도서북린부부록」

明時為賽馬爾罕地, 自明末賽馬爾罕分裂, 敖罕得其十之三, 布哈爾得其十之七,

"명대에 사마르칸트의 땅이 되었는데, 명 말부터 사마르칸트가 분열되어, 코칸드가 3/10을 얻었고, 부하라가 7/10을 얻었다."

권 32 「북인도이외강역고」 I

中葉後, 則賽馬爾罕以隔於蔥嶺, 則各自為國. 朝廷鞭長莫及, 遂罷阿母河等處行省, 惟以阿力麻裏, 別失八裏二元帥府控製天山南北二路, 又以曲先塔林元帥府控玉門, 陽關東路而已.

"(원의) 중엽 이후, 사마르칸트가 파미르로부터 가로막혀 있음에 따라, 별도로 국가가 되었다. 조정은 능력이 없어 돕지 못하여, 끝내 아무다리야 행성을 폐지하고, 다만 알말릭, 베쉬발릭 두 원수부로 하여금 천산 남북의 두 로(路)를 장악케 하였으며, 또한 쿠차·타림(曲先塔林) 원수부로 하여금 옥문(玉門), 양관(陽關)[33) 동로를 통제하게 하였을 따름이다."

蓋元時蔥嶺以西, 為太祖駙馬賽馬爾罕封地.

"대저 원대에 총령의 이서 지방은 태조의 부마 사마르칸트의 봉지였다."

* 또한 "尋思幹城" 형태로는 권 31 「구장춘서유기」 인용부분 및 권 32 「원대정서역고 상」에 11차례 그 이름이 등장한다.

권 31

時乃蠻部據其蔥嶺東地, 而印度算端據其蔥嶺西地, 分為兩國. 其尋思幹城則印度算端所據也. 舊皆西契丹地.

"그때 나이만 부는 총령의 동쪽 땅에 자리하고 있었고, 인도 술탄(호라즘 샤)은 총령 서쪽 땅에 자리하고 있어, 두 국가로 나누어져 있었다. 사마르칸트 성은 인도 술탄이 자리하던 곳이다. 과거에는 모두 서 거란의 땅이었다."

---

33) 옥문관과 양관은 둔황 서부에 위치한 고대 중국의 관문이다. 두 관을 아울러 '둔황 이관'이라 칭했다.

源案 :『元史』太祖先取尋思幹城, 後取薛迷思幹城, 則誤作二地. 薛迷, 即邪迷也.

"(위)원이 말하기를 :『원사』에서 태조가 우선 '尋思幹' 성을 취하고, 후에 '薛迷思幹' 성을 취하였다고 하나 이는 착오로 두 곳이라 한 것이다. '薛迷'가 곧 '邪迷'이다."

考『湛然集』, 楚材在西域十年, 止駐尋思幹城, 縱或偶至鐵門, 無由至印度.

"『湛然集』[34]을 고려해보면, (야율)초재가 서역에서 10년간 사마르칸트 성에 주둔하였는데, 설령 우연히 철문에 이르렀을지라도, 인도에 이르렀을 리는 없다."

권 32「원대정서역고 상」

回回西契丹, 乃遼之後裔, 於金初率眾西奔. 初居於漠北乃蠻部內 見『契丹國誌』, 後假道回鶻, 南攻回回, 盡有其地. 其國都有二, 一在蔥嶺西之尋思幹城, 即賽馬爾罕城, 在今敖罕境.

"회회의 서 거란은, 나이만의 후손으로, 금나라 초기에 무리를 이끌고 서쪽으로 달아났다. 초반에는 막북의 나이만부 내에 머무르다가 (『계단국지』를 보라) 후에 회골(위구르)에게 길을 빌려 남쪽으로 회회를 공격하여 그 땅을 모두 장악했다. 그 나라는 두 개의 수도가 있는데, 하나는 총령 서부의 '尋思幹'성, 즉 사마르칸트 성이며, 현재 코칸드 경계에 있다."

『郭寶玉傳』: 甲戌, 從帝討契丹遺族, 曆古徐鬼國訛夷朵等城, 破其兵三十餘萬, 尋收別失蘭等城. 次忽章河, 西人列兩陣迎拒, 追殺幾盡, 進兵下尋思幹城. 次暗木河, 敵築十餘壘, 陳船河中, 寶玉發火箭, 乘風燒其船, 破護岸兵五萬, 收馬裏四城. 辛巳, 可弗義國唯算端罕破乃滿國, 引兵據尋思幹.

"『곽보옥전』에 따르면 갑술일에 황제를 따라 거란의 유족들을 토벌했고, '古徐鬼國訛夷朵'(Qusuq-Guo-Ordu)[35] 등의 성을 지나 그 병사 30여 만을 패퇴

---

34)『湛然居士文集』이라고도 하며 야율초재가 작성한 문집이다.
35)『원사』권 149「곽보옥전」의 본문을 보면 칭기스칸이 이끄는 몽골군대는 거란의 유족을 좇아 古徐鬼國訛夷朵를 지나 (이곳에서 발생한 전투에서 곽보옥이 부상을 입었으나, 회복 후 전투에 참여하

시켰으며, 이윽고 전쟁을 재개하여 '別失蘭[36]' 등의 성을 취했다. 호젠트(忽章) 강에 이르러 서인들이 두 개의 대열을 사열하고 맞서서 버텼는데, 대부분을 쫓아 살해했다. 진군하여 사마르칸트 성으로 갔다. 아무다리야 강(暗木)에 이르자 적이 10여 개의 보루를 쌓았고, 강 가운데에 배를 늘어놓았는데 보옥이 화전을 쏘자 바람을 타고 그 배를 태워버렸으며, 하안을 지키는 병사 5만을 공파하여, '馬裏四' 성을 취했다. 신사일에 '可弗義[37]'국의 술탄 칸이 나이만 국을 파괴하여 병사를 이끌고 사마르칸트를 점거하였다."

其後遂封駙馬帖木兒於尋思幹城, 以鎮守之. 而設行省於阿母河, 以總控西域. 阿母河, 即佛經之縛芻河, 源出蔥嶺之大龍池, 西注鹹河, 為蔥嶺西第一幹河, 南可控印度, 北可控尋思幹.

"그 후에 결국 부마 티무르를 사마르칸트 성에 봉하여 그곳을 진수하도록 했다. 그리고 행성을 아무다리야강에 설치하여, 이로써 서역을 모두 통제하도록 했다. 아무다리야 강은 즉 불경의 박추(縛芻)강으로, 본래 총령의 대룡지(Sir-i

여) 베쉬발릭, 別失蘭 성 등을 거두었고, 이후 사마르칸트로 나아갔다고 한다. 이 기록을 보면 古徐鬼國訛夷朶는 베쉬발릭보다 몽골리아 초원에 가까워야 한다. 몽골제국 초기에 관한 주베이니의 페르시아어 역사서 『세계정복자사(Tārīkh-i Jahānghushāy)』 기록을 보면, 카라코룸 근처에 위치한 옛 위구르제국의 수도 오르두발릭(Ordu-Baligh)에 두 개의 강(툴라 강, 셀렝게 강)이 흐르는데 그곳에 두 개의 나무, Qusuq와 Toz가 있으며 이곳이 위구르의 기원설화의 배경이 된 곳이다. 이를 염두에 둘 때, 본문의 '古徐鬼'는 발음상 오르두발릭의 Qusuq를 의미하고, 訛夷朶는 발음상 Ordu가 된다. 즉 古徐鬼國訛夷朶는 오르두발릭 일대를 의미한다고 볼 수 있다. 물론 칭기스칸의 군대가 서쪽으로 진격할 때 쿠야스, 카얄릭, 알말릭 등에서도 메르키트 등 몽골리아 초원에서 밀려난 집단의 잔존 세력과 전투를 벌였으나, 이 지역은 대체로 베쉬발릭보다는 서쪽에 있었으므로 맥락상 古徐鬼國訛夷朶에 해당할 수 없다. 몽골제국이 카라코룸을 수도로 삼은 것은 칭기스칸의 아들 우구데이의 시기이고, 칭기스칸은 카라코룸보다 동북쪽에 위치한 몽골족의 발원지에 자리했으므로 카라코룸 부근의 오르두발릭이 몽골세력에게 밀려잔 부족 세력들과의 전장(戰場)이 되는 것도 무리는 아니었다.

36) 『집사』의 Barchligkent, 『세계정복자사』의 Barjligh-Kent를 의미하는 것으로 보인다. 시르다리야 유역의 도시 잔드(Jand) 부근에 있다. 몽골군은 오트라르 원정 이후에 이곳을 원정했고, 이후 파나카트와 호젠트를 원정했다(라시드 앗 딘 2003: 329).

37) 『해국도지』에서는 칭기스칸이 북인도까지 쫓아갔던 호라즘샤를 '若弗義算端'이라 칭한다. 그 중에 '算端'는 무슬림 세속군주를 의미하는 Sultan의 음차형태이므로, 호라즘샤 국을 '若弗義'이라 칭함을 알 수 있다. 그런데 『원사』·「곽보옥전」과 야율초재(耶律楚材)의 『서유록(西游录)』에는 모두 '可弗叉'으로 되어 있다. (한편 『해국도지』 내의 「곽보옥전」 인용부분에는 '可弗義'로 되어 있다.) 만일 '可弗叉' 형태를 받아들인다면, 발음이 Ge-Fu-Cha가 되는데, 이는 '킵착'(Kipchaq)이라는 발음에 가깝다. 호라즘샤 왕조의 주력군대는 킵착 출신의 노예병이며, 칭기스 칸이 호라즘을 장악한 후 맏아들 조치에게 호라즘과 그 서쪽지역을 사여하는데 그의 영지를 이후 '킵착'이라 통칭하는 것으로 보아 이 단어는 '킵착'을 의미하는 것으로 보인다.

Kul)[38]에서 시작하여, 서쪽으로 함하(鹹河)에 물을 대고, 총령 서부의 제일가는 물줄기가 되었는데, 남쪽으로는 가히 인도를 통제할 수 있고, 북쪽으로는 가히 사마르칸트 성을 통제할 수 있다.

9〉『해국도지』권 31

元末為之王者, 駙馬帖木兒. (중략) 二十七年八月, 帖木兒貢馬二百, 其表言

"원말에 그곳의 왕이 된 자가 부마 티무르였다. ... (홍무) 27년 8월, 티무르가 말 200필을 바쳤는데, 그 표에서 말하기를..."

『해국도지』권 32 「북인도이외강역고」II

自嘉靖後入貢, 一國稱王五十餘人, 則已四分五裂.

"가정시기 이후부터 입공했는데, 한 나라에서 왕을 칭하는 이가 50여 명이니, 즉 이미 사분오열되었다는 것이다."

10〉최한기, 『지구전요』

道光十九年峩羅斯欲窺印度, 密差頭人至布哈爾, 使與英吉利印度屬國搆兵, 英人率兵入險講和而罷.

"도광 19년(1839) 러시아가 인도를 엿보고자 은밀히 우두머리를 파견하여 부하라에 이르렀고, 영국-인도 속국과 더불어 교전하고자 하였다. 영국인들이 병사를 이끌고 요지로 들어와 화해하였고 물러갔다."

『해국도지』권 31

布加拉, 西及裏海, 曰其瓦部, 亦曰機窩, 其君管土耳其南方遊牧. 雖事耕田, 亦虜賣人口. 道光二十年, 統兵二萬, 往侵峩羅斯國, 凍斃大半.

"부하라는, 서쪽으로 카스피해에 이르는데 그것을 히바(其瓦)라 칭하거나, '機窩'라고도 칭한다. 그 군주는 투르크 남방에서 유목을 주관하는데, 비록 밭 경작

---

38) 현재 타지키스탄과 아프간의 경계에 위치한 호수 조르쿨(Zorkul)을 지칭한다. 아무다리야강의 발원지이다.

에 힘쓰나, 또한 사람을 노략하여 판다. 도광 20년(1840)에 군사 2만 명을 이끌고 러시아를 침범했다가 대부분이 동사했다."

11〉『해국도지』 권 31

達爾給斯丹國. 即南懷仁圖所謂韃而靼也, 斯丹乃西域國王之稱, 亦名哈薩克國.

"투르키스탄은 남회인(南懷仁, Ferdinand Verbiest)의 지도에서 '韃而靼'이라 일컬은 곳이다. '스탄(斯丹)'은 서역 국왕의 칭호이며, 또는 카자흐국이라고도 부른다."

12〉『해국도지』 권 32 「북인도이외강역고」 II

阿喇克即哈薩克之音轉, 塞克即薩克之音轉, 蓋布哈爾即西哈薩克國, 乃訛而為阿喇克, 又訛而為塞克, 遂分一國為三國矣. 哈薩克有四部, 左哈薩克其東部, 右哈薩克, 塔什幹, 其中部, 布哈爾其西部也. 此三部外, 尚有北哈薩克, 逼近鄂羅斯, 不通中國. 其即此錄所謂阿喇克者歟. 左右二部為古康居, 西北二部為古大宛, 大夏. 明時為賽馬爾罕地, 明末分裂, 敖罕得其十之二, 布哈爾得其十之八. 近日則大宛, 大夏皆並於布哈爾焉.

"아라크(阿喇克)는 즉 카자흐(哈薩克)의 전음(轉音)이고, 색극(塞克)은 자흐(薩克)의 전음이다. 대저 부하라(布哈爾)는 즉 서 카자흐 국이며, 이것이 와전되어 아라크가 되었고, 또 다시 와전되어 색극이 되었으니, 하나의 국가가 세 국가로 나누어졌다. 카자흐에는 네 개의 部가 있는데, 좌 카자크가 그 동부이고, 우 카자흐-타슈켄트가 그 중부이며, 부하라가 그 서부이다. 이 세 부 외에, 또한 북 카자흐가 있어 러시아와 가깝고 중국과 통하지 않는데, 그것이 여기에서 기록한 소위 아라크일 것이다. 좌우 두 부는 옛 강거이며 서북 두 부는 옛 대하였는데, 분할되어 대완의 서쪽 경계가 되었다. 명대에는 사마르칸트가 되었고, 명 말부터 사마르칸트가 분열되기 시작했는데 코칸드가 그 3/10을 얻었고 부하라가 그 7/10을 얻었다. 오늘날 부하라가 다시 코칸드를 멸망시켜 그것을 얻었으므로, 대완과 대하의 땅을 모두 겸병했다."

13〉 최한기, 『지구전요』

哈薩克 (중략) 地分三部, 左部曰鄂爾圖玉斯, 在伊犂之西北. 右二部亦稱中部西部. 中部曰齊齊玉斯, 西部曰烏拉玉斯, 兩部在伊之犂正西.

"카자흐의 땅은 3부(三部)로 나누어지는데 좌부를 Orta Jüz(鄂爾圖 玉斯)라 부르며 일리의 서북쪽에 있다. 우 2부(二部)는 또한 중부, 서부라 부른다. 중부는 Kish Jüz(齊齊 玉斯)이고, 서부는 Uly Jüz(烏拉 玉斯)이며, 양 부는 일리의 정 서쪽이다."

14〉 『황조문헌통고』 권 300 「사예고」 8

哈薩克之有三玉斯, 如準噶爾之有四衛拉特也. 鄂爾圖玉斯則我為政矣. 他如齊齊玉斯, 烏拉玉斯者皆族兄.

"카자흐에는 세 개의 쥐즈가 있는데 이는 준가르의 4 오이라트(衛拉特)와 같아, Orta Jüz(鄂爾圖玉斯, 중 쥐즈)는 내가 통치하는 곳이고, 다른 것은 Kish Jüz(齊齊玉斯, 소 쥐즈)와 Uly Jüz(烏拉玉斯, 대 쥐즈)인데 모두 나의 족형(族兄)이다."

15〉 『해국도지』 권 31

向有三和卓分轄回眾. 曰昭莫爾多薩木, 曰沙達, 曰吐爾占. 舊為右哈薩克羈屬. 莫爾多薩木什者, 哈薩克所置和卓也. 吐爾占逐之, 哈薩克以兵問罪, 久而不解. 乾隆二十三年, 參讚大臣富德追討哈薩克錫拉至其地, 遣使撫定塔什罕回眾.

(타슈켄트는) 과거 3명의 호자가 회회(무슬림) 무리들을 나누어 관장하였다. (이름하여) 물라 샴스(Mulla Shams),[39] 샤디(Shadi), 투르잔(Turzhan)이다. 과거에 우 카자흐에 예속되어 있었다. 물라 샴스라는 자는, 카자흐가 배치한 호자였다. 투르잔이 그를 내쫓자, 카자흐가 전쟁을 일으켜 죄를 물었으나 오래도록 해결되지 않았다. 건륭 23년에, 참찬대신 부덕이 카자흐의 '錫拉'를 쫓아 토벌하

---

39) 『해국도지』 권 31에서 이 인물의 이름에 대해서는, 『대청일통지』를 인용한 부분에서는 '莫爾多薩木什'이고, 『서역수도기』를 인용한 부분에서는 '摩羅沙木什'이다. 후자는 『평정준갈이방략』에서 인용한 것이며, 전자는 『서역도지』를 인용한 것이다. 전자의 형태는 'Murād Shams'의 형태가 될 수 있고, 후자는 'Mulla Shams'가 되는데 Mulla가 모스크에서 활동하는 무슬림 종교인에 대한 칭호이므로, 본문에서는 일괄적으로 물라 샴스로 칭하였다. 佐口透 1986, 339-345 참조.

다가 그 곳에 이르렀으며, 사신을 파견하여 타슈켄트 회회 무리들을 위무하고 평정하였다.

16) 『해국도지』 권 31

其塔什罕城, 舊為舍氏和卓, 與摩羅沙木什二人分治. 舍氏和卓漸強, 摩羅沙木什被其侵奪, 訴與霍罕乞師複還侵地. 舍氏和卓又會西哈薩克攻殺摩羅沙木什二子, 額爾德呢遂攻塔什罕.

그 타슈켄트 성은, 과거 샤디 호자가 물라 샴스와 더불어 두 사람이 나누어 다스렸다. 샤디 호자가 점차 강해지자, 물라 샴스는 그에게 침탈을 받았고 코칸드에 군대를 구걸하여 되돌아와 그 땅을 공격했다. 샤디 호자 또한 서 카자흐와 더불어 물라 샴스의 두 아들을 공격하여 살해했으며, (이에 코칸드의 벡인) 에르데니(額爾德呢)가 마침내 타슈켄트를 공격하였다.

찾아보기

ㅇ

ㅌ

ㅍ

페데로보문화   66

저자소개

강인욱

경희대학교 사학과 교수,

한국고대사 · 고고학연구소 소장

Undercurrents of Go'joseon Research Reflected in the Diaries: With a Focus on Gu Jiegang's Diary (顧頡剛日記) and An Zhimin's Diary (安志敏日記), *The Journal of Northeast Asian History, Volume 18 Number 2* (Summer 2022).

「만발발자 유적으로 본 후기 고조선의 교역 네트워크와 고구려의 발흥」(『동북아역사논총』 71, 2021)

「초기 고조선 네트워크의 형성과 비파형동검문화 -기술, 무기, 제사를 중심으로」(『한국고고학보』 106, 2018)

「북한 고조선 연구의 기원과 성립: 리지린의 고조선 연구와 조중고고발굴대」(『선사와 고대』 45, 2015)

김재윤

영남대학교 문화인류학과 교수

『교과서 밖의 역사: 유라시아 초원 스키타이 문화의 미라와 여신상』(진인진, 2021)

『환동해문화권 북부지역의 선사문화: 연해주 선사고고학 개론』(진인진, 2021)

「기원전 7~기원전 4세기 유라시아 초원 스키타이 전통의 여성형상물과 그 의미」(『고고학』 22-2, 2023)

「우리나라 남해안의 쪽구들 주거지 등장과 연해주 초기철기시대 문화」(『영남고고학』 95, 2023)

「환동해문화권 북부지역의 쪽구들 유라시아 확산 현상 - 청천강 유역, 자바이칼의 흉노, 우리나라 중부지역 -」(『고고학』 21-2, 2022)

양시은

충북대학교 고고미술사학과 교수

『발해 고고학』(진인진, 2021, 공저)

『고구려 고고학』(진인진, 2020, 공저)

「고분과 유물을 통해 본 고구려와 모용선비의 문화교류 양상」(『고고학』 21-2, 2022)

「고구려 도성제 재고」(『한국상고사학보』 112, 2021)

「오녀산성의 성격과 활용 연대 연구」(『한국고고학보』 116, 2020)

이주연

경희대학교 한국고대사고고학연구소 학술연구교수

『사료로 보는 몽골 평화시대 동서문화 교류사』(이화여자대학교출판문화원, 2021, 공저)

「이슬람법으로 바라본 티무르조 왕가의 혼인」(『중앙아시아연구』 28-2, 2023)

「티무르조의 대장전(大帳殿)과 왕실 부인들의 위계」(『동양사학연구』 162, 2023)

「아미르 티무르의 동방 원정과 몽골제국의 후예들」(『역사학보』 253, 2022)

「아미르 티무르의 平時 계절이동」(『동양사학연구』 154, 2021)

이후석

경희대학교 한국고대사고고학연구소 학술연구교수

『고조선의 네트워크와 그 주변 사회』(주류성, 2022, 공저)

『동북아시아 고고학 개설 I – 선·원사시대 편』(동북아역사재단, 2020, 공저)

「남한지역 세형동검문화의 형성 과정」(『한국고고학보』 128, 2023)

「요령지역 비파형동검의 등장과 그 배경」(『한국고고학보』 111, 2019)